SHODENSHA
SHINSHO

戦国の古戦場を歩く

井沢元彦　監修

祥伝社新書

犬山城は、江戸時代に尾張徳川[illegible]家の居城であった。ふつうなら大名だけが城を持つことが許され、[illegible]家老は持てないのだが、御三家の家老は将軍家からの「出向《しゅっこう》」あつかいで、独立の大名並みの特権を認められていたのだ。

逆に言えば、そういうきわめて特殊な事情でもないと「戦国の城」は残らない。たとえば姫路城は今残っている城の中では、もっとも雄大な名城だが、ここで軍勢が戦ったことはない。これ以前にあった黒田官兵衛時代の旧姫路城なら話は別だが……。

これに比べれば古戦場は、開発などで破壊されてしまった部分もあるが、まさに戦国の戦場がそのまま残っているという点で、大変貴重である。

一つオススメは、古戦場は出来るだけ徒歩でめぐっていただきたい。昔の武士は、何キロもある鎧《よろい》をつけて走ったのである。彼らが馬に乗ったところは、車でめぐってかまわないが、そうでないところは彼らと同じ気分で、自分の足でめぐっていただきたい。そうすれば、戦国の武士たちが、より身近に感じられるはずである。

平成二十三年二月

井沢元彦

戦国の古戦場を歩く●目次

戦国の古戦場を歩く●目次

編集協力●株式会社渋柿舎
執筆協力●グループイストゥワールF2
図版作成●グループイストゥワールF2

第一章 東北・関東の古戦場

国府台《こうのだい》の戦い

第一次●天文七年（一五三八）／第二次●永禄七年（一五六四）

北条VS里見

古河公方の後ろ楯の地位をかけて北条と里見が激突

戦国時代の関東を統治するのは、古河公方《こがくぼう》であったが、そこから足利一族が本家に反旗を翻《ひるがえ》して小弓《おゆみ》公方を名乗った。

古河公方足利政氏《あしかがまさうじ》の跡を継いだ高基《たかもと》の弟義明《よしあき》は、下総《しもうさ》小弓（現・千葉市内）に館を構え、小弓御所と呼ばれる下総の一大勢力となっていく。義明は兄高基の嫡子で古河公方になっていた足利晴氏《はれうじ》に代わって自分が関東に号令したいとの野心を持っていたため、晴氏の後ろ楯であった北条氏綱《うじつな》にとって煙たい存在だった。

当時、関東地方にあっては北条早雲《そううん》の興した相模《さがみ》の北条氏が着々と勢力を拡大させ、また安房《あわ》、上総《かずさ》に興った里見《さとみ》氏も、勢力拡大を図って有力な戦国大名にのし上がりつつあった。

古河公方は室町幕府の関東統治機関だが、すでに実質的な統治能力はなく、権威を利用しての生き残りを図るばかりであった。その古河公方が晴氏と小弓公方を称する義明に分裂したのだから、関東の混乱に拍車がかかっていく。

義明の背後には上総の真里谷《まりがやつ》（現・千葉県市原市）に武田一族がおり、上総武田家の分裂後は、小弓公方の後見人として里見氏が名乗りを上げた。古河公方＝北条氏、小弓公方＝里見氏という図式だ。ここに関東制覇を目指す二大勢力は、天文七年（一五三八）十月、下総国府台《こうのだい》（現・千葉県市川市）で対決する（第一次国府台の戦い）。

足利義明は里見義堯《よしたか》とともに上総・下総の軍勢を従えて武蔵《むさし》へ発向し、江戸川の東岸、国府台の台地上に陣を張った。

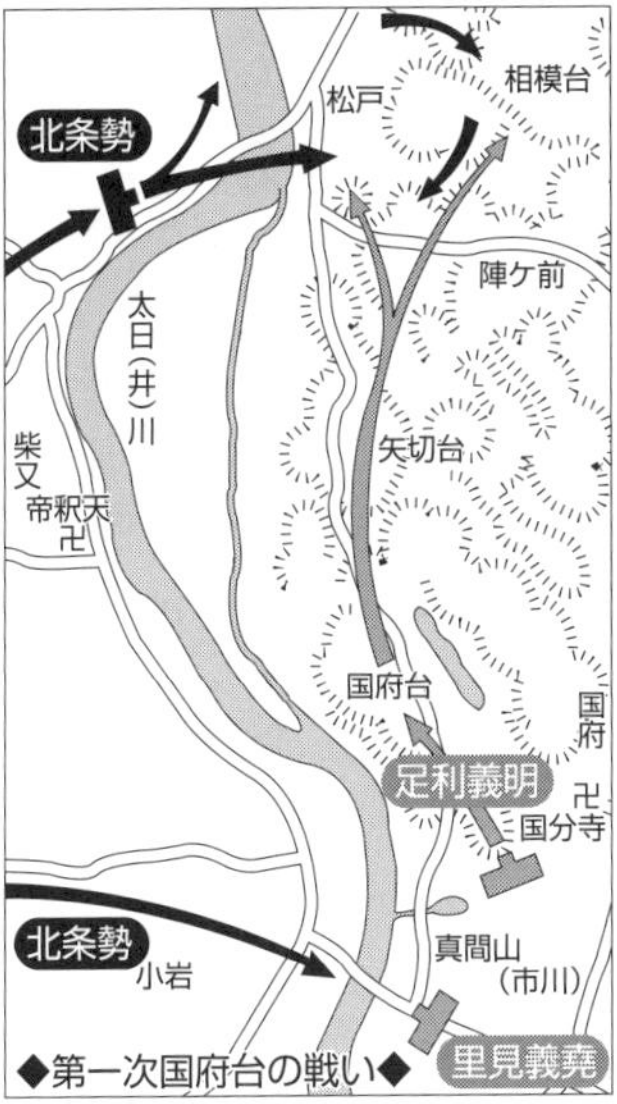

◆第一次国府台の戦い◆

このころ北条氏綱は武蔵の葛西《かさい》城（現・東京都葛飾区）、岩槻《いわつき》城（現・さいたま市）を勢力下に置いている。義明出陣の報を受けた氏綱は、古河公方足利晴氏からも小弓公方討伐の要請が入ったため兵二万で出陣し、まず江戸城に入り下総に向かった。

迎える小弓・里見軍は約一万。十月七日、戦闘開始。義明は奥州葛西氏より贈られた名馬に乗って陣頭指揮を執るが、氏綱軍の放つ強弓に胸を貫かれてたちまち戦死。大将義明を失った小弓・里見連合軍は、迂回作戦をとって北方から衝いてきた北条軍に蹴散らされ、またたく間に総崩れとなって里見勢は安房に敗走し、義明の死で小弓公方は一代で滅んだ。

この戦いでの里見は、義明の野望につきあわされた形であったので、里見の戦意は乏しかったとされる。この結果、北条氏は一気に下総まで勢力を拡大。一方、里見氏も上総にあった小弓公方の支配地を上手に取り込み、上総までの地盤を固めることとなる。

関東制覇の野望を持つ北条は、武田と同盟し勢力を伸張

第一次の国府台の戦いから二十八年後、北条は氏綱から氏康へ、里見は義堯から義弘へ代が替わった。

この間に北条は、天文十五年（一五四六）の河越《かわごえ》の夜戦《よいくさ》で上杉朝定《ともさだ》、足利晴氏の大軍を破って、関東に勢力を拡大していた。北条は甲斐《かい》の武田信玄と、里見は越後の長尾景虎《ながおかげとら》（上杉謙信）と結び、両者は散発的な小競り合いを続けていた。

北条氏康は永禄三年（一五六〇）から翌年にかけて、北条に圧迫される関東管領の上杉憲《のり》政《まさ》らの救援要請を受けた景虎に、小田原城を包囲されている。里見が上杉と組んだのは、上杉が北条の敵であったからである。

さしもの景虎も堅城小田原城を抜くことはできず、籠城する北条を攻めあぐねて引き上げることとなるが、景虎が越後に去ると氏康と信玄はすぐさま反撃し、上野《こうずけ》や武蔵の上杉方諸城を各個撃破していく。永禄六年、信玄が東上野《こうずけ》の倉賀野《くらがの》（現・群馬県高崎市）に進出。

上杉憲政より関東管領を譲られ、長尾景虎から名を改めた上杉謙信は、上野に出兵し厩《うまや》橋《ばし》（現・前橋）に攻め込んだ。このとき謙信は同盟関係にあった里見義弘に出兵を要請、義弘はそれに応えて北条の重臣で江戸城主の太田康資《おおたやすすけ》を、謀略を用いて里見陣営に引き入れる。次いで武蔵岩槻城主の太田資正《すけまさ》も里見方に走ったことで、義弘は兵糧を岩槻城に運び込み、対北条戦の準備に入った。

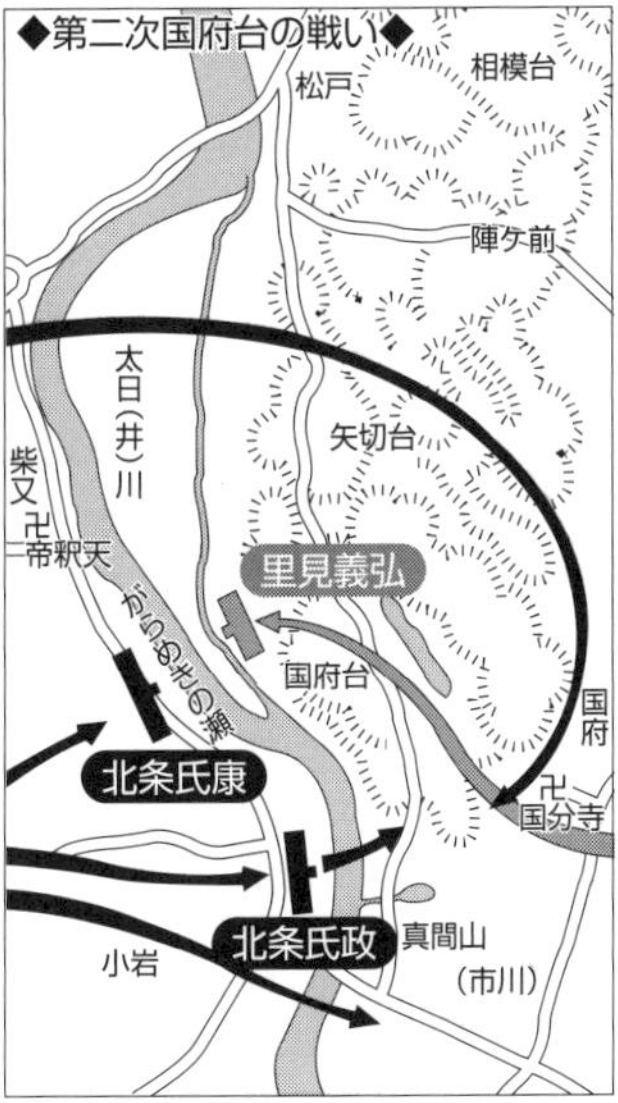

太田康資の裏切りに激怒した北条氏康は、里見との戦いを決意し、領国相模と伊豆から兵二万を動員し、里見を討つために下総に急行した。事を急いだのは、里見と上杉が北条に対し共同作戦をとる謙信南下の前に、里見を叩いておきたかったのだ。

永禄七年（一五六四）正月、因縁の地・下総国府台で里見と北条はふたたび戦火を交えた。氏康と氏政の率いる北条の大軍は、五日に小田原を出発、八日に江戸川右岸に着陣した。すぐさま富永政家《とみながまさいえ》と遠山直景《とおやまなおかげ》に〝がらめきの瀬〟と呼ばれる浅瀬を渡って国府台の台地に攻め上らせたが、台地上に陣を布く里見・太田連合軍が上から矢を射掛け、北条軍を退ける。

里見・太田軍が国府台城より西に討って出て優位な展開を示したが、夜に入り北条方は氏政の隊を本隊と分け、闇に紛れて江戸川を渡らせ、国府台城の東の真間山《ままさん》の森の中に回り込む形で、里見陣営の背後を衝かせた。

この奇襲が成功し、虚を衝かれた里見・太田軍は混乱に陥った。豪勇で知られた太田資正は奮戦の末に岩槻城へと敗走、里見義弘も上総目指して逃げ帰った。

里見・太田軍の死者五三〇〇人余、北条軍の死者三七〇〇人余という、双方はかなりの被害を出していた。この第二次国府台の戦いによって里見の勢力は安房まで一気に後退することとなり、北条の勢力は増大して関東一円支配の基盤を固める。岩槻城に逃げ帰った資正は、そこも攻められて、佐竹氏を頼ってさらに常陸《ひたち》へと敗走したのである。
京成電鉄国府台駅より、江戸川べりにハイキングコースがのびている。江戸川沿いの高台にあった国府台城の城跡は、今は里見公園となっている。

国府台の戦い・関連地図

里見公園内にある「里見将士亡霊碑」

人取橋《ひととりばし》の戦い

伊達VS蘆名・佐竹・相馬・石川など連合軍

天正十三年（一五八五）

奥州制覇の野望を持つ伊達政宗が南下

天正十三年（一五八五）、中央では信長が統一した天下を秀吉が受け継ぎ、破竹の勢いで四隣を制覇して、戦国の世は終わろうとしていたが、奥羽はいまだ争乱の渦中にあった。

奥羽の不穏な動きの主因は伊達《だて》にあった。

天正十二年、十八歳にして父・輝宗《てるむね》から家督を譲られた伊達政宗《まさむね》は、奥羽制覇のために南進を図る。第一の目標は陸奥《むつ》南部の会津地方だ。ここは関東と奥羽を結ぶ街道が通り、白石、石川、大内、畠山《はたけやま》などの領主が乱立する一方で、蘆名《あしな》氏が名族として勢力を維持していた。

政宗はまず、伊達家に臣従していた大内定綱《おおうちさだつな》の裏切りを口実に会津に侵入し、大内領へ攻撃をしかけ、周囲の小領主たちを脅えさせた。大内氏の小手森《おでもり》城（現・福島県二本松市）攻めでは男女八〇〇人を皆殺しにし、恐れた定綱は主城の小浜《おばま》城（現・福島県二本松市）を捨てて、

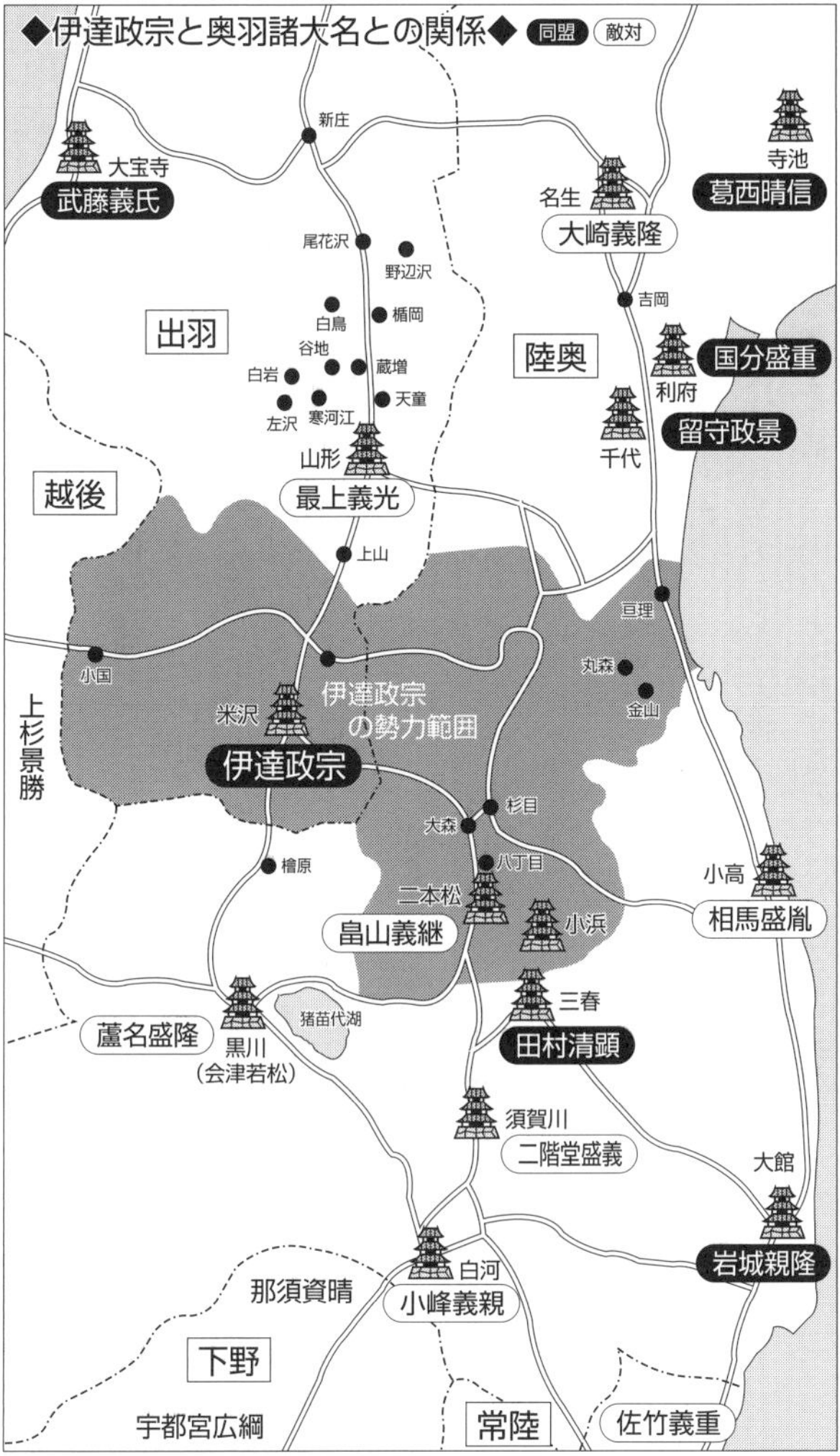
◆伊達政宗と奥羽諸大名との関係◆
同盟
敵対
新庄
大宝寺
武藤義氏
寺池
葛西晴信
名生
大崎義隆
尾花沢
野辺沢
吉岡
白鳥
楯岡
出羽
陸奥
谷地
蔵増
白岩
天童
左沢
寒河江
国分盛重
利府
留守政景
千代
山形
最上義光
越後
上山
亘理
小国
丸森
金山
伊達政宗の勢力範囲
米沢
伊達政宗
上杉景勝
杉目
大森
八丁目
檜原
二本松
小浜
小高
相馬盛胤
畠山義継
三春
猪苗代湖
蘆名盛隆
黒川（会津若松）
田村清顕
須賀川
二階堂盛義
大館
岩城親隆
白河
小峰義親
那須資晴
下野
宇都宮広綱
常陸
佐竹義重

会津の蘆名氏を頼って逃れた。

勢いづいた政宗は、矛先を二本松《にほんまつ》城の畠山義継《はたけやまよしつぐ》に向け服属を迫る。大内と同盟関係にあった畠山は伊達を怖れて降伏するが、降伏会談直後に変心して、小柄な政宗の父輝宗を抱えて拉致し、二本松城に向かおうとした。このとき事件を聞いて駆けつけた政宗に、輝宗は「我とともに義継を撃て」と叫び、義継ともども伊達勢の銃撃で死亡する悲劇が生じた。

自らの命令によって、父を殺してしまった青年政宗は激しく動揺し、追手を急派して阿武《あぶ》隈川《くまがわ》の畔で、討ち取った義継の遺体を、切り刻んだともいわれる。

この事件で二本松攻略の名分を得た政宗は、父の初七日がすんだ十月十五日、改めて二本松城を攻める。義継の遺児の国王丸《こくおうまる》は、「少数にして防ぎかね候条、早く後詰《ごづめ》なし賜り候へ」と周囲に要請し、それに常陸《ひたち》の佐竹義重《さたけよししげ》が応じた。

佐竹氏は清和源氏の正統である源頼義《よりよし》の第三子義光《よしみつ》の後裔で、常陸国佐竹郷に定住して佐竹を名乗る名家である。一時は内紛もあって没落したが、今では甦《よみがえ》って常陸の地だけでなく下野《しもつけ》、下総にも迫る勢いであった。

政宗が関東に出るには、どうしても常陸を押さえる必要があり、義重には、勢力拡大を図る政宗が関東の北条と手を結び、佐竹を挟撃するのではという不安があった。

政宗が二本松を攻め落とせば、次は須賀川《すかがわ》の二階堂《にかいどう》を攻め、やがては白河から常陸に入り、佐竹の本拠・常陸太田《おおた》に迫るだろう。このあたりで政宗をくじいておかねば領国の安寧《あんねい》はないとの判断をしたのである。

十一月十日、佐竹義重は嫡男の義宣《よしのぶ》をはじめ佐竹軍七〇〇〇、赤館《あかだて》、寺山《てらやま》、東館《ひがしだて》軍三〇〇〇、石川《いしかわ》、赤坂《あかさか》、大寺《おおでら》軍二六〇〇、岩城《いわき》、船尾《ふなお》、竹貫《たけぐし》軍三〇〇〇、須賀川、阿子島《あこじま》、浅川《あさかわ》軍を加えた蘆名軍一万余など、計三万四〇〇〇の兵をかき集めて須賀川に勢揃いさせた。

人取橋を死守する伊達勢に思わぬ幸運

連合軍の大将は義重が務め、まずは伊達氏の要塞の中村砦《なかむらとりで》（現・福島県郡山市）を一気に抜いた。連合軍は須賀川方面から青田ヶ原《あおたがはら》を北上し、前田沢《まえださわ》城に集結した後、佐竹・蘆名を中核とする二万の本隊が西に向かって奥羽街道を進み、相馬《そうま》・岩城《いわき》・石川《いしかわ》といった小領主による別働隊が東の五百《ごひゃく》川沿いに進んだ。

対する伊達勢は、政宗が八〇〇〇の兵をもって観音堂山《かんのんどう》（現・福島県元宮市）に陣を布いて、連合軍の動きを見定め、先鋒泉田重光《いずみだしげみつ》が青田ヶ原へ進出して敵本隊と戦端を開いた。

戦場となった青田ヶ原は、いくつもの小さな川が流れ込む複雑な地形で、移動するには橋の奪取が重要だ。とくに瀬戸川に架かる人取橋《ひとどり》が連合軍の手に落ちれば、そこから先はそのまま観音堂山まで平地が開けているので、数に劣る伊達は苦戦を強《し》いられる。自《おの》ずと伊達軍にとって人取橋の死守が戦いの決め手となった。

連合軍は数にものを言わせて、次々と新手《あらて》を繰り出し、伊達軍の損害が増していった。政宗自ら槍《やり》を取って突き出し、七十三歳の歴戦の士である鬼庭左月《おにわさづき》が六〇騎を率いて人取橋を押し渡って突進した。衆をたのんで向かってくる佐竹軍を食い止めようと、阿修羅《あしゅら》の形相で奮戦するが、佐竹軍はこれを一気に打ち破って鬼庭を戦死させ、伊達の本陣まで進んだ。

伊達本陣の政宗は人取橋を死守して一歩も退《ひ》かず、獅子奮迅の働きを見せる。古書に「政宗一足も去り給わず、なおも先へ進み給う。誠に万死一生の軍《いくさ》なれば、政宗の近習、旗本の武士どもも主の命のかわりに討死し、深手を負う者、数知れず」とある。政宗自身、甲冑に何度も矢玉を受けたという。

この日、佐竹と蘆名の連合軍の死者は一〇〇〇人弱に上り、惜しくも打ち損じられた政宗の首級を挙げるのは明日に持ち越された。

翌朝、佐竹軍内に異変が起こった。軍師の佐竹義政《よしまさ》が、馬の手入れのことで下郎を叱りつけたところ、その下郎が逆上し、義政を刺殺してしまったのである。

義重は、軍師が味方の陣営で殺されたことに激しく動揺した。さらに追い打ちをかけるかのように、本国常陸から急報が届いた。

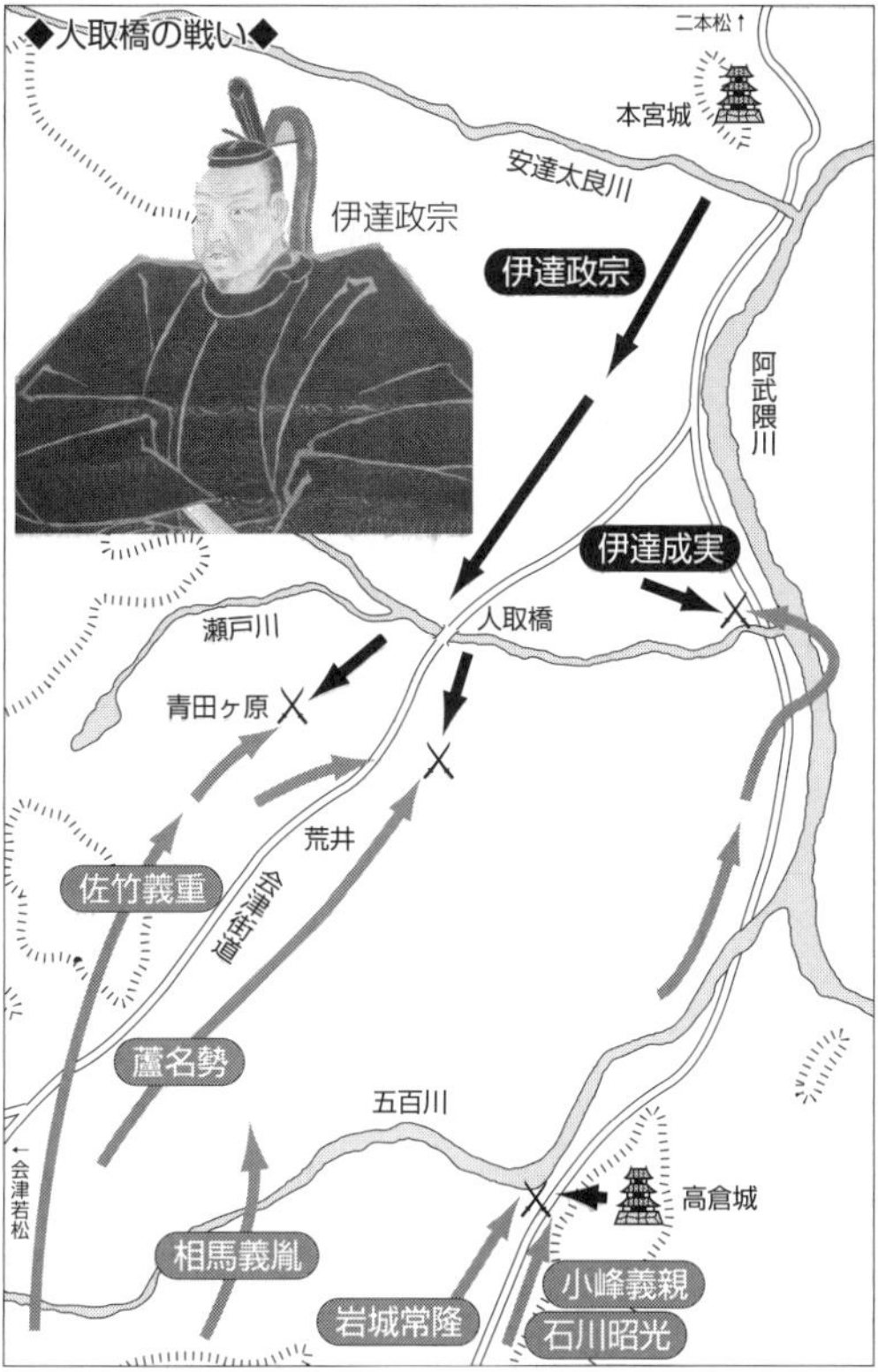

水戸の城主江《え》戸《ど》重《しげ》通《みち》と安房の里見義頼が、二万の兵を擁して佐竹領内に侵入したという。「伊達を討たんとして、その間にわが国を取られては口惜しき次第」として、突如、佐竹の軍勢が撤退を開始したのである。

仕方なく蘆名や他の小領主たちも、

次々と陣を引き払っていった。

佐竹の撤退を知った政宗は、九死に一生を得、虎口を脱したのである。

運に助けられた政宗は、人取橋の戦いで兵力に劣りながらも一歩も退かなかった戦いぶりは、〝奥州に政宗あり〟と大いに名を上げた。

軍師義政の急死、江戸・里見の佐竹領侵入がなければ、連合軍は十八日も戦《いくさ》をつづけ、伊達の本陣が崩れていた可能性が強い。また、畠山と蘆名の当主が子供であったことも含め、寄り合い所帯の連合軍の足並みが揃わなかったことも政宗を助けた。

政宗は河川を利用した防御戦を展開するには、兵力が不足していると判断し、人取橋の確保に目的を絞った限定戦に兵力を集中させた。また輝宗の仇を討つということで、全軍の戦意が高揚していたことも大きかった。

翌年（天正十四）、政宗は二本松城攻めを再開し、畠山氏を滅亡させて会津攻略の足がかりをつかむ。

激戦のあった人取橋は、東北自動車道を本宮《もとみや》インターチェンジで降り、国道四号線を仙台方面に一キロほど走った田圃の中に、「仙道《せんどう》人取橋古戦場」の石碑があることで知れる。

仙道とは海道に対する山道のことで、奥羽の仙道は白河から岩瀬、安積《あさか》、安達、信夫《しのぶ》を経て仙台までを縦走している道である。

義重は戦いの翌年、家督を嫡男義宣《よしのぶ》に譲って隠居し、二男義広《よしひろ》を蘆名家に入れた。

天正十六年にふたたび佐竹・蘆名連合軍は安積郡に侵入した政宗と戦うが、石川・岩城両氏の仲裁で和議となり、勝負は持ち越された。しかし、いずれは雌雄を決さねばならない両者であり、天正十七年の摺上原《すりあげはら》での決戦が最後の戦いとなる。

現在の人取橋古戦場跡

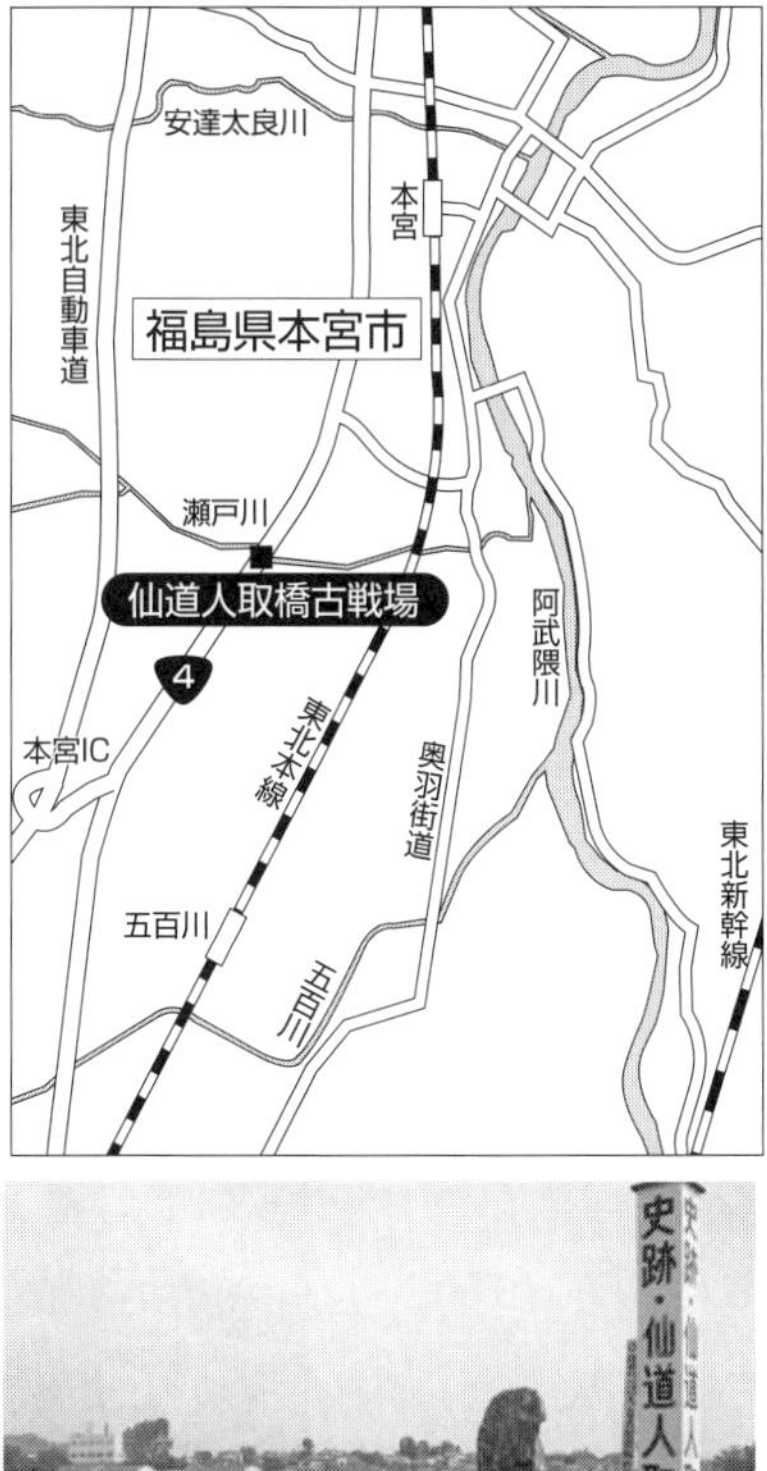

現在の人取橋古戦場

摺上原《すりあげはら》の戦い

伊達VS蘆名

天正十七年（一五八九）

因縁の対決に会津を目指す政宗

会津黒川城（現・会津若松城）の蘆名家と出羽米沢城の伊達家は、磐梯吾妻《ばんだいあづま》連峰を挟んで国境を接する宿敵である。蘆名氏の出自は、鎌倉幕府の名族三浦氏で（三浦半島に芦名の地が残る）、頼朝を援《たす》けて天下に号令させ、会津守護職を称していた。誇り高き蘆名家二十代には、常陸の太守である佐竹義重の二男義広が入り、佐竹に通じているのは当然である。

一方、伊達氏は奥州守護職を任じ、会津進出を悲願としていた。奥羽の風雲児とされる十七代当主の政宗は、天正十三年（一五八五）には小領主大内定綱の小手森城攻略戦で、女子供から犬馬まで城中の生ある者すべてを、撫で斬りにするという暴挙に出ていた。

白河から仙台までの南奥羽は、従来より岩城、石川、二階堂、田村、畠山、大内などの諸氏が群雄割拠し、互いに侵略を繰り返す小競り合いの関係にあったが、いずれの家も婚姻を重ねて縁戚関係にあり、戦っても一家滅亡までには至らなかった。だが政宗の出現はこの関係を崩し、政宗との戦いに敗れれば、一家は消滅する恐怖に小領主たちは陥っていた。

天正十七年（一五八九）正月、政宗の臣・片倉景綱《かたくらかげつな》の報告では、政宗が予期した通り、岩城氏が佐竹・蘆名両氏と通じて田村領を侵略する企図が明白となった。政宗は福島中通《なかどお》りと大崎領境の安堵《あんど》に動き、いよいよ対蘆名戦への覚悟を固めた。

五月三日、政宗は大森城より本宮城に入り、隷下諸将の集合を命じた。兵三五〇〇で本宮西南の安子ヶ島《あこがしま》城を攻撃し、城主の安子ヶ島治部太夫《じぶだゆう》を猪苗代《いなわしろ》城に走らせた。

猪苗代城主・猪苗代盛国《もりくに》は蘆名一族だが、佐竹から蘆名家当主となった義広に対する不満から伊達に寝返ったため、政宗は易々と猪苗代城に入り安子ヶ島治部太夫を放逐した。

政宗が猪苗代城に入るや、六月四日に蘆名義広は会津黒川城で戦備を整え、打倒伊達を誓い全軍を挙げて猪苗代城を目指した。だが戦う前から家中に乱れが生じ、蘆名家累代の四家の一族一八人が、行軍の最中にこぞって伊達方に走るという事件が起こった。

伊達は蘆名方の内紛を利用して大勝

翌五日、政宗は猪苗代後方の八ツ森《やつもり》に本陣を進め、自ら戦闘指揮を執る。

義広は本陣を猪苗代湖西北の高森山《たかもりやま》に置き、両者の間の磐梯山南麓の摺上原《すりあげはら》で両軍は激突した。

蘆名方の富田《とみた》将監《しょうげん》の猛攻で、伊達方は先手の猪苗代盛国隊、二番手の片倉景綱隊が破られ、政宗の本陣にまで肉薄してきた。伊達の三番手・伊達成実《しげざね》隊、四番手の白石宗美《むねよし》隊が蘆名軍中央部まで進出して、富田隊の攻撃を阻止した。

時をおかず蘆名義広は旗本の精鋭四〇〇を率いて、押し太鼓を打ち鳴らし、伊達軍白石隊を追って政宗本陣に迫っていった。磐梯山に向かって東側の伊達軍二万三〇〇〇と、西側の芦名軍一万六〇〇〇が、押しつ押されつの混戦を展開した。

このとき、今まで吹いていた西風が、にわかに東風となり、砂塵を巻き上げて蘆名軍を襲ったのである。風は矢や鉄砲の到達距離や威力に影響し、風上に立つことは断然に有利だ。磐梯山の火山灰に覆われたこの摺上原は、風が吹くと砂塵が舞い上がり、風下で砂嵐を正面から受けてはたまらない。緒戦は風上から戦いを優位に進めた蘆名軍に不利な風向きになり、勢力を盛り返した伊達の各隊は、じりじりと蘆名軍を摺上原の北方に圧迫した。状勢不利を悟った義広は一路黒川城へ逃げ込もうとしたため、たちまち蘆名全軍は敗走に入った。

しかし、黒川へ抜けるには途中の日橋川《にっぱし》を渡らねばならないが、架かっていたはずの橋は、

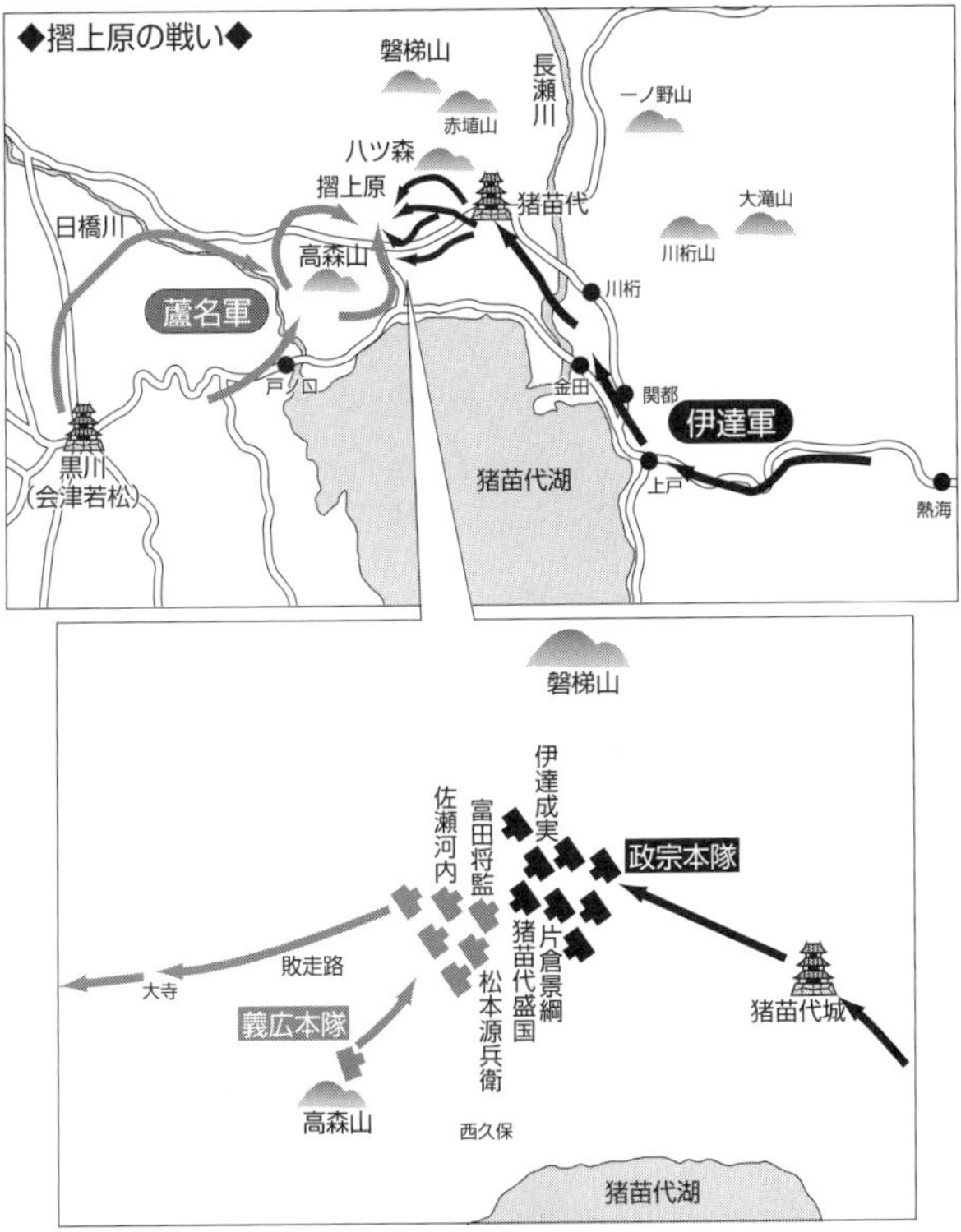

摺上原古戦場の「三忠碑」。蘆名軍が敗走する中で、佐瀬種常、佐瀬常雄、金上盛備の三人は、踏みとどまって戦い戦死した。会津藩八代主・松平容敬は、嘉永三年（1850）に彼らの武勲を讃え碑を建てた

すでに猪苗代隊によって破壊されており、蘆名軍の退路は遮断されていた。

このとき日橋川で溺死した者は一八〇〇人余を数えたという。さらに伊達軍の追撃も苛烈で、二五〇〇の蘆名軍の首を挙げている。蘆名軍は、兵力の三分の一以上の戦死者を出すという、壊滅的な打撃を受けてしまったのである。

政宗は自軍の一部をもって占領地を確保し、主力部隊を猪苗代城に撤収させ、翌日から残敵の掃討に入るとともに、黒川城内の反佐竹である反義広派に対する内応工作を開始した。このため黒川城内では反佐竹派と、主戦を唱える佐竹派の激論が十一日まで続いたが、伊達への降伏を決定した。

十一日、義広は従者四一人と城を去り、白河を経て生家である常陸佐竹家へ逃れた。この合戦で名族蘆名氏は滅び、政宗は念願の会津を手に入れて南奥羽の覇者となった。

政宗は、小田原北条氏や下総の結城《ゆうき》氏と連携し、会津よりさらに南下して宿敵佐竹を討ち、関東進出の野望を持っていた。だが政宗自身が「馬上少年過ぐ」と詠んだように、生まれた時代が遅かった。翌天正十八年には、豊臣秀吉が大軍を率いて小田原攻めを開始している。

政宗は涙をのんで秀吉の軍門に馳せ参じなければならず、秀吉の天下統一の奥羽仕置によって、多くの血を流して獲得した会津は取り上げられ、仙台に移封させられたのである。

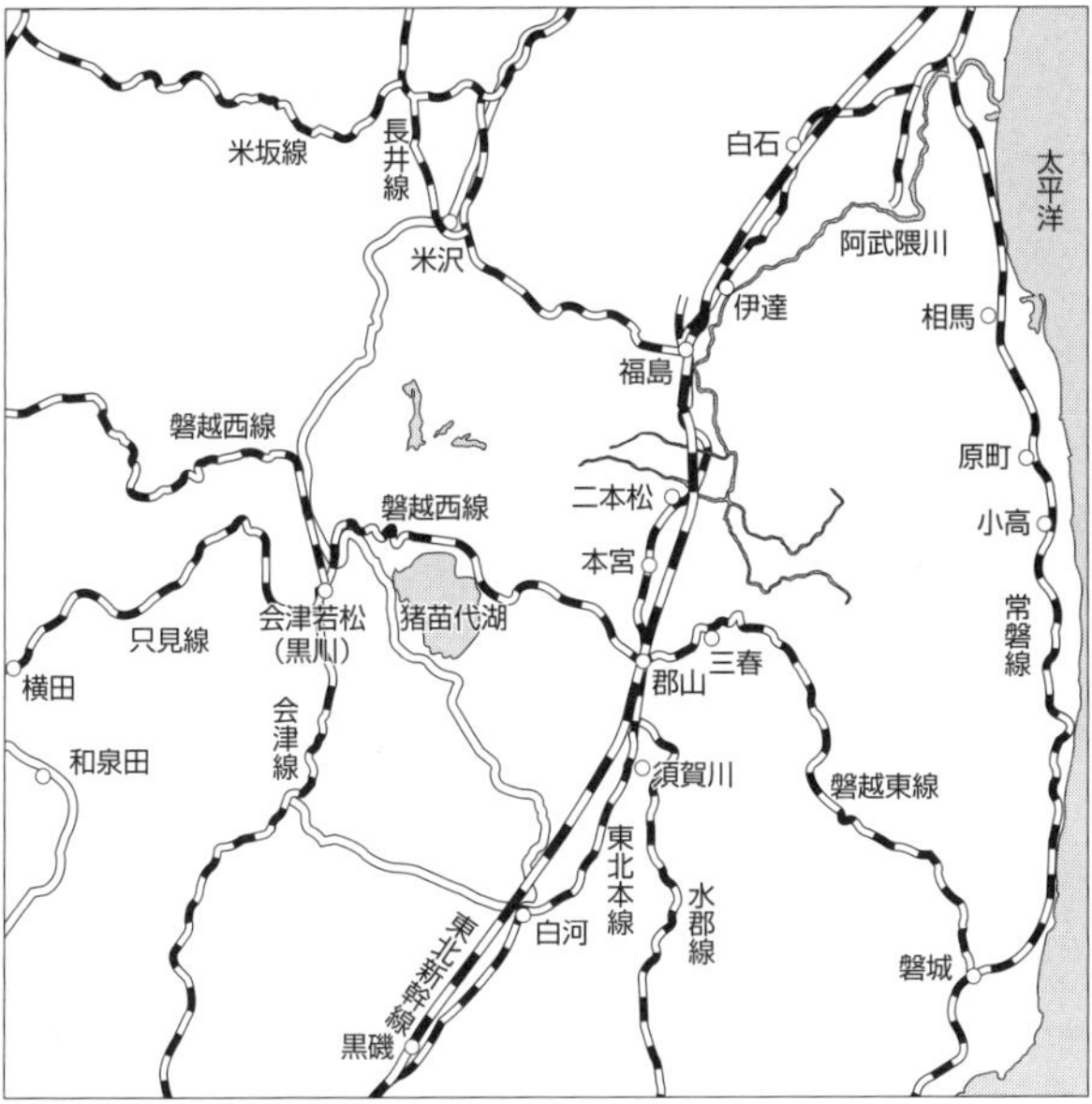
米坂線
長井線
米沢
白石
阿武隈川
太平洋
伊達
相馬
福島
磐越西線
磐越西線
原町
二本松
小高
本宮
会津若松
（黒川）
猪苗代湖
只見線
横田
郡山
三春
常磐線
会津線
和泉田
須賀川
磐越東線
東北本線
東北新幹線
白河
水郡線
磐城
黒磯

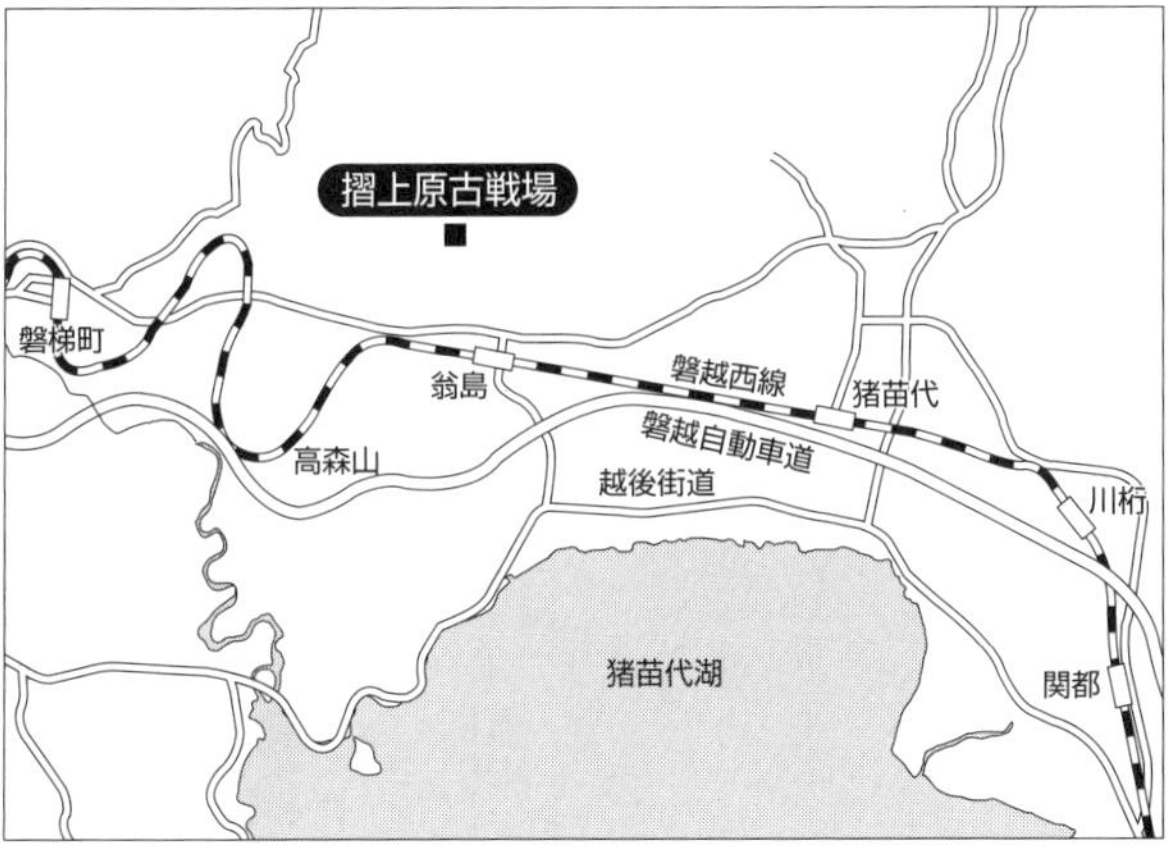
摺上原古戦場
磐梯町
翁島
磐越西線
猪苗代
磐越自動車道
高森山
越後街道
川桁
猪苗代湖
関都

小田原城の戦い

豊臣 VS 北条

天正十八年（一五九〇）

関白秀吉は反抗する小田原の征伐に乗り出す

天正十七年（一五八九）十一月二十四日、関白の豊臣秀吉は関東全域を支配する小田原の北条氏直に対して五ヶ条に及ぶ宣戦布告の書状を送った。その中で北条氏は、公儀をあざむいた逆賊としていた。

北条氏と真田昌幸《さなだまさゆき》は、上野《こうずけ》国沼田領の領有をめぐって争っており、同年七月には秀吉の裁定によって、沼田領の三分の二が北条氏、残りが真田の支配と決定したが、まもなく北条が真田領の名胡桃《なぐるみ》城（現・群馬県みなかみ町）を奪ったのである。

裁定を無視されて怒った秀吉は、小田原征伐に踏み切った。

天正十八年三月一日、秀吉は天皇より北条討伐の勅許《ちょっきょ》を受け、すでに遠征途上にあった諸大名を追って京都を進発した。関東・奥羽の平定は秀吉の天下統一の総仕上げであり、そ

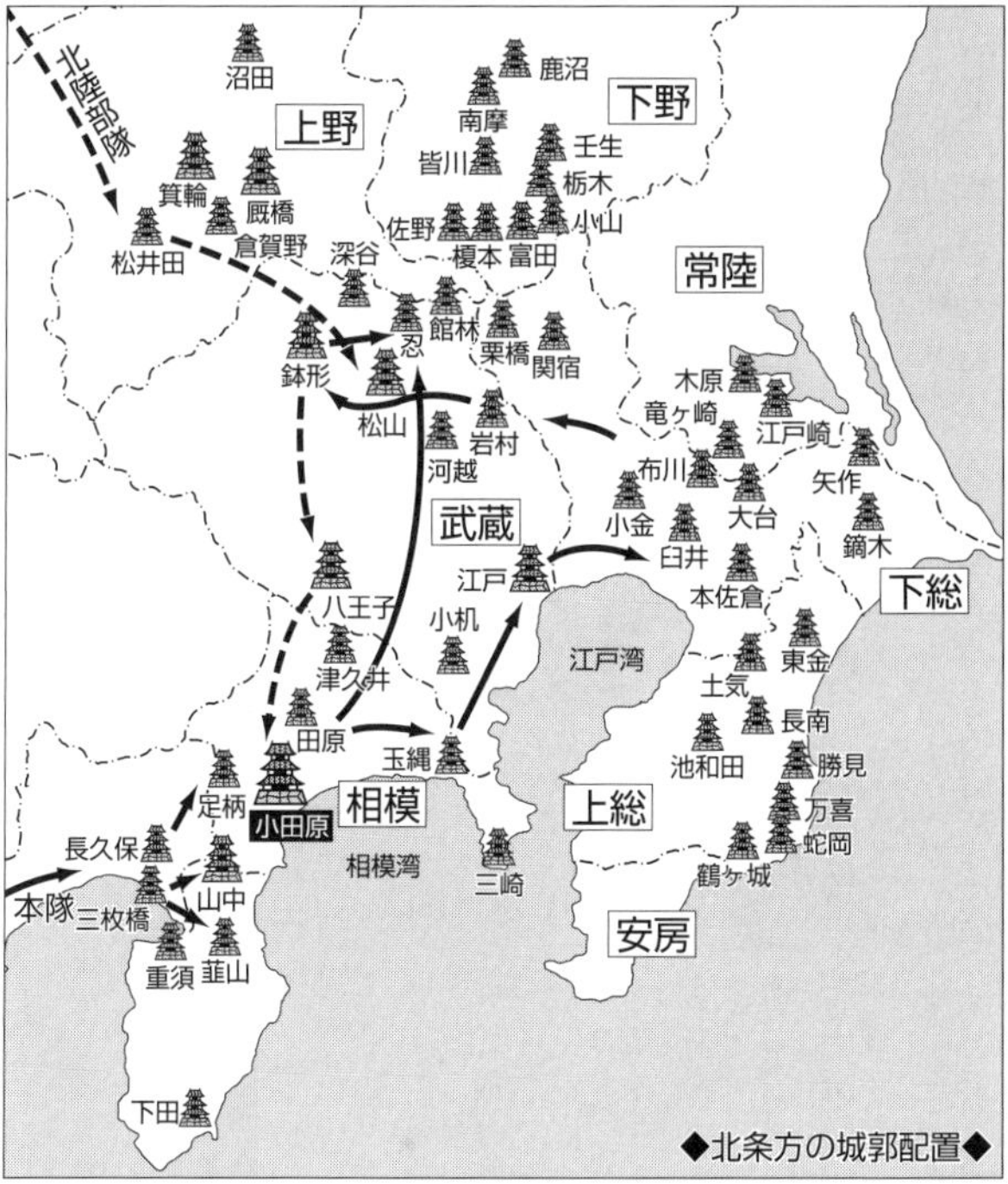

◆北条方の城郭配置◆

の最大の目標は小田原の攻略にある。

秀吉はこれより先の天正十五年に、関東・奥羽の諸大名に「惣《そう》無《ぶ》事《じ》令《れい》」を発令し、公儀の名において大名の領国紛争などの私戦を禁じており、秀吉にはここが天下統一の山場となる。

一方、北条氏はあくまで自領の拡大と確保に固執していた。本能寺の変以後、信長の遺領であった信濃《しなの》、甲斐《かい》、上野の帰属をめぐって徳川家康と対立したが、甲信二国は家康、上野は北条の支配とし、家康の娘督《とく》姫が氏直に嫁ぐことで両者は和解した。

北条氏には早雲以来五代百年にわたって着々と拡大してきた領国である。この期《ご》におよんで、秀吉の支配下に入るのを潔《いさぎよ》しとせず、同じ領国紛争の渦中にあった奥羽諸大名の中でも、とりわけ伊達政宗と結ぶことで秀吉の圧迫から逃れようと期待した。

北条五代とは早雲の後の氏綱、氏康、氏政、氏直のことで、この間に版図は拡大を続け、武蔵、下総、上総、下野、上野、伊豆を領し、秀吉が関東の覇王である北条を滅ぼせば、東国の小大名が雪崩《なだ》れを打って臣従してくるのは明らかなことである。

豊臣軍の先鋒として家康、織田信雄《のぶかつ》、蒲生氏郷《がもううじさと》らが東海道を東上し、続いて羽柴秀次《はしばひでつぐ》、細川忠興《ただおき》、浅野長吉《ながよし》、石田三成、宇喜多秀家《うきたひでいえ》らが追った。

北陸からは上杉景勝《かげかつ》、前田利家、真田昌幸らが碓氷《うすい》峠を越えて関東平野に乱入し、加えて長宗我部元親《ちょうそかべもとちか》、九鬼嘉隆《くきよしたか》、脇坂安治《わきさかやすはる》、加藤嘉明《よしあき》らが水軍を編成して相模湾を囲んだ。

万全の編成を成した上で、秀吉は三万二〇〇〇の兵を従えて京都を発《た》ったのである。総勢二二万という空前の大遠征軍は、四月初旬には早くも小田原城の包囲を完了し、三カ月におよぶ攻城戦が開始される。

関東の諸城を合わせても北条方の総動員数は八万ほどで、包囲軍二二万に対し、小田原城

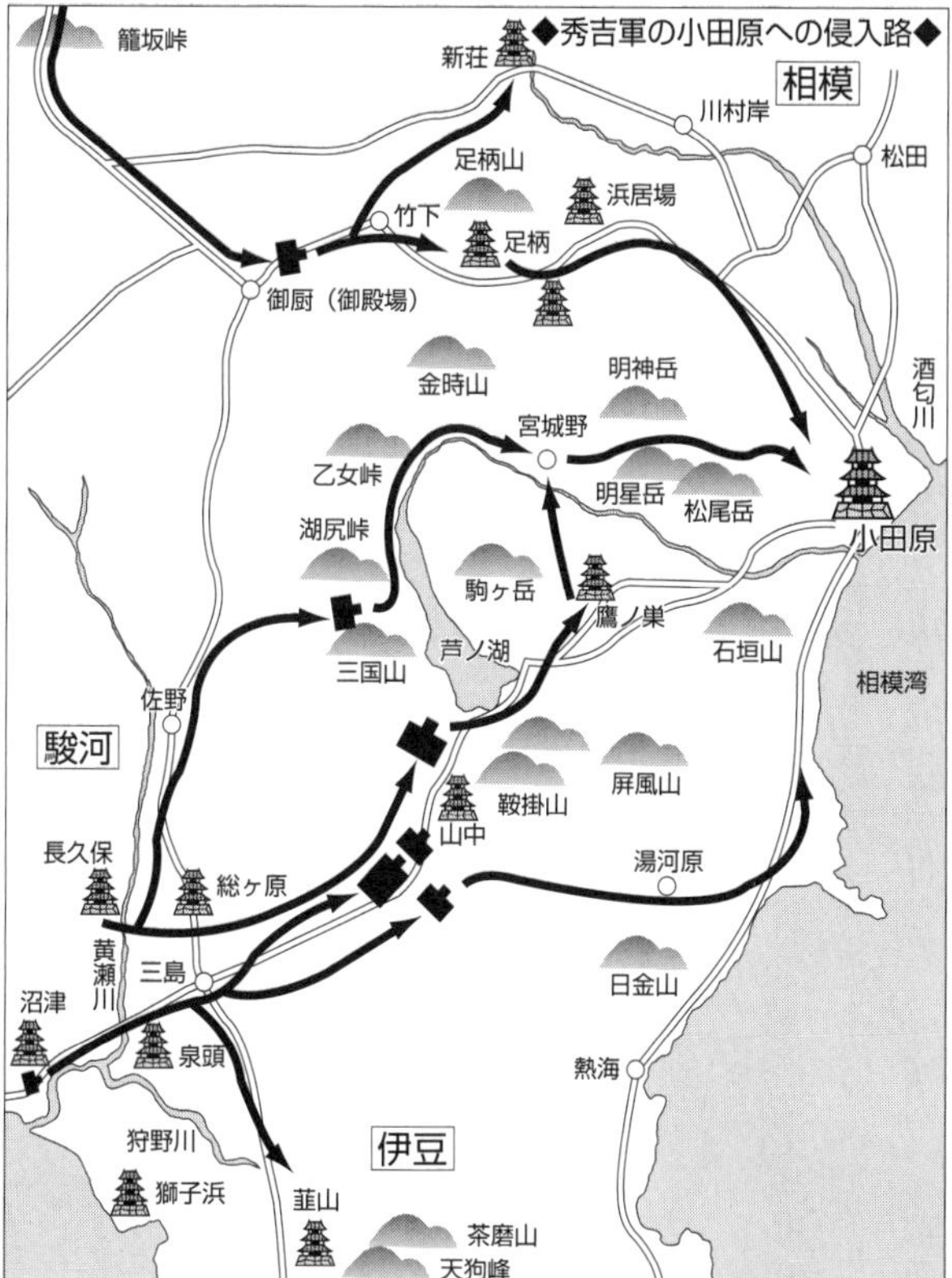

に籠もる者は五万六〇〇〇。秀吉には負けることなどありえない戦いだった。

強大な豊臣軍に抗して、北条方に味方してくれる援軍は期待できず、頼みは巨大な名城である小田原城のみであった。

これまでにも永禄四年（一五六一）三月に、越後の長《なが》尾景虎《おかげとら》（後の上杉謙信《けんしん》）が、関東の大軍をもって一カ月間包囲したときも小田原城は落ちず、さらに、同年十月に武田信玄に囲まれても持ちこたえていた。

強敵に遭《あ》ったら、この城に籠城して敵をやりすごすのが北条の常套手段で、自軍の中には駆り出された農民・職人・商人・僧侶も多く、北条方が長い評定の末、野戦による決戦を避けて籠城策をとったのは当然の選択であった。

北条氏の本拠の小田原は箱根山塊を背にして関東への入口に当たる。難攻不落の堅城小田原城は、総郭《そうぐるわ》五里（約二〇キロ）、東西二五町（約二・八キロ）、南北二〇町（約二・二キロ）にわたって土塁と空堀がめぐらされ、町屋も武家屋敷もその中に全部収まっていた。これは総構《そうがま》えと呼ばれるもので、現在の小田原城跡は江戸時代のもので、当時は、現在の小田原高校付近に本丸があった。

秀吉軍は破竹の勢いで端城を落としていった

秀吉は出陣に際して、ことさらにきらびやかに装い、箱根湯本《ゆもと》の本陣では連日茶会や能を催し、陣中には上方から淀《よど》の方《かた》などの愛妾を呼び寄せ、この戦いを楽しむ余裕を見せつけた。

兵士たちのために遊廓や各種の店を開かせ、日を追って城内の食糧が尽きていく北条兵との対比を強調した。小田原城と早川を隔てた対岸に石垣城を築き、熟柿《じゅくし》が落ちるように小田原の陥落を待つ作戦だった。

秀吉は家康と協議の上、秀吉配下の浅野長政、木村重茲《しげこれ》、家康配下の本多忠勝《ほんだただかつ》、平岩親吉《ひらいわちかよし》、鳥居元忠《とりいもとただ》らを将とする、分遣隊二万を組織して関東各地の北条方支城を襲わせた。たとえば現在の千葉県だけでも、土気《とけ》、東金《とうがね》、鳴戸（成東《なるとう》）、本納《ほんのう》、茂原《もばら》、長南《ちょうなん》、真里谷《まりがやつ》、池和田《いけわだ》、椎津《しいつ》、五井《ごい》、万喜《まんき》、鶴ケ城《つるがじょう》、伊南《いな》、小浜《おばま》、一の宮、大多喜《おおたき》、勝浦《かつうら》、小糸《こいと》、佐貫《さぬき》、窪田《くぼた》、海上《うなかみ》、飯沼《いいぬま》、矢作《やはぎ》、布川《ぬのかわ》、関宿《せきじゅく》、国府台《こうのだい》、千葉、葛西《かさい》、臼井《うすい》、佐倉《さくら》など、数多くの北条方の支城が降伏させられている。

二万の大軍は進むところ敵なしといったもので、まさに虱潰《しらみつぶ》しであった。しかし秀吉は彼らの動きに不満があった。

秀吉は「小屋小屋の端城《はじょう》ども、二万余りの人数にて受け取り候こと」は怠慢であると叱責し、前田らの北陸支隊に早く合流して武蔵鉢形《はちがた》城を落とせと要求した。取るに足らない端城など放っておいて拠点となる城にかかれ、というのである。

上杉景勝、前田利家・利長《としなが》父子らの北国勢に真田昌幸が加わった北陸支隊三万五〇〇〇は、東山道から関東に雪崩《なだ》れ込み、こちらも各地の端城を潰していった。拠点の城は松井田《まついだ》城

（群馬県安中市《あんなか》）、江戸城（東京都千代田区）、岩槻城（埼玉県さいたま市）、鉢形城（埼玉県大里郡寄居町《よりい》）、八王子城（東京都八王子市）、韮山城《にらやま》（静岡県伊豆の国市）である。拠点となる城から端城へと連携する北条方のネットワークの根を断ち切ってゆく作戦だ。

松井田城は西に碓氷峠を控える東山道《とうざんどう》の要《かなめ》である。江戸城は太田道灌《おおたどうかん》が築いた名城で武蔵南部の主城、岩槻城は奥羽街道の要衝、鉢形城は関東平野北部の要衝をなしている。八王子城は西に小仏峠《こぼとけ》を扼《やく》す甲州街道の要衝で、韮山城は伊豆から小田原に入る喉元《のど》にある。

これらの城は北条氏の領国支配の最重要地点にあった。だが城将や城兵の主立った者は小田原本城の救援に詰めており、それぞれの城の守兵は多くとも四〇〇〇ほどである。秀吉方の寄せ手は計三万とも五万ともいわれる大軍で、松井田城、江戸城、岩槻城、鉢形城は天正十八年の四月から六月にかけて順次陥落した。

六月二十三日、激戦の末に八王子城が、翌日には韮山城が陥落した。この時点で残っているのは小田原本城と武蔵忍城《おし》（埼玉県行田市《ぎょうだ》）のみだった。小田原の矢玉、食糧もやがては尽きる。すでに支配すべき土地を失った北条にとって、小田原城のみが保たれても意味がなくなっていたのである。

七月五日、北条氏直が降伏して小田原城が開城した。

氏直は一命を助けられて高野山に追放され、氏政とその弟・氏照《うじてる》（八王子城守）は責めを負って腹を切らされた。

秀吉は忍城攻撃に佐竹義宣《さたけよしのぶ》、宇都宮国綱《うつのみやくにつな》、結城晴朝《ゆうきはるとも》ら関東の大名たちに命じ、軍監として石田三成、大谷吉継《おおたによしつぐ》、長束正家《なつかまさいえ》を付けた。二万三〇〇〇の軍勢である。

彼らはすでに上野館林《たてばやし》城を抜き、六月四日に忍城を囲んだ。忍城の周囲は深田や池沼が囲み、城主の成田氏長は小田原本城に籠もっており、その留守を成田泰季《なりたやすすえ》らが二千数百の兵で守っていた。

三成が本陣を置いた丸墓山古墳

五日朝、三方より寄せ手が攻めたが、攻め口は細い縄手《なわて》道で左右は深田と池沼である。大軍が容易に進めないところへ、城方からの射撃を受け、さらに城兵が打って出るという戦況で、攻め手は遠巻きにして攻めあぐねた。

秀吉の家中で武断派家臣たちから軽く見られている三成は、ここで武略のあるところを見せようとした。現在の〝さきたま古墳公園〟にある丸墓山《まるはかやま》古墳の頂上に立ち、忍城周辺の池沼の多い地形を見て、秀吉が備中高松《びっちゅうたかまつ》城で前代未聞の水攻めをしたことを思い起こした。

彼は関東の田舎大名どもに、上方の攻城法を見せつけてやろうと、銭にものを言わせて近隣住民を雇い入れ、昼夜兼行の土木工事に入った。長さ二八キロ、高さ三メートルの堤防を築造し、備中高松城と同様に忍城を水没させようとしたのだ。

三成は利根川右岸の堤を壊して導水を図るが、水がうまく流れ込まず、さらに荒川左岸の堤を破壊して導水したことで忍城本丸は水の中に孤立した。ここで城の運命も決定したかに思えたが、その二日後には豪雨によって堤防が切れ、外に流れ出した水で寄手の兵三〇〇が溺死し、水攻めは失敗した。

三成は水攻めを放棄して、ふたたび力攻めをせざるをえなくなるが、忍城の周囲はそれまで満ちていた水でますます泥沼化しており、攻城は困難の度を深めていた。

秀吉は鉢形城攻めの終わった浅野長政・真田昌幸らの隊六〇〇〇を増援させたが容易に落ちず、結局、忍城が開城したのは小田原城が落ちた十一日後の七月十六日である。それも、攻めて落としたのではなく、秀吉の命で小田原に詰めていた城主成田氏長《なりたうじなが》が、使者を出して開城を命じたからであった。

三成は面目を失い、戦下手《いくさべた》であることを天下に晒す結果となり、これが今後の彼を運命付けてしまったのである。

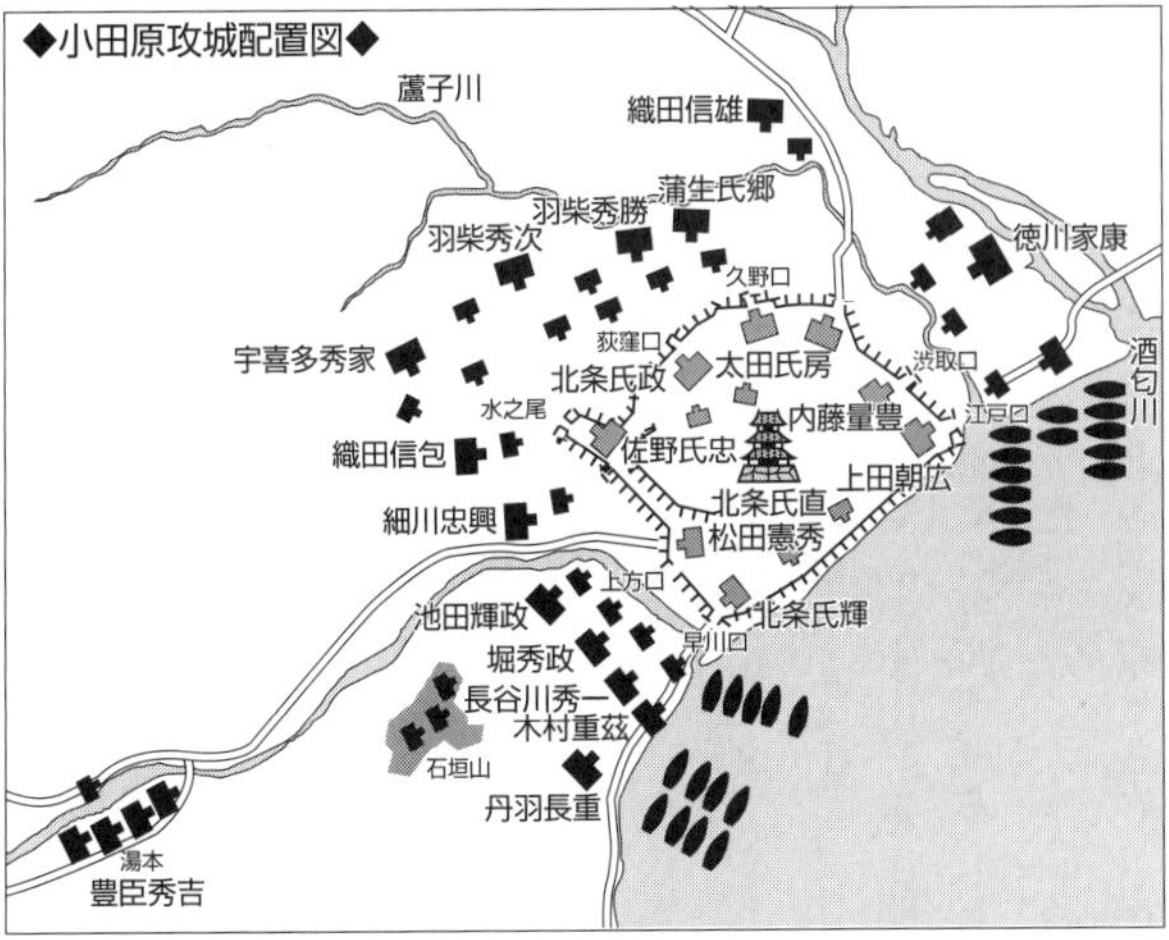

◆小田原攻城配置図◆
蘆子川
織田信雄
蒲生氏郷
羽柴秀勝
羽柴秀次
徳川家康
久野口
宇喜多秀家
荻窪口
北条氏政
太田氏房
渋取口
酒匂川
水之尾
内藤量豊
江戸口
織田信包
佐野氏忠
上田朝広
北条氏直
細川忠興
松田憲秀
上方口
池田輝政
北条氏輝
早川口
堀秀政
長谷川秀一
木村重茲
石垣山
丹羽長重
湯本
豊臣秀吉

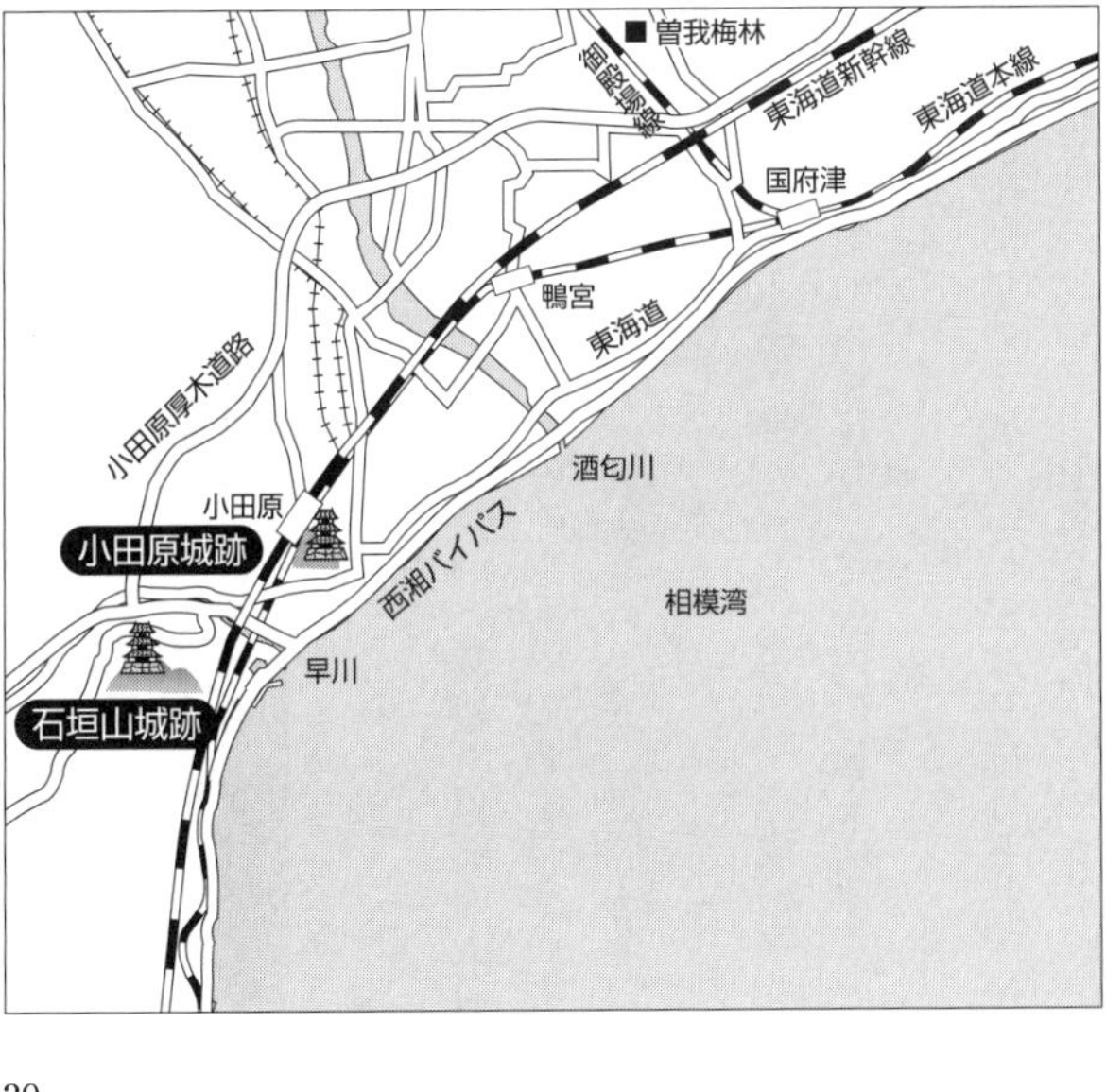

曽我梅林
御殿場線
東海道新幹線
東海道本線
国府津
鴨宮
東海道
小田原厚木道路
酒匂川
小田原
小田原城跡
西湘バイパス
相模湾
早川
石垣山城跡

長谷堂《はせどう》城の戦い

上杉VS最上

慶長五年（一六〇〇）

家康は三成の挙兵を予測して上杉征伐に向かう

慶長五年（一六〇〇）六月十八日、徳川家康は会津の上杉景勝を討つため豊臣恩顧の大名を率いて伏見《ふしみ》城を出発した。「自分が畿内を去れば石田三成がその隙《すき》を衝《つ》いて必ずや挙兵するであろう」との思惑からである。仮に三成が挙兵しなくても、五大老の一人、景勝を叩いておけば、東日本における自らの地位は盤石になるとの読みもあった。

ゆるゆると東上した家康軍は七月二十五日に下野の小山《おやま》まで進んだところで、三成の挙兵を知った。ここで史上名高い小山評定を開き、三成を討つべく反転して畿内に兵を戻すことを決定し、美濃《みの》関ヶ原での東西両軍の一大会戦へと進んでいく。

実は関ヶ原での会戦だけでなく、全国各地で東西両陣営の小競り合いが繰り広げられていた。その一つが〝東北版関ヶ原〟とも言える長谷堂《はせどう》城の戦い（山形市長谷堂楯山）である。

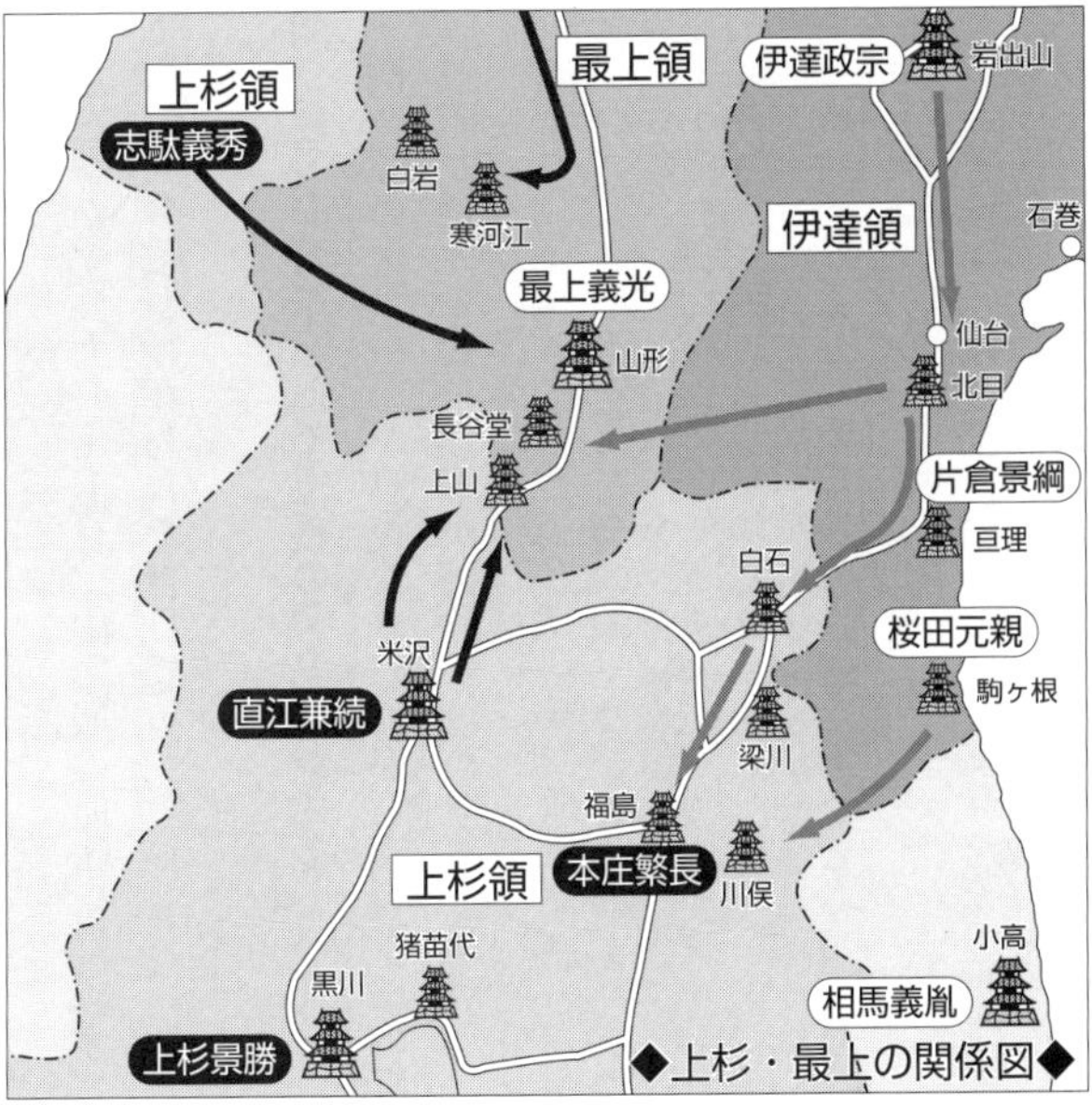

◆上杉・最上の関係図◆

山形城主最上義光《もがみよしあき》は家康に通じていたが、会津征討には従軍しておらず、山形にとどまっていた。当初は景勝にも好意的で、どちらつかずの日和見《ひよりみ》主義だったが、全国的形勢が家康有利に傾くや景勝と手を切り、家康の東軍に駆け込んだ。

これに怒った景勝は重臣筆頭の直《なお》江《え》兼続《かねつぐ》に義光討伐を命じ、兼続は色《いろ》部《べ》光長《みつなが》、春日《かすが》元忠《もとただ》、上泉泰綱《かみいずみやすつな》、水《すい》原親憲《ばらちかのり》ら有力武将を先鋒として二万の兵をもって米沢城を進発、山形城までの間にある支城の各個撃破にかかった。荒砥《あらと》（現・山形県西置賜郡白鷹町）を経て九月十三日、畑谷城

（東村山郡山辺町畑谷）を一日で落とし、城主江口五兵衛《えぐちごへえ》以下三五〇人が討死している。

息をつかずに九月十五日、山形城の前衛に位置する長谷堂城の攻撃にかかる。くしくも関ヶ原で大会戦が行なわれた当日であった。

関ヶ原での西軍敗退で上杉の望みは潰える

関ヶ原の大会戦は半日で決着したが、長谷堂城の戦いは思わぬ長期戦となった。当初、水原親憲の指揮する上杉軍が果敢に攻め立て、城兵三〇〇人余が討たれるという最上側の苦境もあったが、城主志村光安《しむらあきやす》は頑強に抗戦をつづけた。

当時、一二〇万石の景勝の領土は一カ所にまとまっていたわけではなく、会津若松の本領と庄内に二分されていた。最上領を手中に収めれば、会津と庄内を繋ぐことができるのである。加えて、家康から味方すれば一〇〇万石を与えると提示されていた伊達政宗も、北方の切り取りを画策して南部領に進出しようとしており、景勝にとっては、伊達に備えるためにも最上領は重要な地であった。

長谷堂城は急峻な崖と深い田に囲まれた天然の要害である。さしもの兼続も終日攻めあぐんだ。義光は伊達政宗に矢のような救援要請を繰り返し、政宗もこれを無視することができずに叔父の伊達政景《だてまさかげ》を派遣した。これを知った景勝は、伊達の援軍が到着する前に、長谷堂城を落とす計画であったが、武将志村の意外な抵抗は上杉軍の時間だけを空費させていった。

長谷堂城が落ちなかったのは城兵の士気の高さもさることながら、城の比高《ひこう》（麓からの高さ）が一二〇メートルもある孤立した丘の上にあり、麓の川が自然の堀になっているという地形ゆえだった。九月十六日、岩出山《いわでさん》城を出た伊達政景は、仙台を経て笹谷《ささや》峠を越えて山形城に入り、二十日には長谷堂城に到着した。

一方、上杉軍にも援軍があり、庄内領の志駄義秀《しだよしひで》率が酒田を出て、最上川を遡《さかのぼ》りながら村上盆地に入り、山形城の支城である白岩《しろいわ》城、寒河江《さがえ》城を攻めにかかった。この二城を抜けば長谷堂城を攻めている上杉の本隊と合流できるのである。

兼続は、長谷堂城攻撃と同時並行して上山《かみのやま》城も攻め立てた。が、ここでも攻城側の大将本村親盛《もとむらちかもり》が討ち取られるなど、苦戦を強いられていた。

九月三十日まで戦線は膠着した。戦況が大きく展開したのは、その日の早朝に、関ヶ原における東軍大勝の報が最上陣営に届けられてからである。ほぼ同時刻に兼続にも報はもたらされ、家康を倒すという上杉の大目標が絶たれた瞬間となった。

兼続はもはやこれまでと、翌十月一日には迅速《じんそく》に攻城軍の兵を退き、会津までの撤退を決意した。自ら殿軍《しんがり》となって采配を振るう兼続を、義光と志村光安の連合軍が遮二無二追いかけた。

三日、上杉軍は荒砥に着き、米沢を経て二十日には会津若松に着いた。ほとんど兵を失わずに帰還を果たした兼続の見事な采配に、義光も感嘆したという。

逃げる兼続を助けて功のあったのが、兼続の親友であり上杉家の客将となっていた前田慶《けい》次《じ》であった。慶次は前田利家の義理の甥であり、隆慶一郎の長編小説『一夢庵風流記』の主人公である。最上軍が兼続に迫るや、慶次は鉄砲隊の援護を背に受けて、縦横無尽に鎗を振るって最上軍に立ちはだかったという。義光が兜《かぶと》に銃弾を受けたということからも、肉迫戦であったことが推測される。

この結果、領土を拡大して庄内と本領会津を結びつける計画は画餅《がべい》に帰し、それどころか上杉家は、庄内全域と会津を失い、会津一二〇万石から、兼続個人が秀吉の声掛かりで得ていた米沢三〇万石という、四分の一の版図に封じ込められるという憂き目に遭った。

家康から約束された政宗の一〇〇万石も空手形に終わっている。大事を疎《うと》んじた南部攻めの謀略が家康に咎《とが》められたのだ。

長谷堂古戦場周辺図

直江兼続所用の「愛」を前立にした甲冑

石も重要な武器だった

戦国時代の合戦の武器は槍《やり》や鉄砲だけではない。そこらに転がっている石も武器として大いに活用した。古記録には、礫《つぶて》、飛礫《つぶて》、印地《いんじ》とあるのがそれである。

元亀三年（一五七二）の三方《みかた》ヶ原《はら》の戦いでは「敵味方が向き合って、まさに一戦におよぼうとした。武田軍は〝水役《みずやく》の者〟と呼ばれる人々百人ばかりを先頭に立てた。彼らにつぶてを投げさせ、押太鼓を打って突撃してきた」と武田軍の戦いぶりを『信長公記』に書き出している。水役とは給水を担当する人夫だろうか？　武田方は、まずは彼らに投石をさせて敵を挑発し、敵の戦列を乱すことから始めたことがわかる。

敵は降ってくる石を受け、挑発に乗って戦闘を始めてしまうのだ。武田軍は投石の専門部隊を引き連れていたようで、これは費用がかからぬ割に効果的な戦術であっただろう。

近世の城郭には「石落とし」という、城の建物の一部を石垣の外に張り出させたものがあるが、これはその隙間から石を落とし、這い上がってくる敵を傷つけたもので、豊臣秀吉の小田原城包囲戦で最初に攻略された山中《やまなか》城の城壁の下からは、投擲《とうてき》に使ったと思われる石が大量に出土している。

第二章 中部・北陸の古戦場

上《うえ》田《だ》原《はら》の戦い

天文十七年（一五四八）

武田 VS 村上

信濃攻略を目指す若き信玄

軽井沢と篠《しの》ノ井《い》の間を結ぶ「しなの鉄道」がある。その区間の途中にある上田駅から上田交通別所《べっしょ》線に乗り換えて、四つ目が上田原《うえだはら》駅である。

天文十七年（一五四八）二月、この駅の北側一帯、千曲川《ちくまがわ》寄りの下之条《しものじょう》付近の上田原で武田信玄と村上義清《むらかみよしきよ》が戦い、若き信玄が初めて敗北を喫《きっ》したのである。「上田原古戦場」の碑は、千曲川河原の石久摩《いしくま》神社境内にある。

この合戦で信玄は武田二十四将の老将・板垣信方《いたがきのぶかた》と甘利虎泰《あまりとらやす》を失い、常勝武田の輝かしい戦歴をいったん停止せざるをえなくなった。板垣信方の墓は討死を遂げた若宮《わかみや》八幡宮近くの古木の傍らにあり、愛煙家であったとする伝承ゆえか、瓦葺きで囲われた五輪塔には今も煙草を供える人が跡を絶たない。

武田家は代々甲斐源氏の棟梁として甲斐守護職にあった。同じ甲斐源氏の出とする板垣氏は、親類衆の筆頭格である。信方自身は信玄の父信虎《のぶとら》の代から仕え、あまたの合戦で功を上げていた。

守護職の家に代々族臣として従う板垣家の総領として、武田の合戦ではいかなるときでも先頭に立って主家とともにあるというのが信方の姿勢だった。結果、信虎は甲斐の領国統一を実現して戦国大名への脱皮を果たし、さらには隣国信濃の併呑に向かったのである。

天文十年（一五四一）五月、信虎は小県《ちいさがた》の海野《うんの》氏を攻めた。その直後の六月、信玄は父信虎を駿河《するが》に追放した。この無血クーデターの筋書を書いたのが、板垣信方と甘利虎泰といわれ、二人は信虎を見限って、武田の将来を若き信玄の采配に賭けたのだ。二人はその後、信玄の領国支配体制下での軍事・行政両面の最高機関「両職」に抜擢されている。

同年八月、一時病に陥った信玄に代わり、信方は総大将として上杉憲政の軍を佐久《さく》郡小田井原《おだいはら》に破り、武将としての絶頂期を迎えた。

すでに諏訪《すわ》、伊那《いな》、佐久地方を平定した信玄は、この年、北信攻略に乗り出した。立ち塞がるのは、埴科《はにしな》郡坂木（坂城《さかき》）の葛尾《かつらお》城（現・長野県坂城町）に籠もる村上義清である。武田の家臣駒井政武《こまいまさたけ》の記した『高白斎記《こうはくさいき》』に、「正月十八日、御具足召し始める。信州本意たるに於いては、相当の地宛《じあて》が行わる可きのよし御朱印下され候」と信玄の決意があり、信州切り取り後は手柄次第の所領を与える、として奮戦を促したのだ。

二月一日、折からの雪の中、府中（甲府）を出兵して、大門峠《だいもんとうげ》を越えて上田原に着陣し、倉升山《くらます》一帯に七〇〇〇の兵を布陣する。先鋒は板垣信方である。真田幸隆《さなだゆきたか》も先鋒を望んだが、幸隆は先の信濃攻略で村上方の兵を多く討っており、村上勢にその恨みを晴らす絶好の機会と逆襲されては困るとして、信玄が許さなかったという。ために幸隆は信方の右の備えに回り、左を馬場信春《ばばのぶはる》が守った。

迎え撃つ村上軍およそ七〇〇〇の兵は葛尾城を発した。千曲川を渡り、直進して須々貴山《すすき》を背にして着陣した。南東から北西に流れる千曲川に向かって、上田原の西部より産川《さんがわ》が流れ込んでいる。産川の東方に武田軍が布陣し、今もこのあたりに御陣ヶ入《ごじんがい》り、御陣ヶ原などの小字《こあざ》が残っている。村上軍は産川と、もう一つの千曲川の支流・浦野《うらの》川との合流地点の天白山《てんぱくざん》寄りに布陣した。

緒戦を勝利した板垣信方は理解しがたい行動に出た

二月十四日、信方は三五〇〇の精鋭を村上軍に突き入れ、緒戦《しょせん》を飾った。常に武田の先鋒

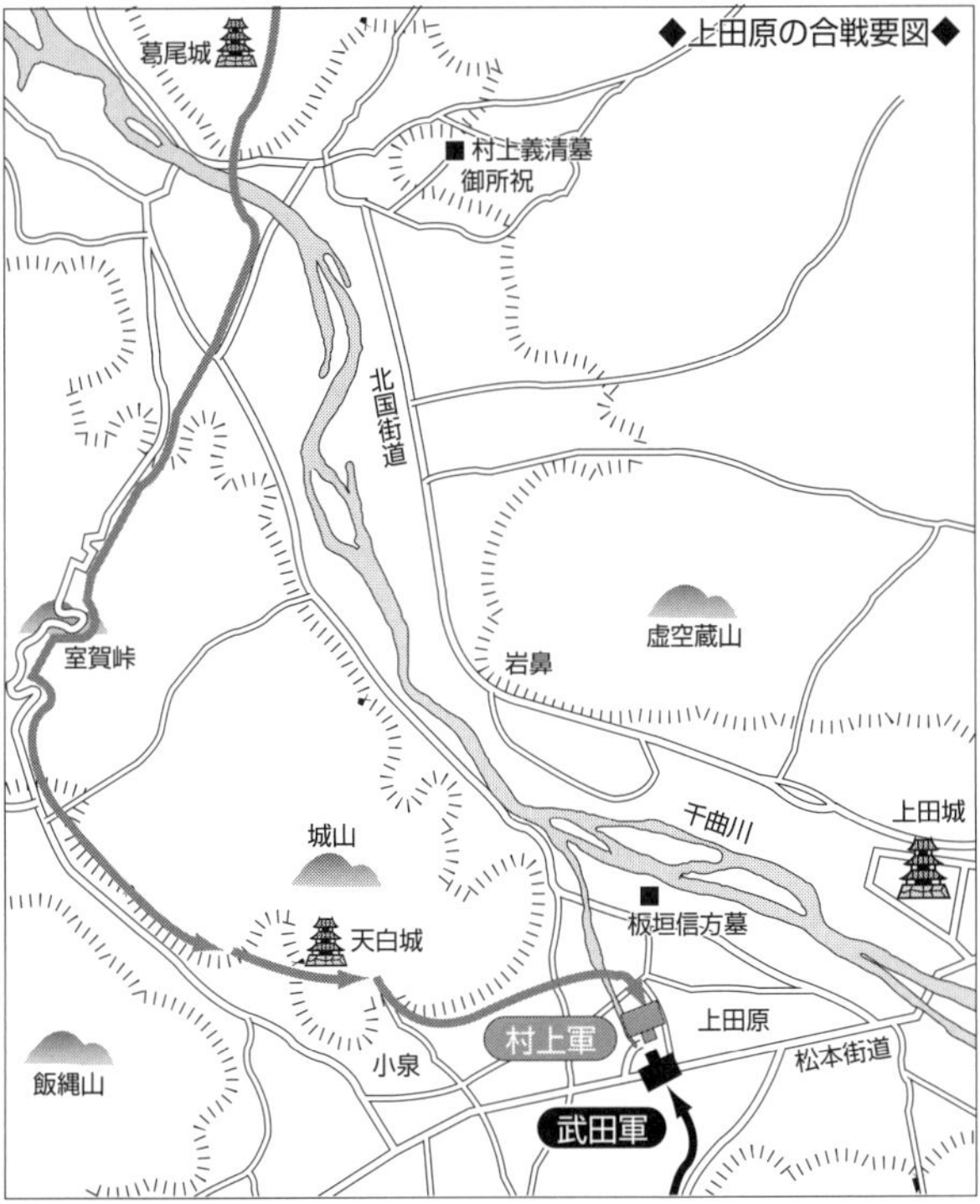

にあった信方としては、ここまでは当然の働きだった。が、その直後に信方は思わぬ行動に出た。

崩されていったんは退いた村上軍が、態勢を立て直してふたたび寄せてくる危険の中、何を思ったか信方は陣営から離れて、討ち取った敵の首実検を始めたのだ。

信方はまごうかたなき武田筆頭の武将である。手勢の将兵が挙げた緒戦の敵首など、勝利が確定した後でゆるゆると行なえばいいものだが、こともあろうに合戦の最中に首実検など、ありえないことだった。

村上軍の物見で安中一藤太《あんなかいちとうた》という者が、無警戒で首実検をする武田の武将を、よもや信方とは知らず、物陰からじっとうかがっていた。安中は三人ばかりの応援を呼び、信方に槍を付け、信方の首はあっけなく転げ落ちた。

信方の陣営は、緒戦で勝ったしばしの休息中に、頼みの将を失ってしまったのだ。

晩年の信方は、作戦上の失敗もあって評判を落としていたとされるが、歴戦の勇士としてはあまりにもあっけない幕切れだった。

このとき信方の救援に向かった武田二十四将の一人甘利虎泰も、信方を救うどころか自らが討たれてしまい、勢いづいた村上軍は信玄の本陣に突入した。信玄が左腕に槍傷を負い、七〇〇〇人余の将兵を失うという大敗北となるのである。

戦いは延々六時間におよんだ。村上軍は地の利を得ていたとはいえ、信方の油断がなければ武田軍の潰乱《かいらん》はなかったかもしれない。

江戸時代の甲斐国の総合地誌の『妙法寺記』の記述では、「二月十四日、信州村上殿、近所の塩田平《しおただいら》と申すところにて、甲州晴信様と合戦なされ候。互いに見合いて、川を小楯《こたて》に

板垣信方の墓

古戦場公園

取り候。さる程に甲州人数打ち負け、板垣駿河守殿、甘利《あまり》備前守《びぜんのかみ》殿、才間《さいま》河内《かわち》殿、初《は》鹿野《じかの》伝右衛門《でんえもん》殿、このかたがた打死になされ候て、御方《みかた》は力を落としめされ候。御上意様にも……かせて（かせては負傷のこと）をおいめされ候」とある。

戸石城《といし》の戦い

武田VS村上

天文十七年（一五四八）

二度目の大敗北を喫した信玄

北信を目指す武田信玄の戦略は、上田原の戦いで村上義清《むらかみよしきよ》に敗れたことで後退した。信玄が家督を継いで以来、無敗を誇る武田軍が上田原で板垣信方、甘利虎泰の将をはじめ一〇〇〇人余の戦死者を出したことは、武田に城や所領を奪われた信濃の豪族たちを活気づかせ、義清や小笠原長時《おがさわらながとき》などを、上野の上杉憲政のもとに走らせた。

彼らは佐久や諏訪の旧領回復を目指したのだ。諸将は佐久の前山《まえやま》城、田口《たぐち》城、岩尾《いわお》城を次々と奪い返し、武田方の拠点・内山《うちやま》城に迫った。諏訪《すわ》には義清と長時の連合軍が乱入して上原《うえはら》城をうかがうと、城将の板垣信方の弟の室住玄蕃充《むろずみげんばのじょう》は、城を退去する条件で和を提案したが、連合軍側は内部に乱れが起こって包囲にゆるみが生じていた。

信玄は諏訪救援のために天文十七年（一五四八）七月十一日、甲府を出陣した。諏訪までの七〇キロをゆるゆると七日をかけて行軍し、十八日に上原城に着くと夜の間に塩尻《しおじり》峠に迫り、夜明けを待って小笠原勢に襲いかかった。この奇襲によって信玄は、上田原の敗戦による形勢の不利を、わずか五カ月で挽回したことになる。信玄は休む間もなく佐久に侵攻し、敵方に落ちていた一三カ所の城を一息で奪い返した。

『妙法寺記』の記録に「佐久郡大将をことごとく打殺す。さるほどに打取るその数五千ばかり。男女生け捕り数知らず」とある。

佐久、諏訪、小諸《こもろ》地方を回復した信玄は、二年後の天文十九年七月に、松本の小笠原長時を追放し、翌月には宿敵村上義清との決戦に臨んだ。ところが現在の上田市の北東の、戸石《といし》城攻めで、まさかの大敗北を喫するのである。

砥石城とも書くこの城は、東《ひがし》太《た》郎《ろう》山の一支脈が上田盆地に突き出た、巨大な戦艦のように見える山上にある。北から枡形《ますがた》城、本城、戸石城と呼ばれる三郭部から成り、その全長五〇〇メートル。東は神川《かんかわ》の急崖に臨み、山上とはいっても本城部分は広大で、要害堅固な城塞である。

本城の馬場だけで東西三五メートル、南北九四メートルあり、馬場の北側に六段の曲輪《くるわ》を擁し、東西は切り立った斜面である。本城の標高は一八〇〇メートル、比高《ひこう》は三〇〇メートルあり、もっとも高い枡形城は、標高八二六メートルで、神川が流れ込む千曲川の流域に広がる村上氏の本拠地の坂城《さかき》や上田、小諸、佐久の町が一望できる。

西の米山《よねやま》にある米山城と尾根伝いに連携し、攻め寄せる敵に共同で対処できた。戸石城は村上氏の本城葛尾《かつらお》城より大規模な大要塞で、村上氏の本拠防衛の最重要前線基地であった。

武田勢は堅城戸石城攻撃に苦戦する

北信では村上氏に次ぐ勢力に高梨《たかなし》氏があり、このとき義清は高梨政頼《まさより》と一戦すべく出陣していた。この留守を狙っての信玄の戸石城攻略で、八月十九日には小県郡に入り、長窪《ながくぼ》に着陣したのである。

二十四日に横田高松、原虎胤《とらたね》を戸石城偵察に派遣する。その翌日、陣所の上空の黒雲の中に赤雲が立つのが見えたと『高白斎記』にある。拭い去れない不安感の表われであろうか。

やがて戸石城近くに陣を移した信玄は、二十九日より自ら敵地間近に視察に出かけて矢を射込ませ、戦闘が始まった。

明けて九月一日、義清の属将であった埴科《はにしな》郡の清野氏が信玄のもとに出仕した。かねてより工作に当たっていた真田幸隆の成果である。

九日より武田軍が総攻撃に移るが、戸石城の守りは固く、見るべき成果もないままに日時が費やされ、二十三日になって大変な情報が入った。村上義清は対陣していた高梨政頼と和解を成立させ、両者が共同で武田方に鞍替えした寺尾氏の城（寺尾城）へ攻撃を仕掛けているというのだ。まもなく村上軍は寺尾城から退《ひ》き、本拠地坂城へ戻った上で、全力を挙げて武田勢の背後から攻撃を仕掛けてくるのは必定となった。

信玄は、背後を衝かれる怖れがある状況下では、戸石城攻めは無理と判断した。退去のための軍議に入り、十月一日早朝をもって退却を開始した。

はたして村上軍は千曲川の西方から猛烈な勢いで追撃して来たので、武田軍の殿軍《しんがり》と村上軍の戦闘は終日続き、戸石城の城兵たちも大手門を開いて神川沿いに武田勢に襲いかかった。

もちろん追撃する側が立場は有利で、武田方は横田高松《よこたたかまつ》をはじめ戦死者一〇〇〇人にのぼる犠牲を出し、世に「戸石崩れ」と呼ばれるのである。

その夜は佐久郡望月《もちづき》で一泊した信玄は、翌二日には大門峠を越えて諏訪郡に入り、領国内の動揺を抑えるべく、上原城から各地へ書状を送っている。そこでは負けたわけではなく、いったん兵を引いただけだと喧伝《けんでん》している。七日には甲府へ帰陣。この敗北によって信玄は、再び小諸、佐久の大半を失い、幸隆も真田の里から脱出せざるをえなくなった。

信玄の生涯で最悪といわれる大敗北の原因は情報戦に後れをとったためだった。かねて内通の約束をしていた清野、寺尾両氏が公然と義清に反旗を翻《ひるがえ》したまではよかったのだが、義清が高梨政頼と急ぎ和を結び、戸石城の救援に駆けつけるとは思いもしなかったのだ。

「戸石崩れ」の翌年、真田幸隆が独力で戸石城を落としてしまう快挙が発生した。

幸隆は戸石城近くの小県郡真田が本貫の地である。天文十年の海野平《うんのだいら》の戦いで本拠地を追われた後、信玄のもとに出仕していた。信玄は幸隆に対し、戸石城攻略に向かう前に「信州が思い通りになったら千貫文の地を給与する」との宛行状《あてがい》を出していた。

武田の戸石城攻略が失敗に終わったために、幸隆の立場は苦しいものとなったが、彼は村上氏支配の将士の切り崩し工作を進めていた。

幸隆にとって本領復帰の成否は戸石城にかかっている。たとえ独力であってもこの城を武田方にせねばならなかったのだ。

信玄は上田原・戸石城と二度にわたって村上氏に大敗したが、小笠原長時が完全に没落したことで、信州における武田の地位は日に日に優勢となっていた。幸隆は戸石城に残る同郷の知己たちを粘り強く説き、戦わずして戸石城を奪取してしまったのである。

幸隆による戸石城攻略の結果、村上氏の劣勢は確実なものとなった。二年後、義清は越後に走って上杉謙信を頼り、幸隆は本貫である真田の地を回復し、武田家中での不動の地位を得ることができたのである。

川中島の戦い

第四次●永禄四年（一五六一）

武田VS上杉

信玄と謙信の四度目の戦い

永禄四年（一五六一）、出家して信玄と名を改めた武田晴信は朝廷から信濃守護の地位を与えられ、信濃全域を手に入れる口実を得た。北条とは同盟を結び、関東からの憂いも払拭されていた。機は熟したとばかり、川中島に海津城《かいづ》を築いて越後方面へ圧力をかける。

一方、長尾景虎は関東管領の上杉氏から家督を譲渡され、上杉政虎、さらに謙信と改名。越後まで脅かしかねない武田の脅威を取り除こうと、信玄との対決を決意した。

これまで信玄は、十数年をかけて信濃を侵攻し、その大半を平定して、村上義清ら多くの国人領主たちは、越後の謙信に助けを求めつづけた。

北信濃の川中島の地は、犀《さい》川と千曲川が合流する場所で、四〇平方キロにわたる平野をなしている。いくつもの小河川が横切り、肥沃な穀倉地帯の上、複数の隣国につながる交通の要《かなめ》でもある。近くの善光寺《ぜんこう》には参拝客が蝟集《いしゅう》し、信濃を治めるには不可欠な地だった。

これまでも武田と上杉は、対陣しては小競《ぜ》り合いを繰り返し、一時的に和睦して引き揚げるという経緯を一五五三年、五五年、五七年と重ね、これらは第一次〜第三次川中島の戦いと呼ばれる。

八月十八日、兵一万七〇〇〇を率いた信玄が甲府を発って、二十四日に川中島に入り、山城の茶臼山《ちゃうすやま》（長野市篠ノ井）に布陣した。謙信の妻女山《さいじょさん》（長野市松代《まつしろ》町）着陣はそれよりも遅いとされるが、上杉軍の春日山進発の方が信玄出陣よりも早いとする史書もある。上杉年譜では海津城にいる信玄を討つべく出陣したとし、武田方史料では政虎が川中島に侵攻し海津城を衝《つ》くとの報《しら》せで急ぎ出陣したとしている。

ともあれ、第四次川中島の戦いは避けられない状況となった。

二十九日に信玄は茶臼山の本陣を解き、広瀬の渡しを渡って海津城に入城した。以後の九日間、両軍はまったく動かない。謙信に海津城攻めだけで矛《ほこ》を収める腹はなく、信玄もまた海津城だけを守ろうとする消極策ではなかった。両者互いに野戦に賭けて、相手を北信濃から完全に放逐することを命題と決めていた。

痺《しび》れを切らして先に動いたのは信玄である。九月九日、軍議の末に軍団を二分して一隊を謙信の陣する妻女山に向け、一隊を川中島の八幡原《はちまんばら》に配して上杉軍を狭撃する戦を展開しようと図った。これは「啄木鳥《きつつき》の戦法」と世にいい、軍師の山本勘助《やまもとかんすけ》が考案した。

つまり、妻女山を襲撃して上杉軍を八幡原の平野部に追い出したところを、あらかじめ布陣している主力部隊が襲いかかるというもので、啄木鳥が木の幹《みき》を叩いて獲物の虫を追い出して捕食する習性になぞらえた戦法であった。

夜半に高坂昌信《こうさかまさのぶ》、馬場信春《ばばのぶはる》、真田幸隆《ゆきたか》ら一万二〇〇〇の兵が、海津城を出て妻女山に向かい、次いで信玄率いる本隊八〇〇〇が八幡原へ布陣した。夜陰の上に濃霧に助けられて、上杉方には気づかれまいと思われた。

だが謙信は妻女山から眼下に広がる武田軍の動きを見張っており、海津城から兵糧の炊煙《すいえん》が普段よりも多く上がるのを見て、この信玄の隠密行動を的確に察知していた。

十日の未明には、妻女山に篝火《かがりび》を残して謙信が陣を張っているかのように見せ、馬に枚《ばい》を噛《か》ませ、鎧の草摺《くさずり》を縛り、密かに全軍を妻女山から脱出させたのである。謙信は敵のわずかな動きの変化も見過ごさずに、夜間の霧に乗じて下山したのだ。

このときの様子を、江戸時代の歴史家で詩人の頼山陽《らいさんよう》は「鞭声粛々夜河《べんせいしゅくしゅくよるかわ》を渡《わた》る」という名文で表現している。

上杉勢が信玄の眼前に突然現われ、襲いかかってきた

謙信は信玄本陣の目前の河原に二手に分けて布陣し、手薄となった信玄本陣の様子をうかがった。まもなく、立ち込めた川霧が薄れると、目前の信玄に攻撃を仕掛けたのである。

信玄は、妻女山から上杉の軍勢が追い立てられて、必死で逃げてくるのを今や遅しと待ちかまえていたが、霧の中から現われた上杉の大軍が、無傷で突進してくるのに驚いた。

武田の妻女山奇襲は失敗し、八幡原での緒戦は上杉の猛攻ではじまった。不意を衝かれた武田本軍の陣形は次々と崩され、信玄の弟で副将の信繁《のぶしげ》が討たれて全軍に動揺が走った。信繁が守っていた右翼は総崩れとなり、上杉勢の野尻《のじり》・熊坂《くまさか》・関川《せきかわ》らの隊に蹂躙《じゅうりん》された。

信繁の死をきっかけに武田本隊は崩壊していき、諸角昌清《もろずみまさきよ》につづいて山本勘助も自らの作戦の失敗を恥じたまま戦死する。

このあたりの様子を、井上靖《やすし》の小説『風林火山《ふうりんかざん》』では、

——勘助は作戦を誤って自軍を窮地に追い込んでしまったことを信玄に詫び、信玄はその状況を正確に見きわめて、「この合戦は高坂らの先手組が戻ってくるまでは惨々だろう。それまで勘助、討死するなよ」と励ます。が、勘助はそれしか信玄を守る手段はないと踏んで、敵味方入り乱れる修羅場《しゅらば》の中を手兵を集めて上杉軍の本営に突進。たちまち敵兵に囲まれて

切り刻まれる。勘助が虫の息となったころ、八幡原の向こうに高坂らの軍が芥子《けし》粒ほどに見えた。「上様、先手組が来ましたぞ。勝って鬨《かちどき》を！」と叫んで息絶える――。

と描いている。

急ぎ信玄は無傷の部隊をかき集めて鶴が翼を広げるような鶴翼《かくよく》の陣に切り替え、これに対して謙信は車懸《くるまが》かりの陣で対抗する。車懸かりの陣とは、全軍が円を描くように、代わる代わる新手《あらて》の軍団が敵陣の一カ所を集中して攻めつづけるもので、よほど兵の訓練がなされねば実行できないとされるものである。謙信の軍が襲いかかり、それが退くと間髪を容《い》れずに柿崎景家《かきざきかげいえ》、直江景綱《なおえかげつな》ら諸将が後続するのである。

このとき謙信は自ら騎馬で武田本陣に斬り込んだ。信玄めがけて三度太刀を振り下ろす。これを信玄は軍配で受け、軍配には七カ所の太刀傷が残ったとされ、これが「三太刀七太刀《みたちななたち》」伝説で、現在その場所とされるところに「信玄・謙信一騎打ちの像」がある。

直後、信玄の旗本二〇騎ほどが信玄を囲んで守り、その中の御中間衆《おちゅうげんしゅう》頭《がしら》の原虎吉《はらとらきち》が信玄所有の青貝柄《あおがいえ》の槍で謙信を突こうとしたところ、それが外れて謙信乗馬の後足に当たり、馬が驚いて後足立ちになって走り去ってしまったと伝えられる。

激闘は二時間あまり続いたが、武田勢は上杉の猛攻によく耐え、妻女山攻撃に向かった別

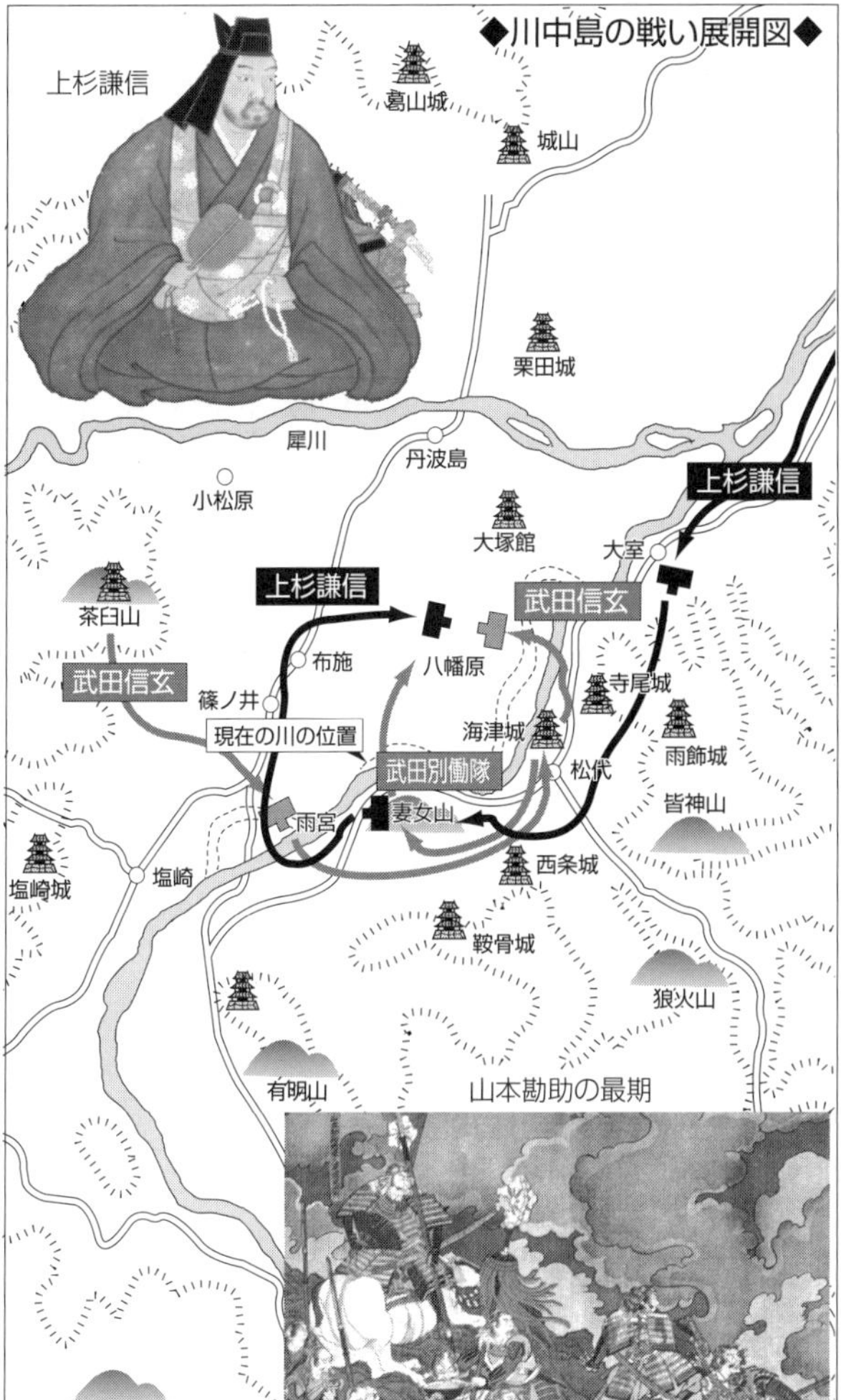
◆川中島の戦い展開図◆
上杉謙信
葛山城
城山
栗田城
犀川
丹波島
小松原
上杉謙信
大塚館
大室
茶臼山
上杉謙信
武田信玄
八幡原
布施
武田信玄
寺尾城
篠ノ井
現在の川の位置
海津城
雨飾城
武田別働隊
松代
皆神山
雨宮
妻女山
塩崎城
塩崎
西条城
鞍骨城
狼火山
有明山
山本勘助の最期
姥捨山

働隊が合流したことで戦況は一変した。後半の戦いは、新手が加わった武田方が上杉方を押す形で展開し、上杉方は前後から武田方の攻撃を受けた。謙信は戦況の急転にもよく陣を保ち、午前十一時ごろまで持ちこたえるが、ついにここを潮時と退却を決意し、上杉全軍は犀川を渡って、善光寺方面へと走り去っていった。

上杉軍の殿軍《しんがり》は甘粕景持《あまかすかげもち》で、彼の隊一〇〇〇は、あらかじめ退却に備えて後方に待機していたとされる。甘粕隊は味方が退却する中を、兵を整然と二〇町（約二・二キロ）ばかり後退させた。その備えの見事さに武田勢は賛嘆したというが、甘粕隊も襲いかかる武田勢に抗しきれずに騎馬武者六、七騎と兵四、五〇人ばかりに討ち減らされていった。それでも景持は犀川を越えた対岸に三日間留まって、上杉方の残兵を収容してから越後に帰陣している。

信玄も味方の損耗《そんもう》が大きく、追い打ちできなかったとされるが、甘粕のような〝退き口《のぐち》巧者《こうじゃ》〟がいなければ、上杉の損害はより大きなものになっていたはずだ。

史書には、武田軍の死傷者一万七〇〇〇人余、上杉軍の死傷者九四〇〇人余とあり、勝敗については古来より意見がわかれ、八幡原に信玄の本陣を急襲し、副将信繁の首級を挙げた謙信の勝ちとする者、上杉を挟撃して大打撃を与えた信玄の勝ちとする者、また戦いの前半は上杉、後半は武田の勝ちとして引き分けとする者などさまざまである。

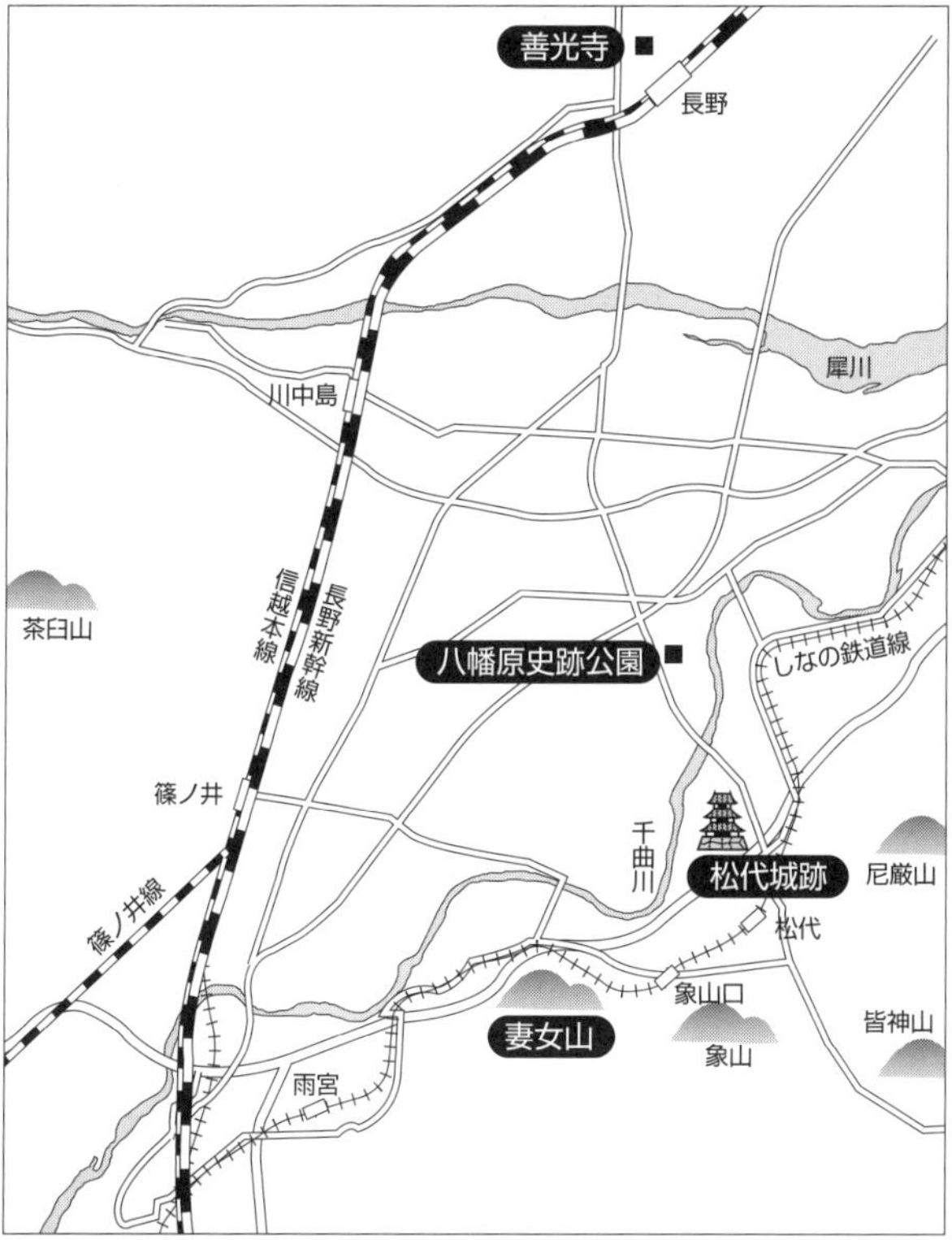

この合戦の三年後の永禄七年にも、両軍はふたたび川中島で相まみえた。
信玄は犀川以北の旭山城を囲むと、謙信は飯山、野尻両方面から川中島に進軍した。だが、このときは上杉軍の急展開を前にして信玄が陣を退《ひ》いている。

桶狭間《おけはざま》の戦い

永禄三年（一五六〇）

織田VS今川

今川義元は西上の野望を秘め、尾張に迫る

今川氏は鎌倉時代に上総と三河両国の守護を務め、足利氏を宗家とする東海の名門である。足利氏三代の義氏《よしうじ》のとき、嫡子の長氏《ながうじ》が家督を辞退して、三河の吉良荘《きらのしょう》に居を構えて吉良氏を名乗り、長氏の二男の国氏《くにうじ》が三河の今川荘を与えられて今川氏と称したのに始まる。後に足利氏より尊氏が出て室町幕府を開いたことで、足利氏の流れを汲む今川氏は、駿河と遠江《とおとうみ》両国の守護へとのしあがった。

義元が今川氏の十一代となって、東海一の弓取りとされるには、禅僧の太原崇孚《たいげんすうふ》の力が大きく関わっている。義元は氏親《うじちか》の三男で、後継者は嫡男の氏輝《うじてる》と決まっていた。義元は幼時には方菊丸《ほうきくまる》と呼ばれて寺に入れられ、崇孚が教育をした。ところが氏輝が急死し、方菊丸と異母兄弟で遍照光院《へんじょうこういん》で修行する良真《りょうしん》とが家督を争うと、崇孚は良真を庇護する福島氏を襲

って滅ぼし、方菊丸を今川家の後継者に押し立て、義元としたのである。

崇孚は領国経営にも参画して武田・北条と同盟し、三河の小豆坂《あずきざか》の戦いでは、織田信長の父である信秀《のぶひで》を打ち破るという軍事的な才能も持ち合わせていた。

永禄三年（一五六〇）五月六日、今川の先発隊が満を持して尾張討伐に発進した。このころ今川氏は従来の二国に加えて三河を領有して大軍を動員でき、西隣する尾張を蹴散らして西上する野望を秘めていた。

だが、義元の母は大納言中御門《なかみかど》宣胤《のぶたね》の娘という貴種であり、その縁から駿府《すんぷ》へ下向してくる公家衆や連家衆が絶えず、義元も若くして風雅の道に遊び、家督を継いでからも和歌の腕を磨き、お歯黒をするなど、弱肉強食の戦国を生きるには、雅《みやび》すぎる生活に馴染んでいた。

さらに、義元の師である崇孚が五年前に亡くなっており、武田家では崇孚のいない今川家は衰退すると読んでいた。

一方、尾張の織田信長は、この時期には尾張一国を支配しておらず、その足元は不安定で、三河国境に近い沓掛《くつかけ》（愛知県豊明市）や、大高《おおたか》と鳴海《なるみ》（ともに名古屋市緑区）という主要な城を、今川方に押さえられていた。

五月十一日には、遠江井伊谷《いいのや》城主の井伊《いい》直盛《なおもり》が今川軍に合流。十二日、義元の本隊五〇〇

○が駿府城を出陣した。義元はお歯黒を整え、赤地錦の陣羽織を着し、甲冑は鎧櫃《よろいびつ》に収めたままで、馬ではなく塗輿《ぬりごし》に乗っていた。総計三万五○○○の今川軍は、尾張一国などひと呑みにしてくれようとの悠然たる構えである。

その日のうちに藤枝《ふじえだ》に着く。翌十三日には掛川《かけがわ》に着陣。先発隊はすでに磐田《いわた》郡の池田に達していた。十四日、全軍が岩田原《いわたはら》に勢揃いし、この地で軍団を改めて本隊と先陣の二つに編成し直し、先陣をさらに二手に分けた。一隊は海寄りの道を進み、もう一隊は浜名湖を迂回して三河を目指した。

義元の本隊は引馬《ひくま》（現・浜松）に進む。この日の暮れるころ、先陣は三河の中ほどにまで進むが、本隊はなお遠江領内にいるという大ぶりな進軍であった。長々と延びる軍列の中で義元は焦ることなく、ゆっくりと軍を進めていった。

十五日、本隊が吉田（現・豊橋）に到着。十六日、本隊の先陣である松平元康（後の徳川家康）の郷里岡崎へ進み、十七日に知立《ちりゅう》、十八日ついに三河・尾張の国境境川《さかいがわ》を越えて沓掛城へ入城。国境付近での織田方の抵抗は一切なく、拍子抜けするほどの尾張入りであった。

大高・鳴海城へは鵜殿長照《うどのながてる》、岡部元信《おかべもとのぶ》を守備隊として各七○○入れ、沓掛城へは浅井政敏《あざいまさとし》に兵一五○○を預けて守備に就かせた。攻撃隊として丸根《まるね》砦《とりで》へ向けて松平元康隊の兵二五

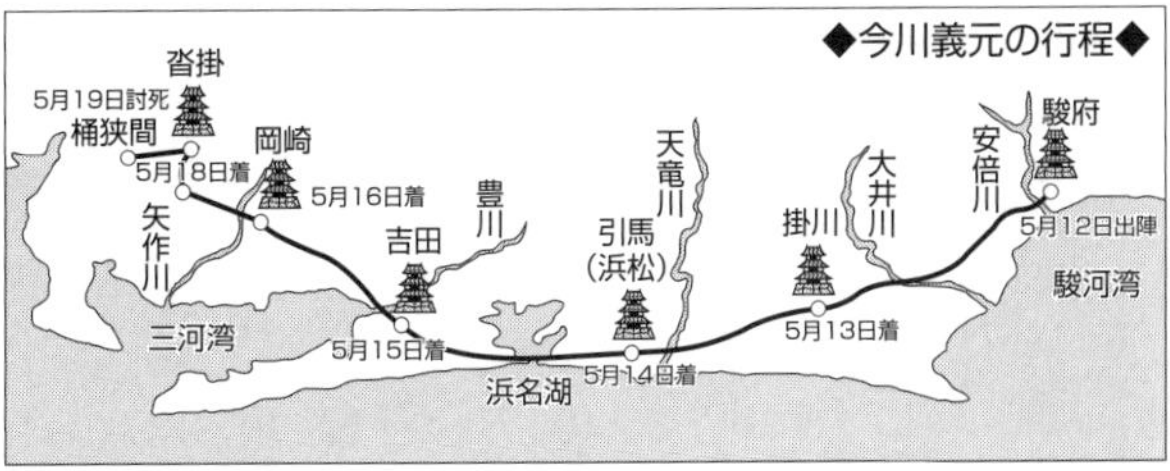

○○、鷲津《わしづ》砦へ朝比奈泰能《あさひなやすよし》隊の兵二○○○を当てた。さらに葛山信貞《くずやまのぶさだ》が兵五○○○を率いて信長の居城である清洲《きよす》城を目指した。

義元は元康に大高城に兵糧を入れさせ、そこへ本隊も直行すると見せかけて敵を欺き、急に進路を変更して桶狭間《おけはざま》山に出て行った。桶狭間山は大高・鳴海方面の分岐点にある戦略上の要所で、織田方の中島砦《なかじまとりで》から浅い谷を挟んで約二キロである。

十九日昼、義元は前軍を中島砦近くまで進ませ、自身は田楽狭間《でんがくはざま》の田楽窪《でんがくくぼ》という窪地で兵馬を休ませ、昼食に入った。

幼時から今川家の人質として日々を送っていた松平元康は、このとき十九歳。生母於大《おだい》の方は織田方の将である久松俊勝《ひさまつとしかつ》に嫁しており、阿久比《あくひ》城にいた。

元服した元康は今川一族の娘の築山《つきやま》殿を妻とし、すでに長男信康《のぶやす》が生まれている。生殺与奪の権を今川に握られていた元康以下三河衆は、対織田戦の先陣に投入されている。本隊の駿河勢の消耗を避け、死傷率の高い先陣に属国兵を当てるのは当時の習いである。

義元が兵糧入れを元康に命じた大高城は、前面に信長が丸根《まるね》・鷲津《わしづ》の両砦を築いたために孤立した場所にあり、今川軍から大高城へ通じるすべての道は絶たれている。大高城と両砦の直線距離はわずかに八〇〇メートルほどで、元康が大高城へ達するには砦の間を抜けなければならない。丸根砦は飯尾近江守《いいおおうみのかみ》、鷲津砦は佐久間大学《さくまだいがく》が守っており、義元としては元康率いる三河勢が兵糧入れに失敗しても三河領をわがものとすればいいだけのこと。元康たちはスケープゴートだった。

主力をもって砦方に備え、その間に元康が一部の手勢を率いて荷駄を城内に入れるという、きわどい作戦を成功させた。元気をもらった大高の兵は三河勢とともに打って出て丸根砦を、次いで鷲津砦を落とし、両砦の守将は討死した。

喜んだ義元は元康に大高城を与え、今川西上作戦の兵站《へいたん》基地とした。

寡勢の信長は直接に義元本隊を衝く

清洲城の信長は、丸根・鷲津の両砦の戦闘開始の報を受けて出動。熱田《あつた》、丹下《たんげ》砦を経て鳴海近くの善照寺《ぜんしょうじ》砦に入り態勢を整えた。このときすでに丸根・鷲津砦は落とされていた。

信長は宿老たちの反対を押し切って中島砦に移動。二〇〇〇に満たない手勢である。『信

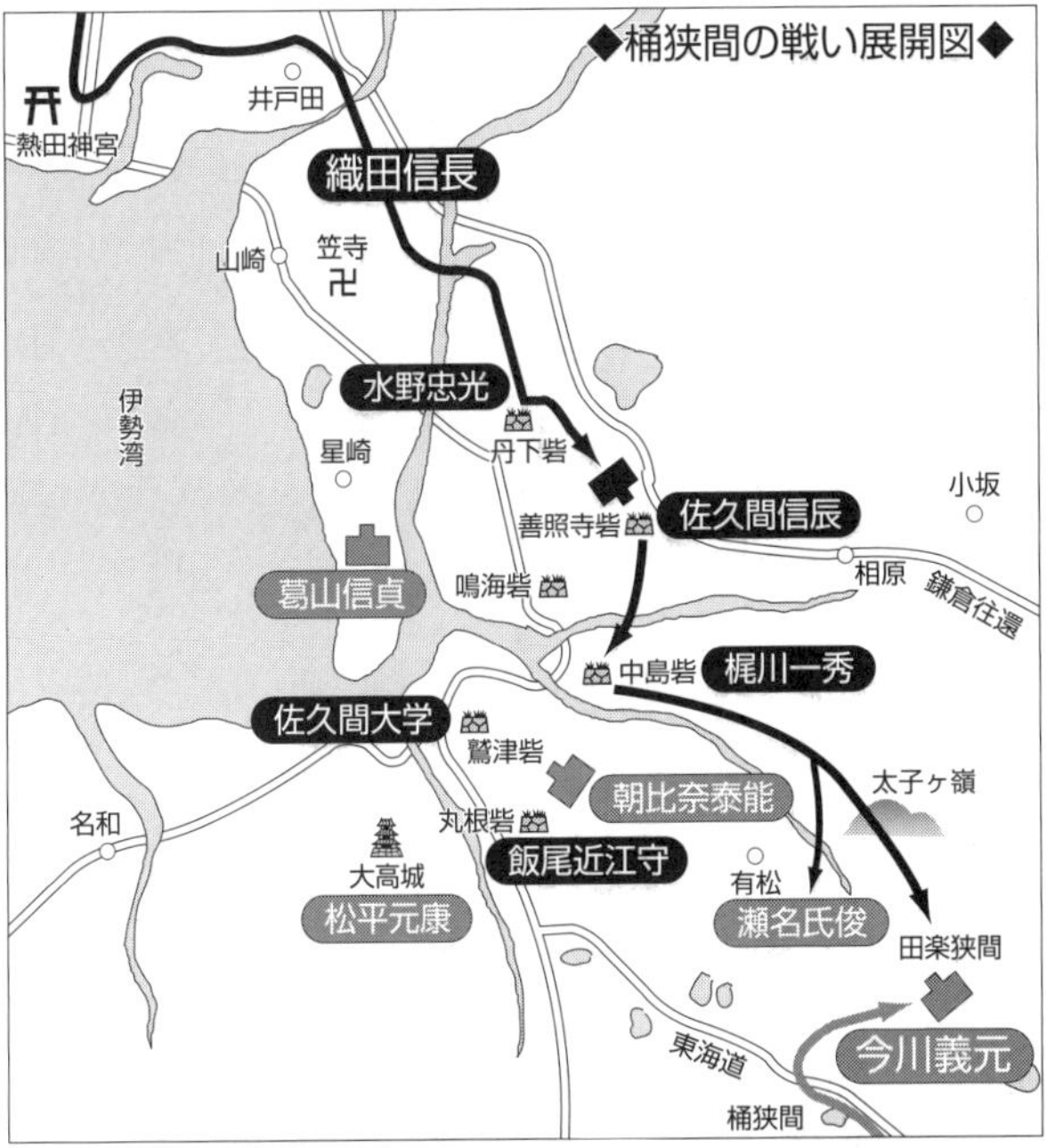

今川義元は毛利新助に討ち取られた（今川義元桶狭間討死之図）

長公記』では今川軍四万五〇〇〇、織田軍二〇〇〇とし、『北条五代記』では今川軍二万五〇〇〇、織田軍六、七〇〇〇としている。

田楽窪に義元がいるのを確認した信長は、すぐさま中島砦から出撃した。

そのときの信長は「あの武者は宵に兵糧つかひて夜もすがら来《き》たり、大高に兵糧入れ、鷲津・丸根にて手を砕き、辛労して疲れたる武者なり。こなたは新手なり。その上、小軍なりといへども大敵を怖るるなかれ。運は天にあり」と訓示した。実際には大高城に兵糧入れした元康の兵は前述の通り信長の前面にはいないが、この錯覚が織田軍を鼓舞したこととなる。

「運は天にあり」とは、まさに天候のことで、一カ月近く続いた梅雨は十九日午後から時ならぬ豪雨に変わっていた。熱田を出るころには雷鳴が響き、中島砦を発《た》つときには激しい雨足のために十間先が見えぬほどで視界は夜のようだった。義元本軍の情報をもたらした簗田《やなだ》政綱《まさつな》を道案内として、信長勢は豪雨をついて田楽窪へと向かった。

信長は情報を重視して、後に今川本軍の休息地を報《しら》せた簗田政綱が軍功第一とし、実際に義元の首級を挙げた毛利《もうり》新助《しんすけ》よりも評価したのである。

信長急襲のコースは、少し前までは陸軍が戦史編纂で想定した、善照寺砦から間道づたいに北方に大迂回した奇襲とされていたが、現在では南東に位置する田楽窪を正面から叩いたとする説が有力である。

『松平記』の記述では「笠寺《かさてら》の東の道を押出て、善照寺の城より二手になり、一手は御先衆へ押来《おしきた》り、一手は本陣のしかも油断したる所へ押来り、鉄砲を打掛しかバ、味方思ひもよらざる事ならば悉《たちまち》敗軍しさハぐ（騒ぐ）処へ、山の上よりも百余人程突て下り……」とある。

とにかく信長隊は山の上から一〇〇人ほどで突っ込んだようだ。信長馬廻りの服部小平太《はっとりこへいた》が長柄の槍を揮《ふる》って義元に立ち向かう。義元は太刀で小平太の槍を斬り折り、膝に切りつけた。小平太はその場に倒れたが、毛利新助が義元に組み付き首を掻き落とした。そのとき義元は新助の左手の小指を食いちぎったというから最期は果敢に戦ったのだろう。六〇人余の義元の馬廻り衆も残らず討ち取られていた。

今川義元の座像

義元は信長はまだ清洲にいるという前提に立って作戦を進めていた。まさか敵が少人数で襲って来ようとは思いもよらず、加えて旗本たちは豪雨を避けて樹木の下に雨宿りして、昼食をとっていたのである。

この当時の戦闘は明け方から開始されるのが常で、午後二時ごろに突然襲われるとは想像もできなかった。態勢を立て直すには時間がかかり、混乱の中で指揮系統も乱れに乱れた。

『信長公記』には「おけはざまといふ所は、はざまくみて、深田足入れ、高みひきみ茂り、節所といふ事、限りなり。深田へ逃げ入る者は、所をさらずはひずりまはるを、若者ども追ひ付き、二つ三つ宛、手々に頸《くび》をとりもち、御前へ参り候。頸は何れも清洲にて御実検と仰せ出だされ、よしもとの頸を御覧じ、御満足斜ならず、もと御出での道を御帰陣候なり」と記述され、信長がニンマリとしている様子がわかる。

信長は一か八かの博奕《ばくち》で戦いに臨んだのではなく、十分に計算しぬいた行動に拠《よ》っていた。

信長は戦いを前に、簗田政綱、蜂須賀小六《はちすかころく》などに命じて、尾張と三河の国境の情報収集に当たらせていた。彼らは百姓姿に変装して村々に入り込み、街道筋で村人とともに義元の輿が通過するのを待ち、献上の品を差し出した。いかにも領民が新しい権力者を歓迎するかのように装い、今川軍の進路を確認しているのである。

「これより大高までの路次十五待ちばかり。真直ぐに進めば、この間木立ち更に相無し。迫間道を取れば木立ち多く繁り、暑気凌《しの》ぎ易し」と、今川勢に本陣が休息する場所を特定させ、信長へ報せたのである。義元の動きは信長につつぬけで、敗れるべくして敗れたことになる。

桶狭間古戦場へのルート

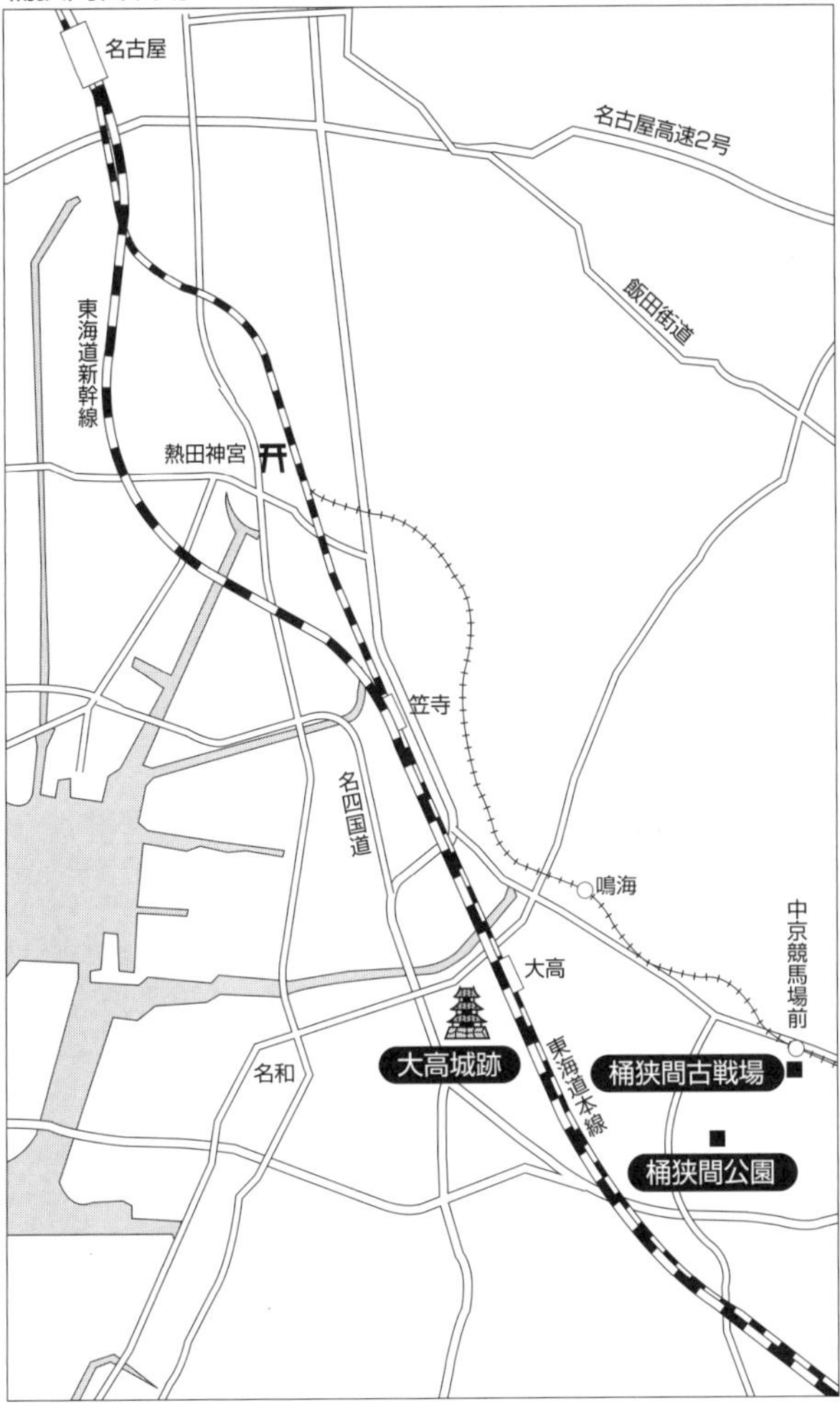

三方ヶ原《みかたがはら》の戦い

武田 vs 徳川

元亀三年（一五七二）

上洛の意志を持って武田信玄が南下

かねてから上洛の噂が絶えなかった武田信玄が、ついに重い腰を上げたのは元亀三年（一五七二）十月。二カ月足らずで徳川方の諸城を陥落させ、家康のいる浜松城に迫った。

武田軍の南下進路は三つが考えられた。一つは駿府路に出て東海道を西進、二つは信州伊那からの南下、三つ信濃を経てはいったん三河に入り、西北から浜松をうかがうもの。信玄は第二の道を選択し、天竜《てんりゅう》川の東方、国境の青崩《あおくずれ》峠を越えて信濃より遠州へ雪崩れ込んだ。

そのまま天竜川に沿って一路南下すれば、より早く浜松に達するのだが、信玄は用意周到に浜松城の支城を各個撃破すべく東へ寄り道し、天方《あまがた》城（現・静岡県森町）、飯田城（現・飯田市）を難なく落とし、今度は西進して二俣《ふたまた》城（現・浜松市）を攻めた。

天方、飯田の二城を落としたのは、それより東にある徳川方の掛川城、高天神《たかてんじん》城（現・掛川市）と浜松城との連携を遮断するためであり、二俣城攻略は浜松城への後詰《ごづめ》を断つためである。二俣城の位置は、武田軍が浜松城を攻めると背後に迫られる危険があるのだ。先の先を読む信玄流の戦法であった。

二俣城は天竜川に面した崖上にあって、水は櫓《やぐら》から天竜川に下ろした釣瓶《つるべ》で汲み上げていた。武田軍は二俣城の弱点をここと見極め、筏《いかだ》を流して櫓を破壊した。水を断たれた二俣城はあっけなく落ちたのである。

信玄は二俣城から全軍を南下させて浜松城に向かうが、途中で方向を変えて軍を三方ヶ原（現・浜松市）の台地上に上げた。

武田軍は信玄が動員できる最大数に近い約二万五〇〇〇。浜松城の徳川方は八〇〇〇である。「攻者三倍の法則」に従えば、城攻めの場合は三倍の兵があれば落とすことができるとされる。武田軍は三倍を一〇〇〇人上回っていたので楽勝とも見られたが、武田軍が浜松城に近づいてみると、信長からの援軍が三〇〇〇ほど入っていることを知った。

八〇〇〇足す三〇〇〇で一万一〇〇〇。二万五〇〇〇では攻め落とすのが難しいと見て、三方ヶ原で滞陣し家康をおびき出す作戦であった。

浜松城内では籠城か出陣かで揉めていた。家康の譜代家臣たちは籠城を主張、家康本人は

「領地を踏みにじられては武門の恥」と、出陣を主張していた。信長の援軍の佐久間信盛《さくまのぶもり》、平手汎秀《ひらてひろひで》らの手前、出陣せずば義理を欠くとの思いもあり、さらに信玄を三河から尾張へ、易々と通してしまったときの信長の叱責も怖かった。信長と家康の関係は対等の同盟ではなく、主従関係に近かったからだ。

浜松城から小隊で偵察に出た武者奉行の鳥居忠広《とりいただひろ》が戻り、忠広は出陣しても地の利が悪く、奇襲も叶わぬとあっては徳川の負けは必定、と家康を説いた。だが忠広の進言は容《い》れられず出陣と決まった。忠広は家康の人質時代に父親代わりとなった忠吉《ただよし》の四男で、後に関ヶ原の戦いの前哨戦となった、伏見城で討死した忠元の弟である。当然、忠広も出撃した。

家康は武門の意地から無理を押して出陣

徳川勢は信長の援軍を入れて一万余。ほぼ城を空にしての大勝負である。先頭には白地に墨で染め抜かれた「厭離穢土《おんりえど》　欣求浄土《ごんぐじょうど》」の軍旗が立った。

十二月二十二日昼すぎ、徳川軍は三方ヶ原の西端にあたる祝田《ほうだ》の坂の下の手前で、隊を横一文字に展開し鶴翼《かくよく》の陣を布く。翼を広げた鶴のように兵を左右に並べる構えだが、これは大軍をもって敵を包囲する陣形で、敵の半分に満たない勢力の取るものではない。前備えも

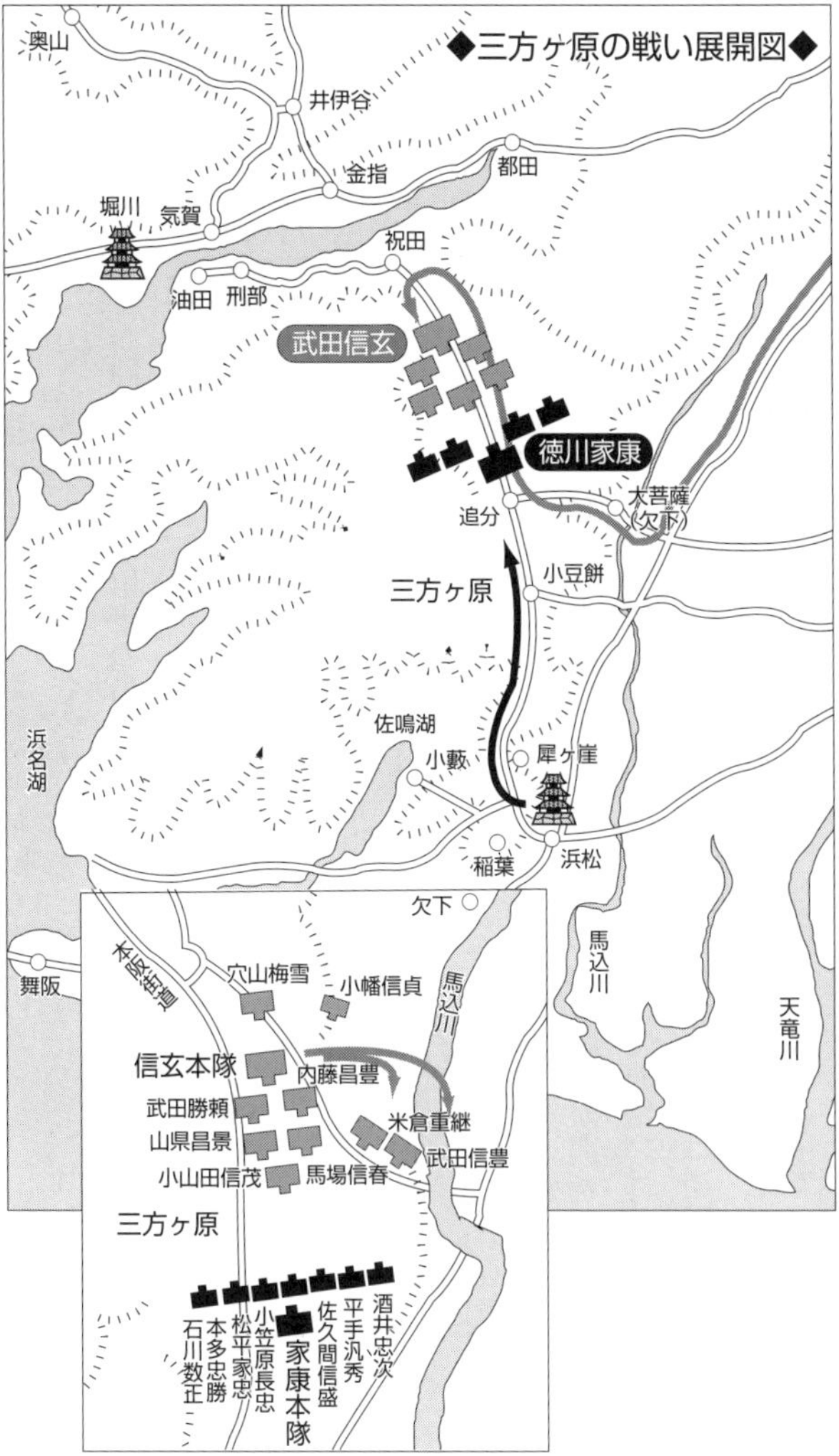
◆三方ヶ原の戦い展開図◆
奥山
井伊谷
金指
都田
堀川
気賀
祝田
油田
刑部
武田信玄
徳川家康
大菩薩
(欠下)
追分
三方ヶ原
小豆餅
佐鳴湖
小藪
犀ヶ崖
浜名湖
稲葉
浜松
馬込川
舞阪
天竜川
欠下
本坂街道
穴山梅雪
小幡信貞
馬込川
信玄本隊
内藤昌豊
武田勝頼
米倉重継
山県昌景
武田信豊
小山田信茂
馬場信春
三方ヶ原
酒井忠次
平手汎秀
佐久間信盛
家康本隊
小笠原長忠
松平家忠
本多忠勝
石川数正

後備えもないのだから、下手をすると全軍消滅する危険もあるのだ。

一方、武田軍は三方ヶ原の東側の坂の下で魚鱗《ぎょりん》の陣をとる。台上に先鋒の小山田信茂《おやまだのぶしげ》、山県昌景《やまがたまさかげ》隊が上がって布陣を終え、徳川軍の出方をうかがっていた。先鋒の背後には第二陣として馬場信春、武田勝頼《かつより》の隊。さらに後ろに第三陣として信玄の旗本隊。後詰には穴山梅雪《あなやまばいせつ》の隊。これらの隊が固く引き締まった紡錘《ぼうすい》形となって、鋭利なドリルのようにじりじりと前進しつつあった。

両軍睨《にら》み合って動けない。左右に薄く延びきった自軍の脆弱《ぜいじゃく》さを悟った忠広は、これでは武田の一軍が中央部を軽く突いただけで徳川の陣形は簡単に崩れると家康に進言するが、家康は「戦わずして何がわかる」と相手にしない。

午後四時すぎ、睨み合いにしびれを切らした徳川軍の大久保忠世《ただよ》の隊が、武田の先鋒小山田隊に突っ込むと、小山田隊の足軽が石礫《つぶて》で応戦し、一瞬にして戦端が開かれた。

大久保隊に続き石川数正《かずまさ》隊が小山田隊の切り崩しにかかり、緒戦《しょせん》の勢いは徳川軍にあったとされる。が、第二陣の馬場隊が突出してくるや、いともたやすく形勢は逆転した。さらに横合から勝頼隊が攻めてくるにおよんで、大久保と石川の両隊は総崩れとなり、たちまちのうちに徳川全軍は陣形の維持が不可能となった。

石川隊を援護すべく馬場隊に突っ込んでいった酒井忠次《さかいただつぐ》隊、信長配下の佐久間・平手隊も次々と蹴散らされていく。家康はそれでも怯《ひる》まずに予備の旗本隊を率いて馬上で武田の軍勢と渡り合うが、いかんせん多勢に無勢で徳川軍の数は見る間《ま》にすりへっていく。

陣形を乱しての乱戦は、徳川軍に戦場から退《ひ》くことのタイミングを失わせ、展望のない消耗戦を余儀なくさせた。陽が落ちるころ、家康は八〇〇〇の勢のうち、ちょうど一割の八〇〇を失っていた。いかに厳しい戦いだったかがわかる。

家康は執拗に追尾してくる武田軍を振り払いながら、浜松城目指して一目散に逃げ帰った。このとき家康は恐怖のあまりに脱糞してしまったという話も残っている。

酒井忠次、石川数正も家康の後を追って逃げ、遅れた榊原《さかきばら》康政《やすまさ》が浜松城に着いたときはすでに城門が閉ざされ、仕方なく東方の西島まで駆けて入城した。水野元信《みずのもとのぶ》も岡崎城に駆け込み、鳥居忠広、成瀬正義《なるせまさよし》が討死。織田の将、平手汎秀は武田の雑兵に囲まれて討たれ、佐久間信盛はその平手を見捨てて、命からがら清洲《きよす》まで逃げ帰っている。

三方ヶ原古戦場の碑

その夜、武田軍は三方ヶ原の南端に深い谷を見せる犀《さい》ヶ崖《がけ》近くに夜営した。ここで家康は最後の意地を見せ、その夜武田方へ夜襲をかけた。勝ち戦で気が緩んでいた武田軍は突然の攻撃を受けて、犀ヶ崖の谷底へ落ちた者も多かったという。

現在、犀ヶ崖には古戦場跡の碑が立ち、傍らに犀ヶ崖資料館がある。当地のお盆の行事としての「遠州大念仏」は、三方ヶ原合戦の死者を供養するものとされている。

武田軍営では勝頼らが浜松城を攻め取ることを主張したが、高坂弾正《こうさかだんじょう》らが反論した。攻め取るまでに二十日はかかるし、その間に信長が援軍を送れば厄介《やっかい》と主張したのだ。

家康は「三方ヶ原」の手痛い敗戦を教訓にするため、肖像を描かせた

武田軍はその後徳川軍との小競り合いの後、三方ヶ原の北方約一〇キロの刑部《おさかべ》（現・細江町）に滞陣し、急ぎ西進しようとはしなかった。

このときすでに信玄は重い病を得ていたといわれる。このあと、野田《のだ》

三方ヶ原、犀ヶ崖古戦場跡・関連地図

城攻略を経て、田口《たぐち》、根羽《ねんば》、平谷《ひらたに》、浪合《なみあい》と、甲州への道をゆっくりと後退していった。信玄の死は三方ヶ原合戦の翌年、元亀四年とされている。

長篠《ながしの》の戦い

天正三年（一五七五）

武田 vs 織田・徳川連合軍

武田勝頼は南下し長篠城を包囲する

長篠城《ながしの》（現・愛知県新城市）の西は豊川《とよ》の上流である寒狭川《かんさ》、南は三輪川《みわ》で、川を隔てた南側の対岸の背後に鳶ノ巣山《とびのす》が控えている。東北方面は高地で、やはり川を隔てた西南には、武田騎馬軍団が信長率いる三段構えの鉄砲隊のために壊滅的な敗北を喫《きっ》することとなる設楽《したら》ヶ原《はら》が広がる。

長篠城の地理的な位置は、徳川家康の本拠地の浜松と、生地の岡崎を直線で結び、これを底辺とする二等辺三角形の頂点にある。武田方が甲斐から遠江・三河へ出るには、どうしてもこの城を抜かねばならない重要拠点だった。

この奥三河の山間部一帯に勢力を張っていたのが、山家三方衆《やまがさんぽう》で、長篠の菅沼氏《すがぬま》、作出《つくで》の奥平氏《おくだいら》、田峰《だみね》の菅沼氏がそれである。彼らは時に駿河の今川氏につき、時に甲斐の武田氏につくという、同盟と離反を繰り返して生きのびてきたのである。

信玄の死は、作出の奥平貞昌《さだまさ》が武田から徳川に寝返るきっかけとなった。家康は、武田から離反すれば菅沼氏の持っていた長篠、田峰の領地を与え、三〇〇〇貫の知行を与えるという破格の好条件を出し、その上に長女の亀姫を嫁がせるとした。

元亀四年（一五七三）六月、奥平貞昌は意を決して徳川への内応を決め、七月に家康は兵を武田勢の守備する長篠に差し向けた。勝頼は父信玄の服喪中ですぐには動けず、九月八日には長篠城は徳川方に落ちてしまう。家康は約束通り貞昌を長篠城の城主に据え、怒った勝頼は人質に取っていた貞昌の弟らを処刑した。

翌々年、天正三年（一五七五）五月に、勝頼は信玄も手を焼いた遠江の要衝である高天神城を落として、五月十一日には鼻息荒く長篠城を包囲した。

先に取られた高天神、明智《あけち》、足助《あすけ》の諸城に加え、長篠城まで武田に奪われては織田・徳川の東の防波堤が決壊する。長篠城は徳川方から加勢に入った松平景忠《まつだいらかげただ》・伊忠《これただ》を加えても、城兵はわずか五〇〇人余である。武田勢はその約三〇倍で囲み、武田を裏切った貞昌にはもはや降伏の道はなく、城兵も必死の防戦で以後約十日間にわたる激烈な攻防戦に入った。

戦いは数に優る武田軍が圧倒し、甲州金山の金掘り人夫を動員して城塁を掘り崩し、数日のうちに城内に侵入し、三の丸、瓢郭《ふくべぐるわ》、弾正郭《だんじょうぐるわ》を占領し糧食も奪った。

城兵はやむなく本丸に退いた。城兵の力が尽きるのは時間の問題と見た勝頼は、無理押しを避けて兵糧攻めに入り、大野川、滝川にクモの巣のように鳴子の網を張りめぐらせて城兵の脱出を防いだ。

城兵の頼みの綱は家康の救援のみである。家康のいる岡崎まで、使者として鳥居強右衛門《すねえもん》が立てられ、彼は警戒網を突破して家康の許に辿り着き、援軍派遣の確約を取った。岡崎には織田軍も到着しており、強右衛門はこの朗報を一刻も早く城兵に伝えるべく戻ろうとするが、長篠城を目前にして武田軍に捕らえられてしまったのである。

武田勢は強右衛門に「援軍は来ない」と城に向かって言わせようとしたが、強右衛門は援軍到着が近いことを叫び、磔《はりつけ》の刑に処される。強右衛門の叫びを聞いて城兵は奮い立ち、なお抗戦の意気を高めた。

鉄砲の威力を知る信長の作戦は

五月十三日、信長は三万の大軍をもって岐阜を出発し、十五日に岡崎に入り家康と合流。

信長の立てた作戦は、馬防柵を張りめぐらせた設楽ヶ原に武田軍を誘い込み、そこを柵後方に並べた三列の鉄砲隊が、順次前後に交代しながら一斉に射撃するというものである。

信長は麾下《きか》の武将から鉄砲放《はな》ちたちを集め、三〇〇〇挺の鉄砲を用意した上に、兵に馬防柵用の直径一〇センチ程の柵木と縄を持たせていた。当時の火縄銃は熟練した者でも弾《たま》の装填に十五秒ほどを要し、一発目を撃たせ、二発目までの間に騎馬隊が斬り込めば鉄砲隊を粉砕することができた。信長の策はこの問題を解決したものだが、設楽ヶ原に武田軍が出てこなければ成立しない。あくまで武田軍の突撃を受けてこそ効果があるのだ。

十六日、信長勢三万に家康勢八〇〇〇の計三万八〇〇〇が、長篠を目指して進軍を開始した。同日夜には牛久保《うしくぼ》城、十七日には野田城に着陣した。信長は十八日に設楽郡の極楽寺に、嫡子信忠《のぶただ》はその北方の御堂《みどう》山に、家康は弾正山に陣取るとともに、連子川《れんごがわ》（連吾川）に沿って馬防柵を張る工事に入った。

十九日、武田本陣では重臣らが激論を交わし、決戦か退却かで紛糾した。

馬場信春、内藤昌豊、山県昌景、穴山信君らの信玄以来の重臣らは、こぞってここは退くべきと主張した。対して勝頼側近の跡部勝資《あとべかつすけ》、長坂長閑斎《ながさかちょうかんさい》は決戦すべしと吼《ほ》え、意気盛んな勝頼は敵陣突入の断を下した。長篠落城も時間の問題と見た勝頼にとって、一大決戦は千載一遇の好機と映ったのだ。

武田軍は軍勢の配置を、主力を長篠城包囲から設楽ヶ原に切り換えた。全軍一万七〇〇〇のうち二〇〇〇を長篠城に、同じく二〇〇〇を鳶ノ巣山砦《とびのすやま》に残し、一万三〇〇〇を突撃軍と定めた。

信長は五月二十日の深夜に、家康の武将酒井忠次に兵を与えて鳶ノ巣山砦に向かわせた。酒井らは砦の崖をよじ登って不意を衝き、翌朝には砦に詰めた武田の兵を追い出したため、鳶ノ巣山砦と長篠城が連携することができたのである。一つの砦の陥落だが、長篠の戦いの趨勢《すうせい》は、このときに決定された。武田軍は設楽ヶ原の連合軍に向かって、遮二無二突撃せねばならなくなったのである。

設楽ヶ原は長篠城より西へ約四キロ離れた細長い平野である。この平野に二つの小川が並流し、下流で合して連子川となり、やがて豊川に注ぐ。織田・徳川の連合軍は、連子川を前にして川に沿って馬防柵を造り、柵の後方に三列に分けた三〇〇〇人の銃手《じゅうて》を待機させた。残る三万余の兵は銃隊の後方に配備し、武田軍が柵を破って突撃してきたときの備えとした。

馬防柵は三段の構えで、もし第一段を崩されても二段、三段と後方に退きながら防戦して、態勢の立て直しができるようにした。

連合軍は川に向かい右翼に大久保忠世《おおくぼただよ》、大須賀康高《おおすかやすたか》、榊原康政《さかきばらやすまさ》、本多忠勝《ほんだただかつ》、石川数正《いしかわかずまさ》、

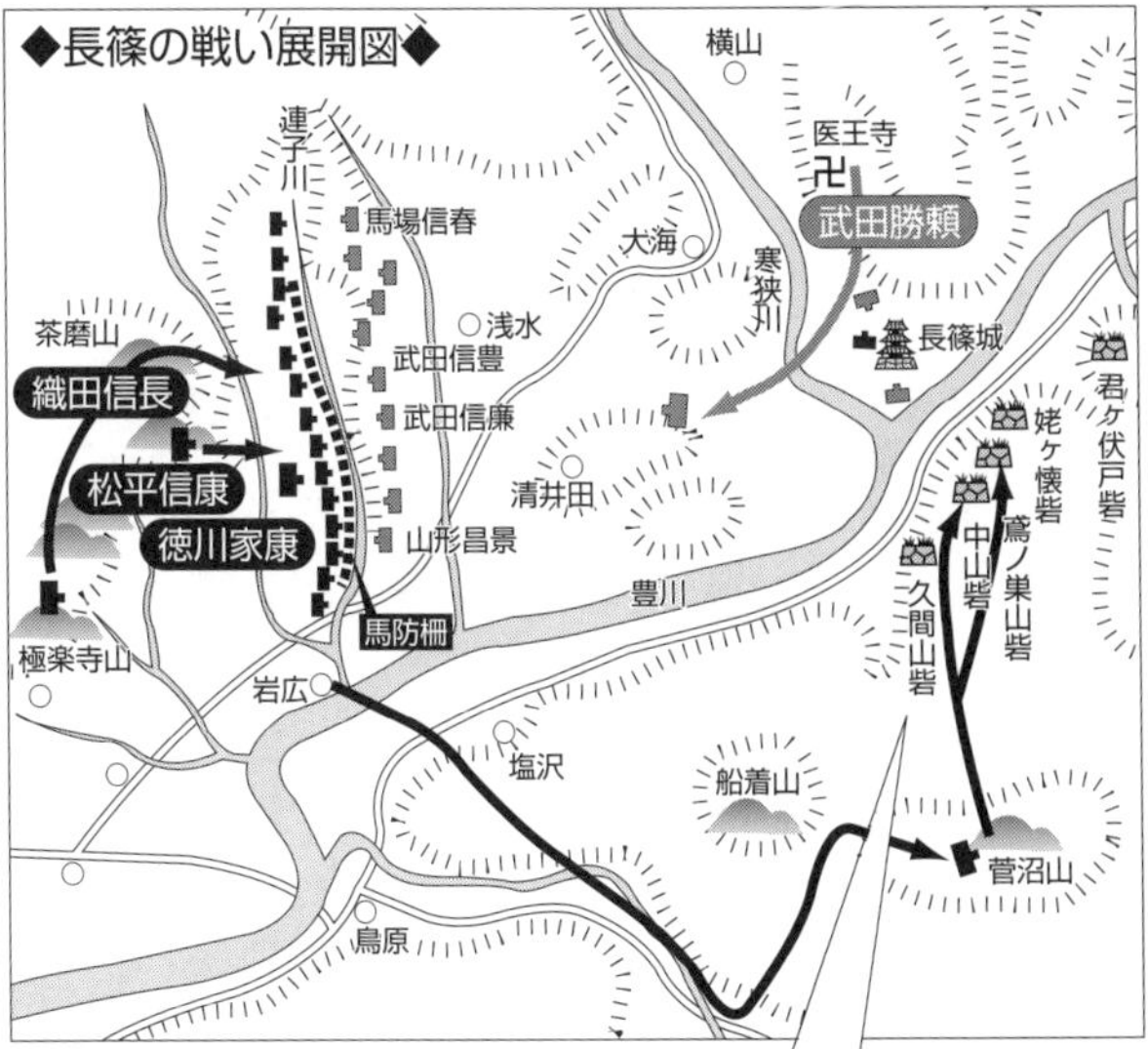
◆長篠の戦い展開図◆
横山
医王寺
武田勝頼
連子川
馬場信春
大海
寒狭川
浅水
武田信豊
長篠城
茶磨山
織田信長
武田信廉
君ヶ伏戸砦
姥ヶ懐砦
松平信康
清井田
鳶ノ巣山砦
中山砦
徳川家康
山形昌景
豊川
久間山砦
馬防柵
極楽寺山
岩広
塩沢
船着山
菅沼山
鳥原

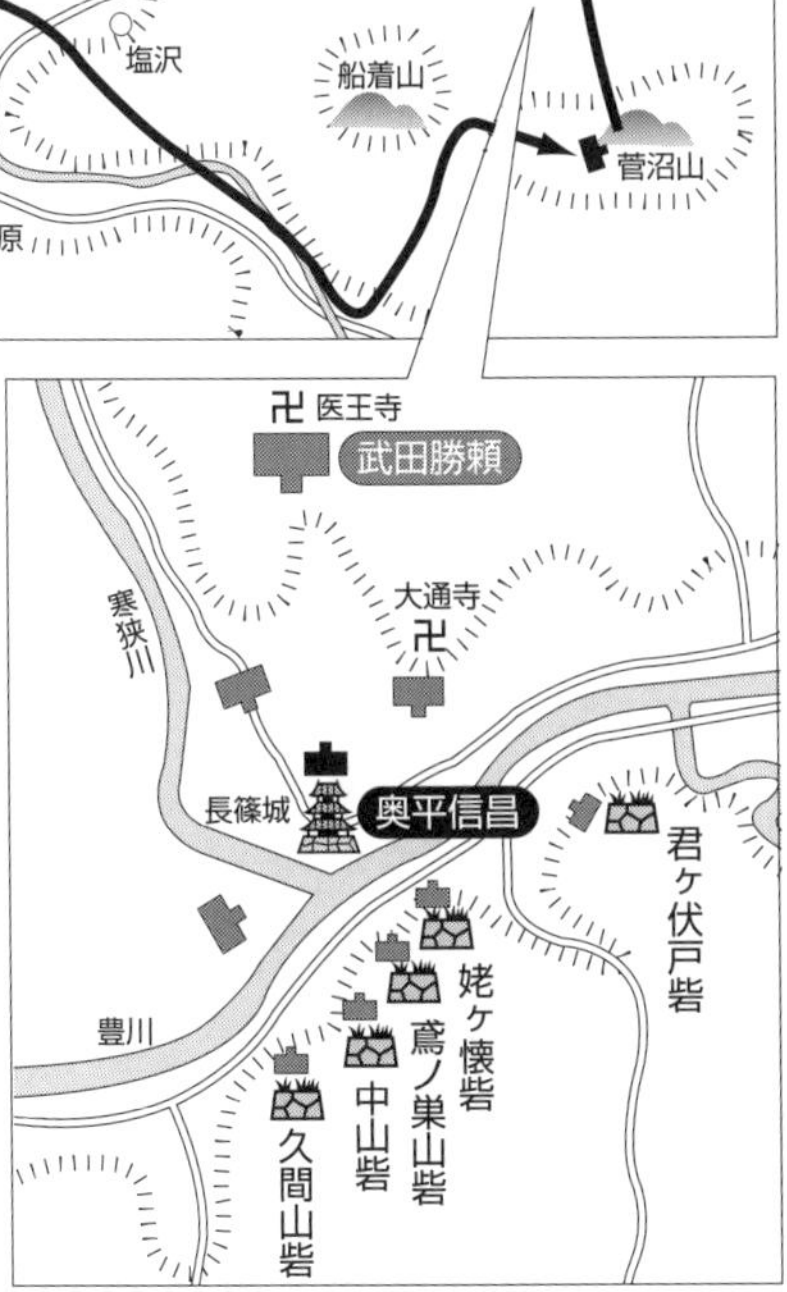
医王寺
武田勝頼
寒狭川
大通寺
長篠城
奥平信昌
君ヶ伏戸砦
姥ヶ懐砦
豊川
鳶ノ巣山砦
中山砦
久間山砦

鳥居元忠《とりいもとただ》ら、その後方の弾正山に家康という徳川軍が布陣。中央に織田軍の滝川一益《たきがわかずます》、羽柴《はしば》秀吉《ひでよし》、丹羽長秀《にわながひで》ら、左翼に佐久間信盛、水野信元らが控え、極楽寺山にいた信長も五月二十一日朝には全軍が見下ろせる弾正山に移った。

その二十一日早朝、武田軍は戦闘隊形に移った。敵に向かって右の右翼に馬場信春、土屋《つちや》昌続《まさつぐ》、一条信竜《いちじょうのぶたつ》らの三〇〇〇。中央に武田信豊《のぶとよ》、小幡信貞《おばたのぶさだ》、武田信廉《のぶかど》らの三〇〇〇。左翼に内藤昌豊《ないとうまさとよ》、原昌胤《はらまさたね》、山県昌景らの三〇〇〇。残りの兵は後方の勝頼の本陣と、穴山信君率いる予備隊に配された十三段の鶴翼の陣である。

まず左翼の山県隊が大久保隊目がけて突撃した。これを合図に武田軍は押し太鼓を打ち鳴らして次々と突撃した。連合軍の鉄砲が火を噴く。武田の騎馬が馬防柵にかかるや、第一列の銃隊は射撃して瞬時に下がり、次いで弾込めのなった第二列が前に出て撃って下がり、次いで第三列が前に出て撃って下がる。その間に第一列は次の弾を込め終わり、第四列としてバトンを受けた。連合軍の後方部隊は出番はないほど、信長の作戦は図に当たり、鉄砲隊だけで武田の騎馬隊を柵前で薙《な》ぎ倒していったのである。

歴戦の武田勢だが、新兵器の鉄砲に敗れた

長篠、設楽ヶ原の戦い・関連地図

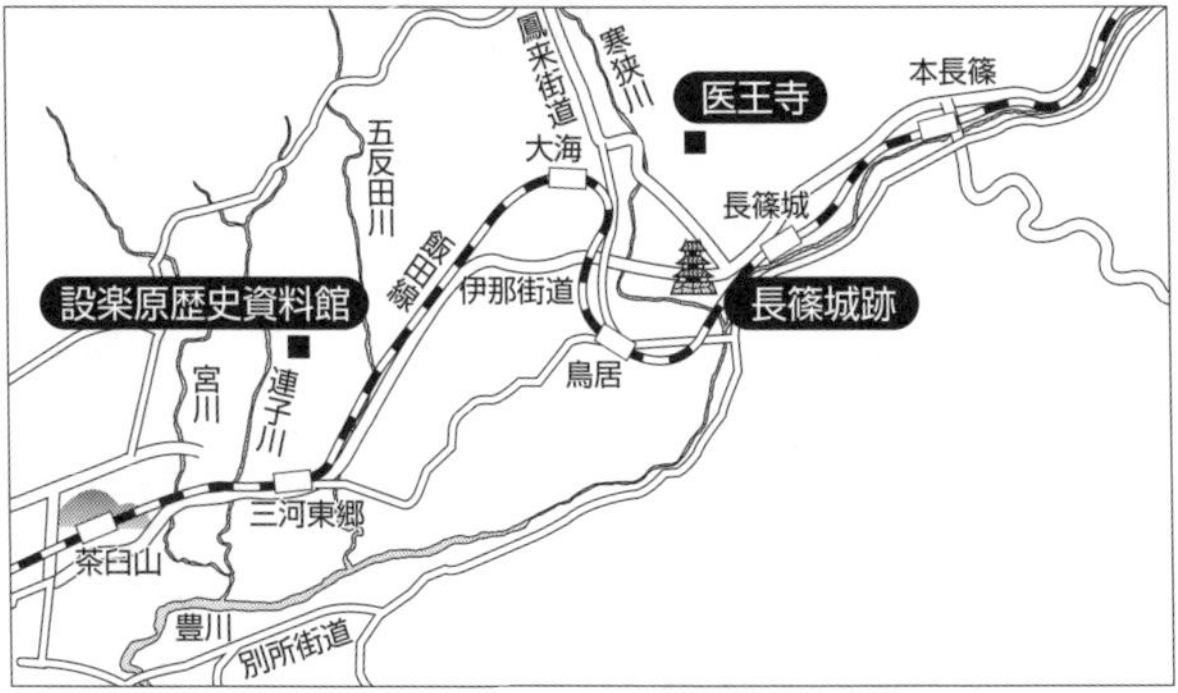

武田軍の土屋隊は、佐久間信盛隊の柵を二段まで破るが、三段目の柵を目前にして全滅した。

一方的な戦闘は四時間におよび、山県、内藤、原らの将が次々と戦死。勝頼は武田勢のなぶり殺しのような負け戦に、半狂乱となって自ら突撃の構えを見せるが近臣に諫止《かんし》され、重代の旗も投げ捨てて信濃方面に敗走した。

その時点では生存していた馬場信春も、殿軍《しんがり》として踏みとどまって戦いつづけて戦死。本国まで辿り着いた武田勢はわずか三〇〇〇という。武田方にも鉄砲がないわけではなかったが、その生産地は信長が押さえており、入手と訓練には限界があり、戦力としては副次的な意味を脱していなかった。この戦いは、騎馬による個人戦法から、集団による銃撃戦の時代に転化するきっかけとなり、以後の戦闘を変えていくことになる。

武田氏滅亡戦

武田VS織田

天正十年（一五八二）

衰亡していく武田を勝頼は支えきれず内部崩壊へ

長篠での大敗北以来、武田の威勢は急速に衰えた。勝頼には自らを父の信玄になぞらえて、豪勇の武将であるとする気概が残っていたが、領国の国境線は各地で動揺し、勝頼は休む間もなく防衛に走らねばならなかった。

天正六年（一五七八）には、上杉謙信も他界した。謙信が西方を睨《にら》んでいる間は信長と家康連合軍の武田攻めも遠慮がちであったが、その構図もなくなった。上杉に対する北陸戦線が安定すると、信長の目は武田打倒の東部戦線に移り、呼応して北条氏政も甲斐をうかがう。

天正十年（一五八二）一月、武田は内部から崩れ始め、木曾《きそ》谷を領する木曾義昌《よしまさ》が信長に内応した。義昌は信玄の娘を妻とし、武田一族の扱いを受けていたのである。

すぐさま勝頼は従兄弟の信豊とともに、新造なった新府城より一万五〇〇〇の兵を率いて義昌討伐に向かうが、鳥居峠で敗退し事実上木曾谷を放棄した。

ＪＲ韮崎《にらさき》駅の北西約三キロ、七里《しちり》ヶ岩《いわ》の台地上に、天正九年の数カ月をもって勝頼は新府《しんぷ》城を急造した。それまで本拠地とした府中の躑躅《つつじ》ヶ崎館《さきやかた》は、鉄砲を主力武器とする戦いには耐えられるものではなかったのである。信長の勢力拡大に加え、北条氏が敵に回り、甲府盆地の四囲を取り巻く状況が厳しくなったため、穴山梅雪《あなやまばいせつ》の進言を容《い》れての突貫工事だった。

この地は七里ヶ岩を挟んで釜無《かまなし》川の対岸には、武田氏の氏神である武田八幡宮があり、武田氏の菩提寺の願成寺《がんじょうじ》も近い。新府城は東西二七〇メートル、南北二三〇メートルの敷地に本丸、二の丸、三の丸が設けられ、天正九年の末には一応の完成を見て、勝頼妻子、一族、家臣らの移動が完了していた。

天正十年二月、信長は武田討伐の兵を起こした。信長自身は木曾口から、呼応して三河口から徳川家康、関東口から北条氏政、飛騨《ひだ》口から金森長近《かなもりながちか》、伊那口から信長の長男の信忠《のぶただ》と、各方面から甲斐を目指した。信忠軍は二月十二日に岐阜を発し、十四日には恵那《えな》にある織田方の岩村《いわむら》城に入り、翌日には早くも伊那の平谷《ひらたに》へ入るという迅速さである。

平谷の武田勢は戦わずして甲州へ逃れた。十四日に伊那谷の飯田城、十六日に大島《おおしま》城が血塗られずして次々に落ち、織田勢は伊那谷で唯一残る高遠《たかとお》城に迫った。

高遠は伊那谷を形成する天竜川の支流の三峰《みぶ》川の谷あいにあり、伊那と諏訪を結ぶ杖突《つえつき》街道の要所である。高遠城は三峰川と藤沢川の合流する段丘の断崖上にあり、本丸を中心に二の丸、三の丸のほか、法隆院郭《ほうりゅういんぐるわ》、笹《ささ》郭、勘助《かんすけ》郭などの各郭に空堀を巡らせた平山城で、縄《なわ》張《ばり》は山本勘助によるとされる。

五万の兵で攻めかかる織田勢に対し、城主の仁科《にしな》盛信は勝頼の弟だが、配下の武田勢はわずかに一〇〇〇ほどである。盛信自身も数日間は防戦できると踏んでおり、地の利を得て小勢ながら一時は敵の侵入を食い止めた。この間に兄で当主の勝頼が武田本軍を率いて後詰として到着すれば、信忠軍を挟み撃ちできると考えていた。

すでに大島城を抜いた信忠軍は天竜川筋を北上した。二十三日には先陣の河尻秀隆《かわじりひでたか》の軍勢が高遠城を囲んだが、高遠城の堅城ぶりを見て、すぐには城攻めにかからず、信忠本隊の到着を待つ作戦をとった。

信忠本隊は三月一日に着陣し、高遠城を見下ろせる小山を擁した貝沼原《かいぬまはら》に陣を置いた。その夜には、織田方に寝返っていた松屋《まつや》城主の小笠原信嶺《のぶみね》が高遠城への侵入路を案内し、信忠軍の森長可《もりながよし》、団忠正《だんただまさ》、毛利《もうり》長秀《ながひで》らが大手門まで進出。信忠は搦手《からめて》口に回って朝を待つ。

明けて二日、大手口に待機した隊が攻め入り、信忠隊も搦手より突入した。城内各所で女

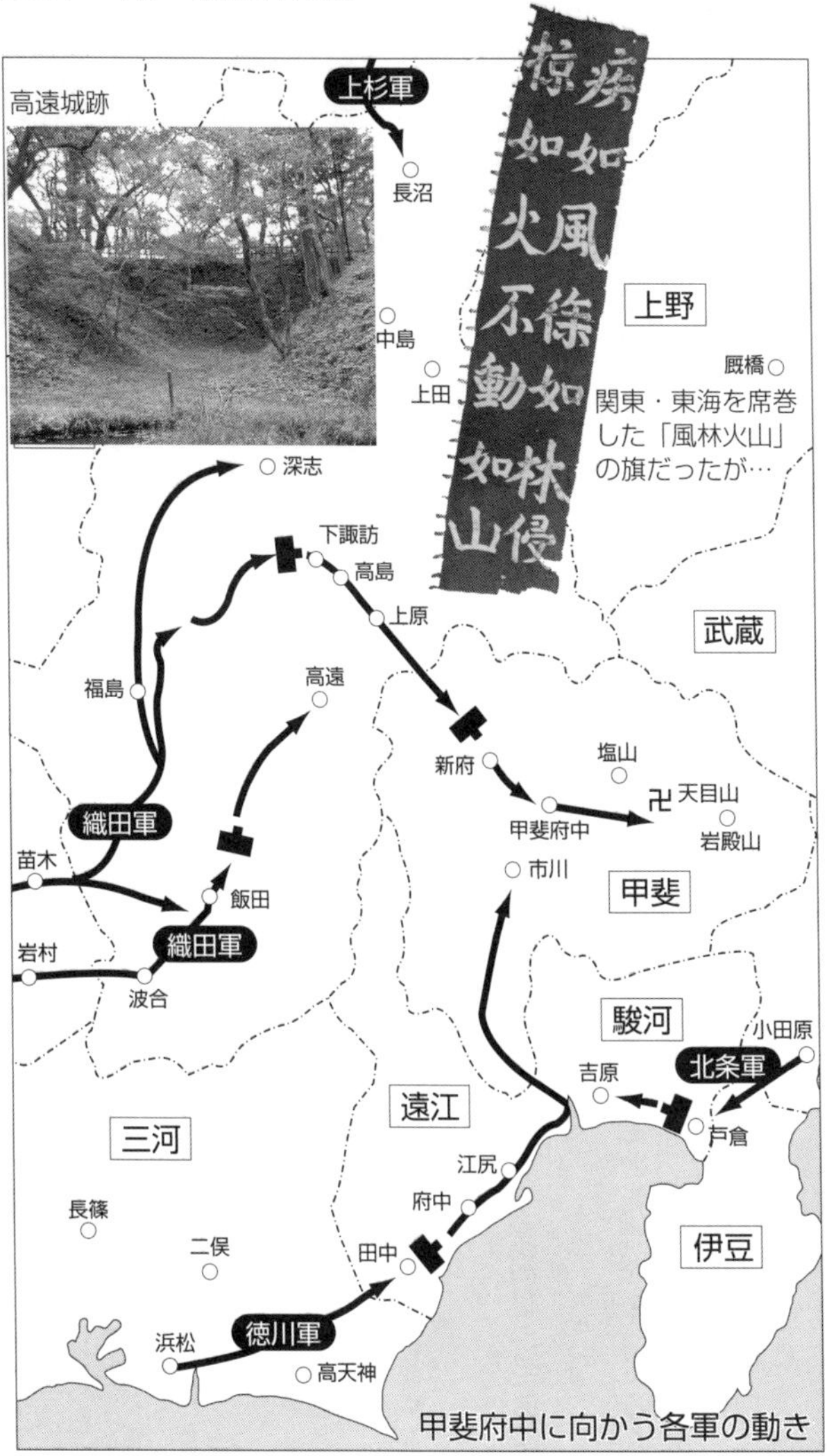

関東・東海を席巻
した「風林火山」
の旗だったが…

甲斐府中に向かう各軍の動き

子供も武器を持って戦い、織田兵は女子供でも見つけ次第殺害した。『信長公記』には、「歴々の上臈《じょうろう》、子共《こども》一々に引寄せ引寄せ差殺し、切って出て、働く事中すに及ばず」とある。

多勢に無勢で仁科方は防戦一方となり、その日のうちに城は落ちた。勝頼の後詰は最後までなかった。武田方の首級四〇〇余。仁科五郎盛信の他、原隼人《はらまさと》、春日《かすが》河内守、渡辺金太夫《わたなべきんだゆう》ら名のある者一七名が『信長公記』に列記されている。

豪勇を誇った勝頼の悲しき逃避行

木曾義昌の離反を知った勝頼が、新府城を発ってから一カ月近く経っていたことを考えると、すでに武田本隊は戦意を失っていたと思われる。

この間、ある者は逃亡し、ある者は織田方へ走った。駿河江尻《えじり》城主として東海道の最前線を守っていた穴山梅雪もその一人である。

高遠城陥落後、新府城内では防戦方法について軍議が重ねられる。この新府城を捨てる直接のきっかけは、死守を命じた仁科盛信の高遠城が落ちたことだった。結論は譜代家老衆の小山田信茂《おやまだのぶしげ》の居城である岩殿《いわどの》城の要害に拠って戦うというものである。岩殿城は相模との境にある武田領国の西方の主城だった。

三月三日、新造の新府城に火をかけ、勝頼一行は岩殿に向けて落ちていった。途中、躑躅ヶ崎館のあった古府中（現・甲府市）を通過するが、ここはすでに織田方の手によって廃墟と化していた。

逃避行中、一人また一人と隊から離脱する者がつづいた。岩殿城を望む笹子《ささご》峠に着いたとき、峠に柵が巡らされていることで、勝頼ら一行は信茂の裏切りを知った。

この時点で逃避行をともにする家臣はわずか四十数名だったという。信茂の逆心により、勝頼は仕方なく退路を北にとり、大菩薩嶺を越え秩父を経て上野へ抜けるべく日川《ひかわ》の谷に入る。ひとまず目指したのが木賊《とくさ》の里にある天目山《てんもくざん》の栖雲寺《せいうんじ》である。

中央本線甲斐大和《かいやまと》駅を降りて国道二十号線（甲州街道）を笹子峠を目指して西へ進むと、日川への道が左に分かれる。そこをしばらく行った場所が鳥居畑《とりいばた》古戦場で、ここが武田勝頼終焉の地となった。

十一日朝、栖雲寺方向より雄叫びが聞こえた。土着の武士・辻弥兵衛《つじやへえ》が織田方へ転んだ合図だった。これで一行の進路は完全に塞がれた。山道を南下する形で織田方の滝川一益隊が下ってきたのだ。

このとき土屋惣蔵《つちやそうぞう》は、日川に臨む絶壁で片手に藤蔓《ふじづる》をつかみ、片手に太刀を持って、下ってくる敵を一人二人と切って日川に落としたが、やがて力尽きて討死した。日川は討たれた兵の血で赤く染まり、その色が三日は取れなかったというので、三日血川《みっかち》の異名が残る。

すべてを悟った勝頼らが自刃した田野《たの》の地に、後になって家康は、甲斐の人心を掌握するために、菩提《ぼだい》を弔《とむら》う景徳院《けいとくいん》を建てている。境内には勝頼、太郎信勝、北条夫人らが自刃した生害石《しょうがいいし》がある。それぞれ三十七歳、十六歳、十七歳であった。

十四日、勝頼、信勝父子の首が伊那谷をのぼってきた信長に届けられた。信長は首実検の上、首を飯田まで運ばせて曝《さら》した。十六日には小諸城に籠もって抵抗していた信玄の弟の武田典厩信豊《てんきゅうのぶとよ》の首も、飯田の信長に届けられた。信長は主君を最後で裏切った小山田信茂を許さなかった
十九日に信長は諏訪に入り、ここで信忠と合流し武田旧領の知行割りを発表。四月二日甲斐に入国し、新府城の焼失跡を検分した。

帰路は家康による至れり尽くせりの接待を受けながら、生まれて初めて富士を見、裾野《すその》では狂ったように馬を疾走させている。

長年の宿敵武田を滅ぼし終わった後の、悠々とした物見遊山の旅であった。

勝頼の生害石

武田終焉の戦い・関連地図

栖雲寺

小牧《こまき》・長久手《ながくて》の戦い

羽柴vs徳川・織田連合軍

天正十二年（一五八四）

家康は盟友信長の遺児信雄《のぶかつ》と結び秀吉に対する

本能寺の変後、徳川家康は中原を制する野望を封印し、新領土の甲信地方への地道な手入れに専念した。対して主君信長の仇を討った羽柴秀吉は、旭日昇天の勢いで着々と中央に地歩を固め、天下制覇への自信を深めている。

秀吉は天下制覇には、亡き信長の遺産継承権のある遺族たちが邪魔になっていた。長男信忠は本能寺の変で二条城に死んでおり、信忠の遺児三法師《さんほうし》を岐阜に封じ、三男信孝《のぶたか》は尾張内海《うつみ》で秀吉が自裁させた。秀吉の残された最大の障碍《しょうがい》は、信長の二男信雄《のぶかつ》と信長が同盟者とした家康であった。

秀吉は東海で一大勢力を維持する家康を、懐柔して服従せしめんと画策するが、家康はこれに乗ってこなかった。そこへ信雄が、親秀吉の態度をとった三家老を制裁したことで秀吉と対立し、家康に救援を求めてきた。家康は盟友の遺児を救うという大義名分を得て信雄と手を結び、秀吉に当たる決意を固めた。

天正十二年（一五八四）三月七日、家康は井伊直政《いいなおまさ》を本軍先鋒として浜松城より出兵した。秀吉は上方にあって外交政策に忙殺されており、その隙《すき》を衝いたものだった。

天下統一を目指す秀吉

十三日、家康は清洲《きよす》城に入って信雄と対面したが、この日の夕刻、家康側の犬山《いぬやま》城が、秀吉方の美濃大垣《おおがき》城主・池田恒興《つねおき》の奇襲を受けて陥落した。これにより伊勢方面へ進出しようとした家康の策は中断され、急遽東進し、尾張の春日井《かすがい》郡と丹波《たんば》郡の中間で、現在の名古屋の北約九キロにある小牧山《こまきやま》を占拠した。

それを知った恒興の女婿の森長可《もりながよし》は兵三〇〇〇を率いて美濃金山《かなやま》城を出た。十六日に小牧山を望む羽黒《はぐろ》村まで進み、ここで舅《しゅうと》の恒興と合流して小牧山を略す計を立てる。

しかし陽が落ちても恒興は来ず、やむなく夜営。森隊の動きを察知した家康方は翌十七日未明に森隊に襲いかかって大いに破る。小牧山の占拠、羽黒村の森隊奇襲と、徳川軍は緒戦を飾ったのである。

羽黒の敗報を聞いた秀吉は出兵を急ぐが、雑賀《さいか》・根来《ねごろ》の一揆鎮圧に手間取り、大坂を進発したのが二十一日となった。二十六日に美濃路、二十七日に犬山城へ入り、直ちに小牧山を囲むべく態勢を整え、ここに東西両軍はがっぷり四つに組んで対峙した。

八万とされる秀吉軍は、本営を楽田《がくでん》に置き周辺に砦を築かせた。対する家康と信雄の一万六〇〇〇の本営は小牧山で、両軍は睨み合いのまま膠着状態になり、軍容を引き締めて士気を保ったほうが勝つ持久戦に入った。

小牧山は尾張平野北部の小牧市の市街地の西にある。標高わずか八六メートルの小山である。永禄六年（一五六三）、織田信長が山上に小牧山城を築き、岐阜攻略の拠点として居城を清洲から移していた。信長は山頂から山麓まで曲輪、堀、土塁を構築し、南側に城下町を開くが、四年後に岐阜の稲葉山《いなばやま》城へ移ったため廃城となっていた。

小牧・長久手《ながくて》の戦いで家康はここに本陣を置き、城は強固に補修されたが、小牧山では大きな戦いはなく、和議が成された後はふたたび廃城となった。江戸時代、堀や土塁の遺構を尾張徳川氏がよく保護し、戦国時代の城跡としてはきわめて保存状態が良く、昭和二年に国指定の史跡となる。

東名高速小牧インターチェンジを出、国道四一号線を南下すると小牧市役所。市役所脇の階段を登ると、そこがかつての大手道で、途中に小牧稲荷社。登りつめた所に昭和四十三年に再建された小牧山城があり、内部が歴史館となっている。

東名高速を名古屋インターチェンジで降り、猿投山《さるなげやま》グリーンロードへつながる道を目指して東進すると長久手町に入り、長久手古戦場公園にたどり着く。公園内に長久手町郷土資料室。公園の丘上に「長久手古戦場」の碑。周辺には秀吉方の池田恒興が戦死した場所に勝入《しょうにゅう》隊、息子の元助《もとすけ》が戦死した場所に庄九郎《しょうくろう》隊、堀秀政《ほりひでまさ》が布陣した跡に「堀久太郎秀政本陣跡地」の碑が立つ。

秀吉方の行動を知った家康は奇襲部隊に襲いかかった

辛抱に耐えかね、突出の構えを見せたのが池田恒興と森長可であった。〝鬼武蔵〟と謳《うた》われながらも羽黒で惨めな敗北を喫した長可と、本来森隊と合流するところを、行軍が遅れて婿に恥をかかせた恒興は、名誉挽回とばかりに軍功を焦った。

恒興の出した作戦は「中入《なかい》り」である。中入りとは、対峙している両軍の一方が軍勢を割いて敵の背後深くを衝く戦術である。成すれば奇襲成功となるが、しくじればそれによって生じた自軍の隙を衝かれて大敗する策である。

今、家康の本拠地三河は空《から》である。この虚を利用して三河に乱入して焼き討ちすれば、徳川軍は浮き足立って膠着状態は解消する。秀吉は中入りの危険を危惧したが、政権が確立されていないことで麾下の将の離反を恐れ、恒興の案を容《い》れた。また秀吉は、真の作戦は三河侵攻ではなく、徳川軍を平地に引っ張り出して大軍で一気に撃滅することにあり、恒興らの中入り軍を陽動部隊として使い、徳川軍をおびき出せないかとも考えたとされる。

中入り部隊の編成は、

先手　池田恒興　六〇〇〇
二番　森長可　三〇〇〇
三番　堀秀政（軍監）　三〇〇〇
四番　三好秀次《みよしひでつぐ》（大将）　八〇〇〇

の計二万である。四月六日夜半、奇襲部隊は行動を開始。七日朝、二宮山《にのみややま》の物狂《ものぐるい》坂を越えて夕刻には庄内《しょうない》川の平地に駐屯した。

このとき住民の報で、家康は秀吉方の中入り軍の動きを知った。家康は秀吉の本意は何か

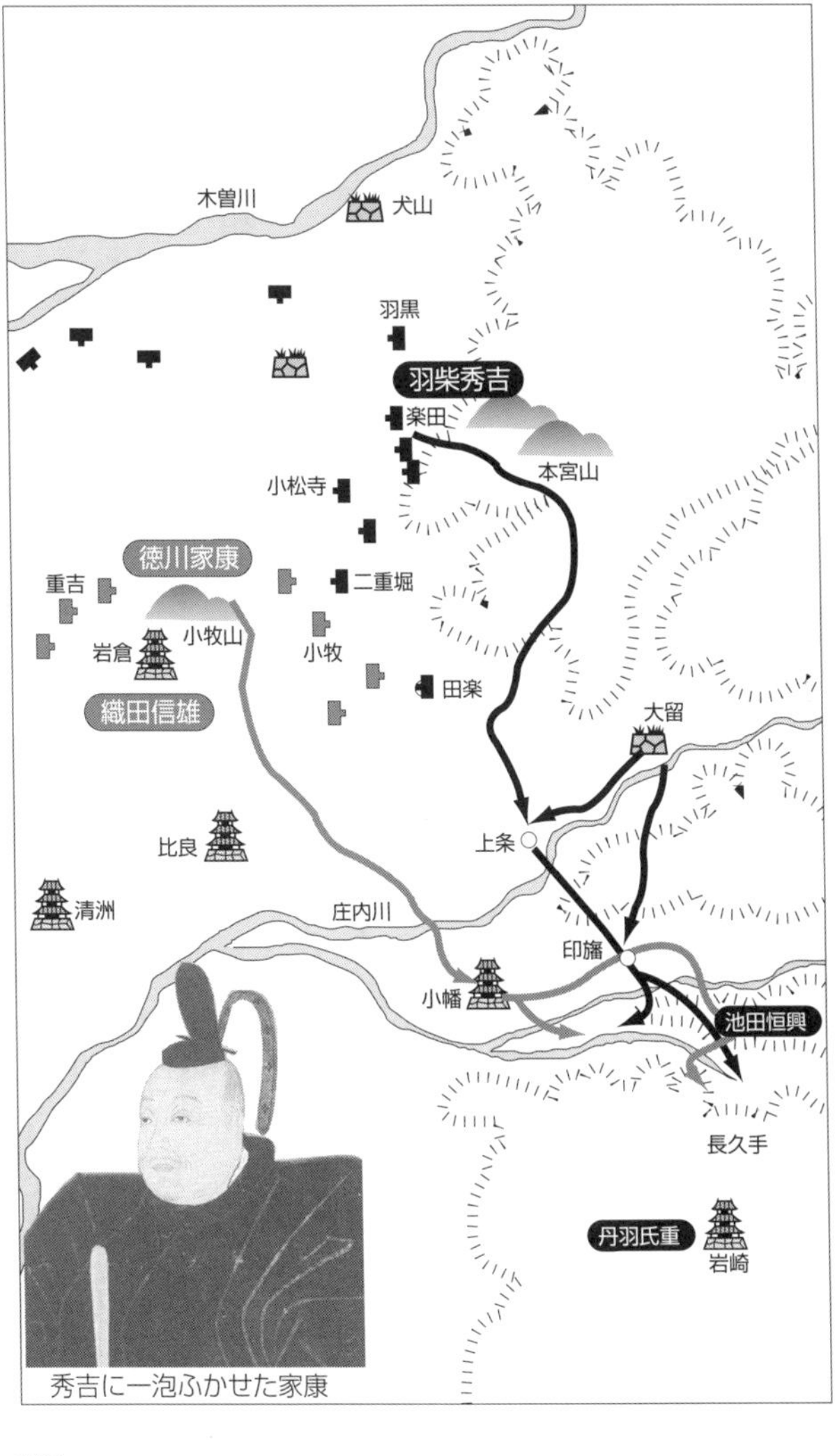

秀吉に一泡ふかせた家康

と迷う。徳川の本拠・三河を長駆して衝くつもりか、それとも中入り軍を囮《おとり》にして小牧山のわが軍を誘い出すつもりか。いずれにしても家康には中入り軍を急ぎ撃滅するしかなかった。そのためには秀吉方に徳川の動きを察知されてはならぬ。知られれば小牧山が襲われるのは目に見えていた。

家康は小牧山の本営に酒井忠次、本多忠勝、石川数正らの兵五〇〇〇と信雄の兵一五〇〇を止め置き、自らが追撃軍の大将として出陣することを決意した。

それに先立って八日夜には、榊原康政《さかきばらやすまさ》、大須賀康高《おおすかやすたか》、水野忠重《みずのただしげ》らの兵四五〇〇を小幡城《おばた》に入れた。家康本隊は、馬に枚《ばい》を噛ませ、具足の草摺《くさずり》を括《くく》って音を立てぬよう用意周到に小牧山を下った。

前線の要衝である小幡城に家康本隊が入ったのは八日深夜。軍議は、敵の後陣三好秀次軍の急襲と決まった。秀次は秀吉の甥で、このときまだ十六歳である。

家康らの追尾を知らない中入り軍は、九日の暁闇に徳川方の岩崎城《いわさき》を攻撃するが、その途中で突如徳川軍が襲いかかってきたのだ。四五〇〇の水野らの別働隊が八〇〇〇の三好勢をさんざんに打ち破り、主将の三好秀次は落馬して徒歩で逃げまどう慌てようであった。先行した急襲軍の戦果を聞いた上で家康は小幡城を出、富士ヶ根《ふじね》に登り、金扇の馬印を立てた。

これによって秀吉方の中入り軍の池田・森隊と堀軍が分断され、堀秀政は進軍が叶わず、やむなく軍を返した。突出した池田・森隊は背後を徳川軍に遮断され、望みは家康が動いたことを秀吉が察知してくれるのみであるが、秀吉本営とは連絡が途絶えていた。

池田・森隊は堀隊に救援を要請するが、堀隊も敵中を突破して駆けつけることはできず、池田・森隊は徳川軍との衝突に突入する。双方九〇〇〇で勢力は人数の上では互角だが、有利な地形に展開した徳川軍が勢いに乗じて敵を圧倒し、まず森隊が潰乱《かいらん》し森長可が討たれた。森隊を屠《ほふ》った徳川軍は一丸となって池田隊に襲いかかり、支えられずに池田隊はちりぢりになって退却、池田恒興と嫡男の元助も最期を遂げた。

三河中入りの陽動作戦は、森・池田両将の戦死によって潰滅した。戦いが終わったのは午《うま》の刻（午後十二時）

長田伝八郎に討ち取られた池田恒興（小牧長久手合戦図）

を回っていた。この間、小牧山の留守を預かっていた酒井、本多、石川らは狼煙《のろし》を上げ続けるなどして、秀吉方に家康らの行動を知られないよう努め、そのため秀吉が池田・森隊の敗報に接したのはすべてが終わった後であった。

この後、秀吉が救援に駆けつけるが家康は秀吉との戦いを避け、迅速に小幡城へ引き揚げた。この間、家康の臣本多忠勝は五〇〇の兵を率いて、戦場に急ぐ秀吉の行軍を挑発して、家康が引き揚げるための時間稼ぎをしている。

小牧山を中心とした諸合戦を小牧の戦い、池田・森が戦死した戦いを長久手の戦いと称する。両軍は五月初旬までそのまま滞陣し、以後の激突はなかった。八万の兵を有する秀吉軍にとって長久手の敗戦は致命的なものでなく、信雄の領内での戦いのため、領土を失ったわけでもなかった。

その後、秀吉は戦略を転換し、家康を攻撃目標から外し、信雄の持つ伊勢にある城を攻め落としていくと同時に、寛大な条件で信雄に和睦を提案した。信雄は家康に相談することなく、独断で和睦案を受け容れてしまい、家康は戦う名目を失ってしまう。

その後秀吉は、二年にわたって家康に対して外交戦を続け、ついに臣下の礼を取らせることとなる。

小牧、長久手の戦い・関連地図

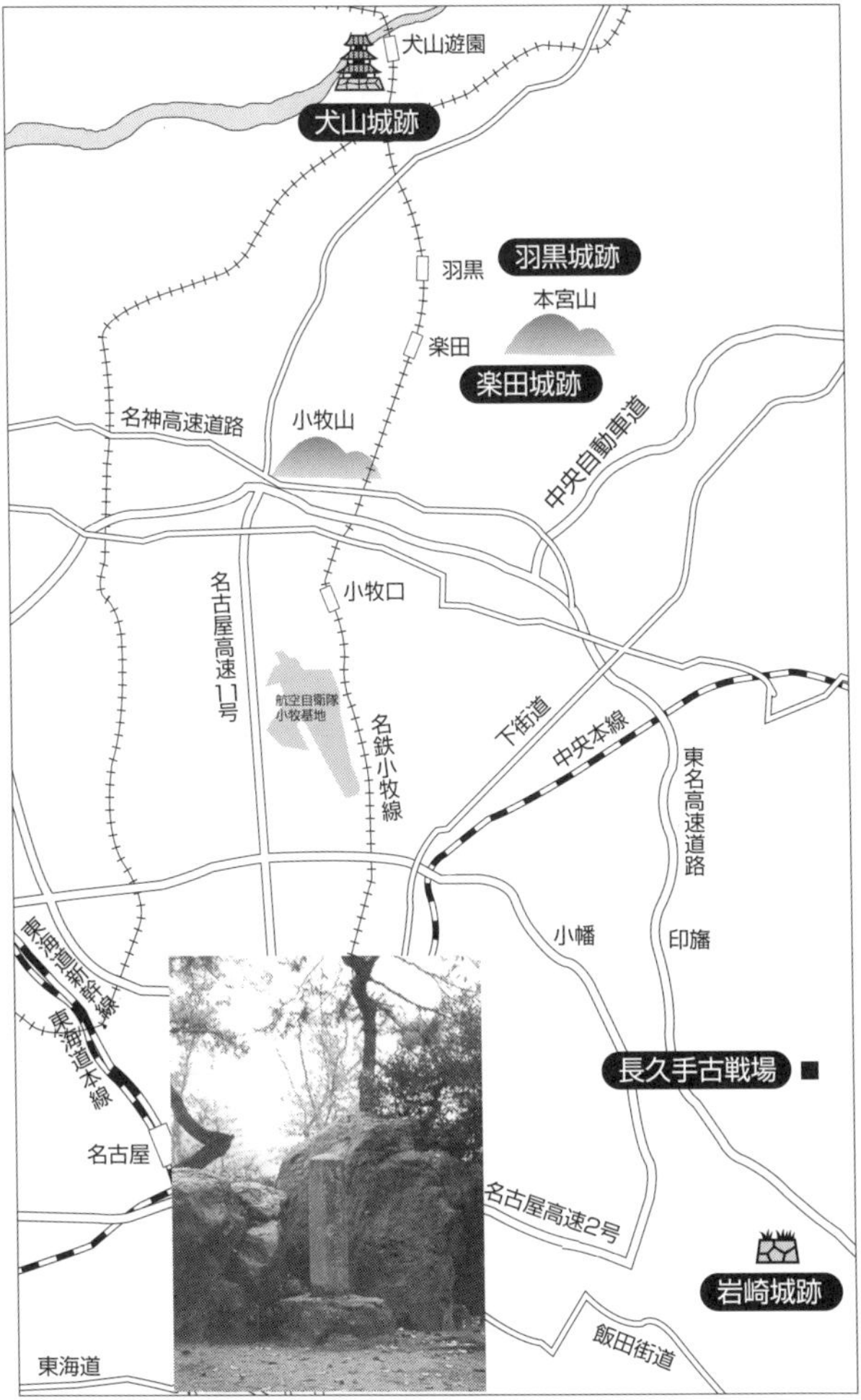

長久手の軍議で家康が座ったとされる石

関ケ原の戦い

徳川 VS 豊臣恩顧連合軍

慶長五年（一六〇〇）

家康は上杉討伐をとりやめ三成《みつなり》討伐に向かう

慶長五年（一六〇〇）五月、再三にわたる上洛の求めに応じない会津の上杉景勝に対し、豊臣政権で筆頭大老を務める徳川家康は〝叛意あり〟として討伐を決意した。

六月十八日、豊臣政権下の諸大名も加わり、畿内より数万の大軍が東進した。このとき石田三成は、家康が畿内を不在にした隙に反家康陣営の構築に乗り出し、五大老の一人で安芸《あき》広島一二〇万石を領する毛利輝元《もうりてるもと》を、名目上の大将に担ぎ出すことに成功し、西国の大名を糾合し、七月二十九日には家康の家臣鳥居元忠《とりいもとただ》が守る伏見城を攻め、八月一日に落城させた。

下野の小山で、三成の挙兵を知った家康は、これを討つことを配下の大名らに告げた。家康軍に従軍している福島正則《ふくしままさのり》、池田輝政《いけだてるまさ》など豊臣恩顧の大名たちは、家康から大坂の秀頼には関係ないとの確約をとり、家康に加担することになった。

上杉に対しては家康次男の結城秀康《ゆうきひでやす》らを配備し、東軍は西下した。先陣は福島正則、黒田《くろだ》長政《ながまさ》、池田輝政、細川忠興《ほそかわただおき》らである。十九日、先陣は尾張を経て美濃に入り、三成方に加盟した織田秀信《ひでのぶ》（かつての三法師）が籠もる岐阜城を落とした。

三成は美濃の大垣城に入った。西進する東軍に対抗すべく、宇喜多秀家《うきたひでいえ》、小早川秀秋《こばやかわひであき》、小《こ》西行長《にしゆきなが》ら畿内各地の諸大名に美濃集結を指示した。江戸に戻って福島らの行動を見ていた家康が岐阜に着陣したことで、東西両軍の大規模な激突は回避できない情勢となった。この間に家康陣営は小早川や吉川《きっかわ》など三成方の武将に内通工作を展開させていた。

十三日、東軍は長良川《ながら》を越えた。当初、三成は大垣城に籠城して時間を稼ぎ、諸方で家康方を攻める味方の集結を待とうとしたが、家康は城攻めの難しさを回避し、大垣城を素通りする格好で四キロほど先の赤坂《あかさか》に着陣する。城攻めで日を送っては大坂城の秀頼が出馬する可能性もあり、そうなれば豊臣恩顧の福島らは秀頼の傘下に馳せ参じるのは明らかだ。家康としては三成を野戦に引き出し、時を置かずに一気に決着をつける必要があったのである。

このとき、歴戦の島津義弘《しまづよしひろ》や宇喜多秀家が夜襲を提唱するが、三成は今後の豊臣家を維持するには、堂々の決戦で家康を打ち破らねば意味がないと正論を展開して受け付けなかった。そのため島津らは、戦下手の三成の下では戦えないと戦意を挫《くじ》かれていた。こうした人心を掌握できない三成の性格が、決戦の行方を決定することになる。

「家康は三成の本拠・佐和山《さわやま》城を抜いた上で大坂城を衝く」という噂が西軍の間を駆けめぐり、動揺した三成は十四日夜半に、大垣城に兵七五〇〇を残し主戦部隊を密かに脱出させて、雨の降る中を大きく迂回して西へ向かった。

大垣城籠城を放棄した三成が選んだ決戦場は、関ヶ原である。関ヶ原は不破《ふわ》の関が置かれていたところで、中山道・北国街道・伊勢街道などが交錯する要地である。東西約四キロ、南北約二キロの細長い盆地で、周囲を低山や河川が取り囲むこの地に軍を展開すれば、東軍の西上を完全に阻止できるとした。

負けるはずのない軍の配置で負けた西軍

関ヶ原の各所には、三成方は当初予定していた大垣籠城戦の後詰《ごづめ》陣地として、複数の砦を構築しており、毛利秀元、小早川秀秋、大谷吉継などの諸隊を配置していた。

九月十四日、西軍諸部隊は闇の中を、戦闘予定地の関ヶ原に向かった。第一隊石田、第二隊島津、第三隊小西、第四隊宇喜多の順で驟雨《しゅうう》の中を進軍する。先頭が関ヶ原に着いたのが十五日午前一時ごろで、石田三成は大部隊が大垣を出た後に、わずかな供回りを連れて単騎で後を追い、途中で長束正家《なつかまさいえ》、安国寺恵瓊《あんこくじえけい》と落ち合う。

決戦の地・関ヶ原での西軍の配備は、栗原山に長宗我部盛親《ちょうそがべもりちか》。そこから少し離れた岡ヶ鼻《はな》に長束正家、安国寺恵瓊。南宮山《なんぐうさん》に毛利秀元、吉川広家。松尾山に小早川秀秋。山中村から東方の高地にかけて大谷吉継、脇坂安治、朽木元綱《くつきもとつな》、赤座直保《あかざなおやす》。天満山《てんまやま》に宇喜多秀家。その背後に小西行長。小池村に島津義弘。そして笹尾山に蒲生郷舎《がもうさといえ》、島左近《しまさこん》を先鋒とする石田三成。関ヶ原に侵入してくる東軍を包み込む完璧な布陣だった。

東軍は、十五日午前三時より行動を開始し、先鋒部隊が夜明けとともに関ヶ原に入った。福島正則隊が左翼にあって宇喜多隊に面し、黒田長政が右翼にあって石田隊に対する布陣となった。その中間に細川忠興、加藤嘉明《よしあき》、田中吉政《よしまさ》、筒井定次《つついさだつぐ》らの諸大名の他、松平忠吉《ただよし》隊、井伊直政《いいなおまさ》隊が、小西、島津の兵に向かい合う。後陣として金森長近、生駒一正《いこまかずまさ》、織田有楽《うらく》、古田重勝《ふるたしげかつ》らが控えた。福島隊の背後の押さえとして藤堂高虎《とうどうたかとら》、京極高知《きょうごくたかとも》、寺沢広高《てらさわひろたか》が居並び、これらが西軍の大谷吉継隊と向き合う。東軍総数七万五〇〇〇、西軍総数八万二〇〇〇、ほぼ互角の兵力である。

家康は、西軍の主力である石田、小西、宇喜多、大谷らの陣場まで、約四キロと迫る桃《もも》配《くばり》山に馬をとどめた。

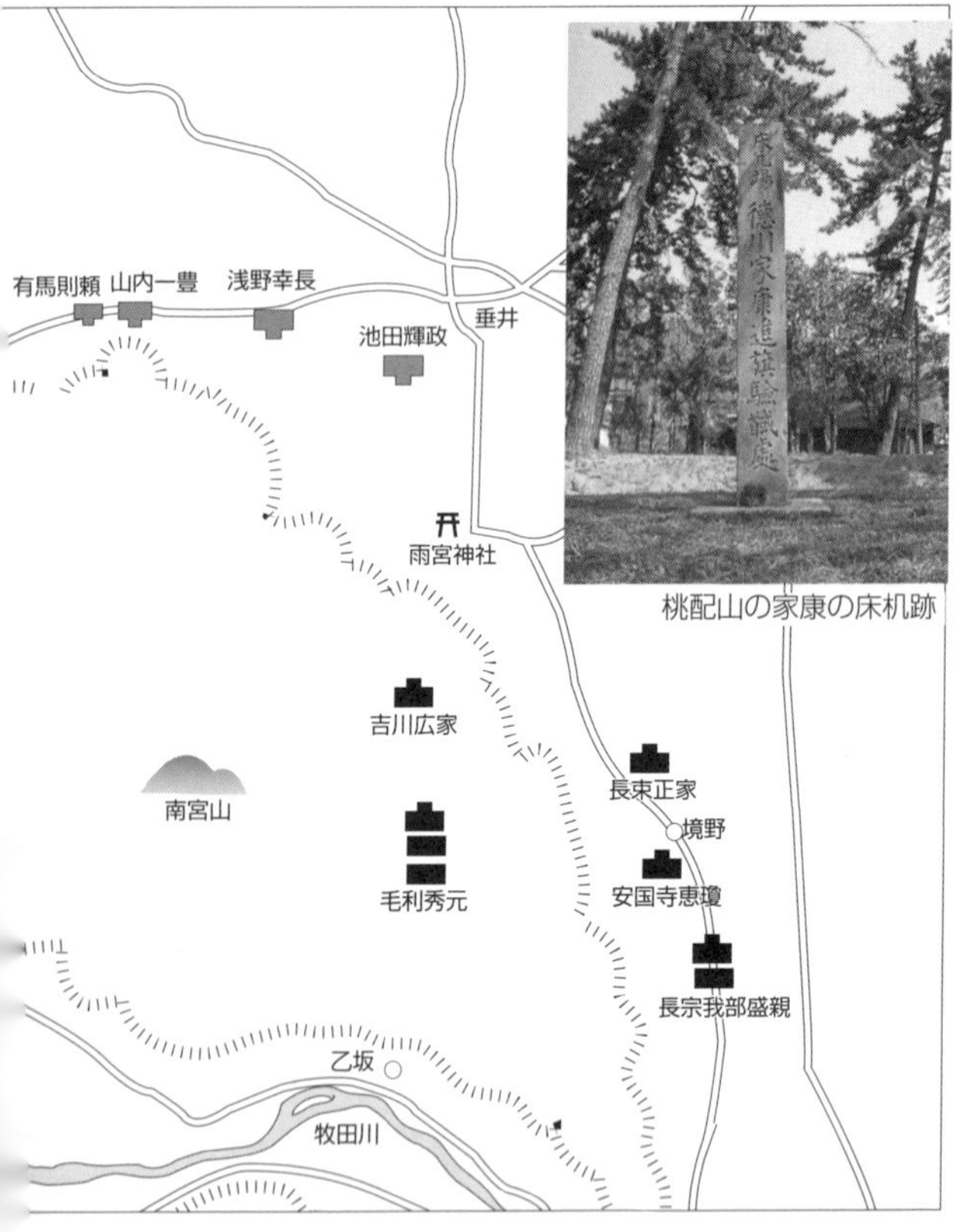

桃配山の家康の床机跡

雨模様に加えて濃霧のために視界が悪い。関ヶ原での東軍先手一番は、福島正則と決められていた。福島に並列して藤堂高虎、加藤嘉明、細川忠興、黒田長政といった豊臣系の大名が居並んでいる。

　未明から午前六時ごろまでに、東西両陣営は布陣を

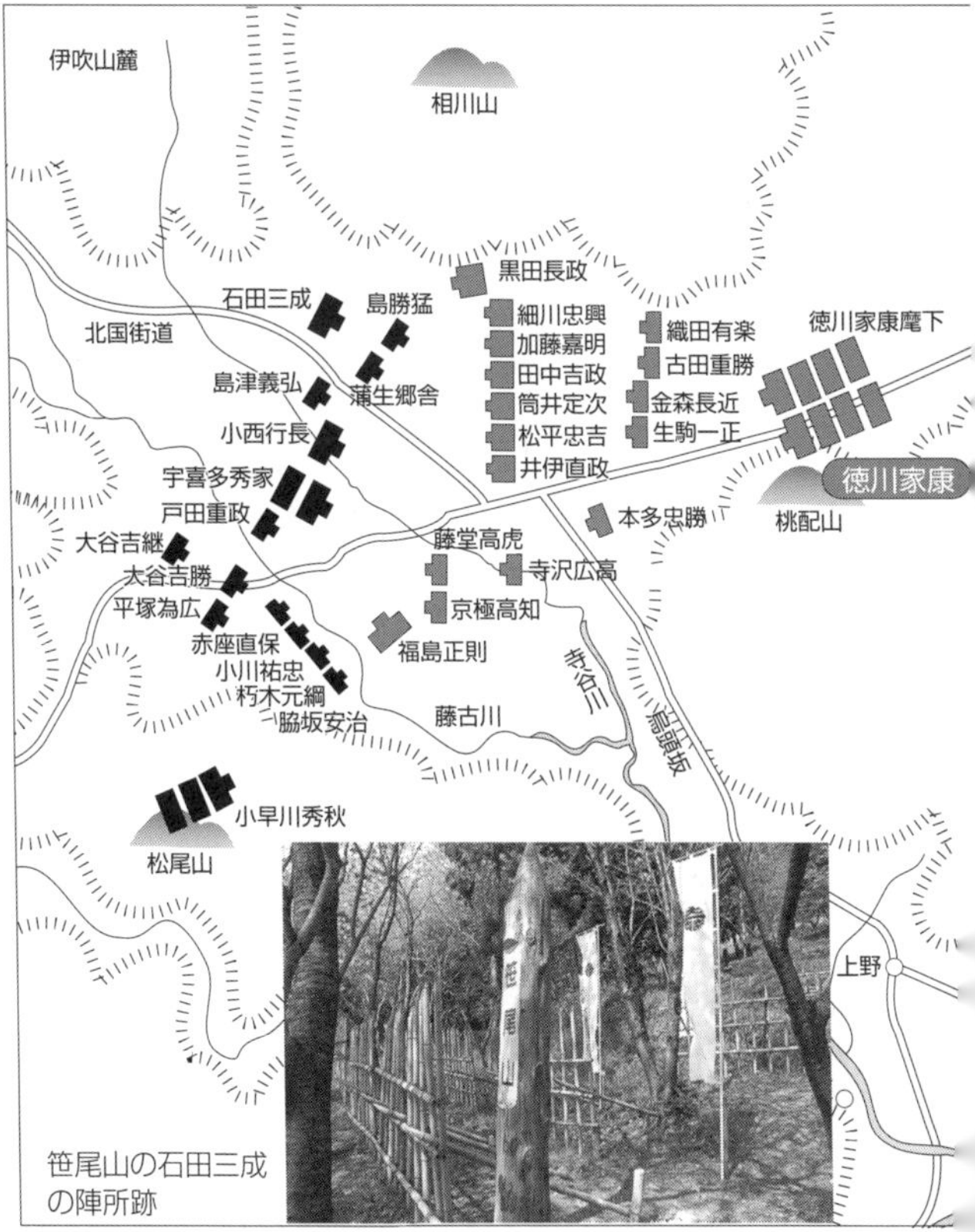

笹尾山の石田三成の陣所跡

終え、しばし睨み合いがつづく。合戦の火蓋は東軍の井伊直政によって切られた。直政は家康側近で徳川四天王の一人である。本来は東軍先鋒の軍監だが、初《うい》陣《じん》である家康四男の忠吉を後見していた。

午前八時前、福島隊の脇を赤備えの甲冑に鎧《よろ》われた井伊直政隊五〇騎ほどがすり抜けようとした。福島隊の猛将可児才蔵《かにさいぞう》が「先手は我らである。ここから先に通すわけにはいかぬ」と叫ぶ。直政は「ここにおられるのは家康の四男松平忠吉である。今日が初陣ゆえ斥候《せっこう》にきた」と応じ、そのまますするすると先へ進んでしまった。直後、直政隊は宇喜多秀家隊に向けて鉄砲を撃ちかけ戦闘が開始した。

明らかに直政の行為は抜け駆けだったが、合戦が始まってしまっては行動を論ずる暇はない。福島正則も急ぎ鉄砲隊八〇〇に宇喜多勢への発砲を下知。対して宇喜多隊は家老明石全登《あかしたけのり》が、猛進してくる福島隊を十分に引きつけた上で鉄砲を放ち、槍ぶすまを作って逆襲に転じる。餌食《えじき》となった福島隊はバタバタと倒れ、後退していく。

「お前たちの死に場所はここだ」と叱咤する福島正則に励まされ、福島隊は盛り返すが、宇喜多勢も退《ひ》かない。

東軍の藤堂・京極の二隊は大谷吉継隊に集中攻撃を加えていく。織田、古田、佐久間安政《さくまやすまさ》、船越景直《ふなこしかげなお》の部隊がそれに呼応して西軍の小西行長隊を攻め、田中、細川、加藤、金森、黒田の諸隊が束になって三成の本隊に襲いかかった。三成が総攻撃の合図の狼煙《のろし》を上げた午前十一時をはさんで、両軍が入り乱れて一進一退の混戦となって数時間つづいた。

桃配山の家康の本営では、濃霧のために視界がきかず、銃声と喊声《かんせい》によってのみ戦場の様子が知れる程度で、戦闘の具体的な進展がわからない。

三成も勇戦してもちこたえながら、なおも戦いに加わろうとしないで傍観する西軍の大名たちに使者を送って督戦し、あるいは狼煙《のろし》によって参戦を促した。

ここに至っても西軍の半数以上は、家康の工作が功を奏して傍観を決め込んだままだった。その最大の人物が、秀吉の正室北政所《きたのまんどころ》の甥である小早川秀秋である。秀秋は上方二国の褒賞で、黒田長政を通じて東軍への寝返りを約束していたが、数時間経っても西軍が崩れる様子がなく、むしろ東軍を押し返しつつある戦況を眼下にして、裏切りを逡巡していた。

気を揉んだ家康は賭けに出た。秀秋が陣を置く松尾山に向けて、威嚇の鉄砲を撃ち込んだのだ。家康の鉄砲が自軍に向けて放たれたことで、秀秋は旗幟《きし》を明らかにせざるをえず、ついに裏切りに踏み切り、ただちに松尾山を駆け下った。

これにより、松尾山の麓に陣した赤座直保、小川祐忠《おがわすけただ》、朽木元綱、脇坂安治ら西軍の諸大名が、あろうことか味方の大谷吉継隊へと襲いかかったのである。

これら寝返り大名を加えた時点で、東軍は西軍に対して三倍近い勢力に膨れ上がった。ここに西軍は総崩れとなり、午後二時過ぎに三成が敗走。午後四時ごろには、天下分け目の大決戦は、正味わずか八時間ほどをもって終結した。

中山道から西上した家康の三男秀忠《ひでただ》は、真田昌幸《さなだまさゆき》の籠もる上田城攻めに手間取って決戦には間に合わず、戦いは豊臣恩顧の大名たちの奮戦で勝利を得た。そのために家康は、戦後の論功行賞《ろんこうこうしょう》で福島、細川、黒田らを厚遇して報いねばならなくなり、天下取りが数年遅れたとされる。

世界でも有数の一大会戦であった

明治時代の初期に、日本は陸軍の改革に、プロシャからメッケルという参謀少佐を招いてあたらせた。メッケルは日本に参謀本部を作らせ、その参謀たちを連れて関ヶ原で作戦訓練をしたとき、両軍の配備図を見て、すぐさま西軍の勝ちを言ったという。同行した日本人参謀が、当時の政治情勢や家康が施した敵への内部工作、その結果の裏切りなどを説明したところ、メッケルは「純粋に軍事的に見れば西軍の勝ちだ。政略は別だ」と言ったという。

関ヶ原の戦いは、両軍あわせて二〇万近い兵力が戦った。歴史家によっては、背景にある政略や戦略と規模の大きさからも、ナポレオンがイギリス、オランダ、プロイセンの連合軍と戦ったワーテルローの戦いと同等に評価している大会戦であるという。

JR関ヶ原駅から関ヶ原古戦場跡まで、畑の中のゆるやかな道沿いの、徒歩で一〇分ほど

関ヶ原の戦い・関連地図

関ヶ原古戦場の決戦地の碑

のところに、関ヶ原町歴史民俗資料館、徳川家康の陣地跡がある。資料館には関ヶ原合戦陣形の模型があり、合戦全体を把握しやすい。関ヶ原合戦絵屏風や武将たちの鎧《よろい》や兜《かぶと》、火縄銃、大筒なども展示してある。

資料館の西方は、合戦に因《ちな》む史跡の山で、家康陣跡のほか、石田三成、島津義弘、小西行長、宇喜多秀家らの陣跡が立ち並ぶ。

岐阜県では関ヶ原の史跡を保存するにあたって、ベルギーのワーテルローの戦場跡に職員を派遣して研究したという。

僧らが伝えた敵国情報

戦国大名は国々を巡る僧侶や山伏、神官から諸国の情報を得た。彼らは旅行が不自由でなく、知識があり宗門という広範な情報網を持っていたからだ。武田信玄は、正室三条夫人の姉妹を本願寺法主・光佐《こうさ》に嫁がせ、本願寺と親戚関係を築いている。また重臣の内藤昌豊《ないとうまさとよ》の母は一向宗の門徒で、一向一揆に関する情報は信玄に筒抜けだった。

永禄年間（一五五八―七〇）に、尾張清洲城の近くの天永寺《てんえいじ》に天沢《てんたく》という僧がいた。東《あずま》下りの途中に信玄の許へ挨拶に寄ったとき、信玄は清洲から来たという天沢に興味を覚え、信長について質問攻めにした。

天沢の答えは『信長公記』によれば、「弓三人槍三人の六人衆を身近に置いて鷹狩りを好む。鷹狩りには鳥見の衆二十人を二、三里先に走らせ、鳥を見つけると、一人が鳥を監視し、今一人が注進する。馬の陰に隠れて鳥に接近し、隙《すき》を見て鷹を放つ。部下を百姓に変装させて農作業の真似をさせ、鳥と鷹が組み合って落ちてきたところを取り押さえる」としている。

これを聞いた信玄は、鷹狩りは斥候《せっこう》、伝令《でんれい》の訓練の場となることで、信長の戦《いくさ》の仕方を理解したとされる。「なるほど信長は戦に明るいはずよ」と感心しきりであったという。

第三章 近畿の古戦場

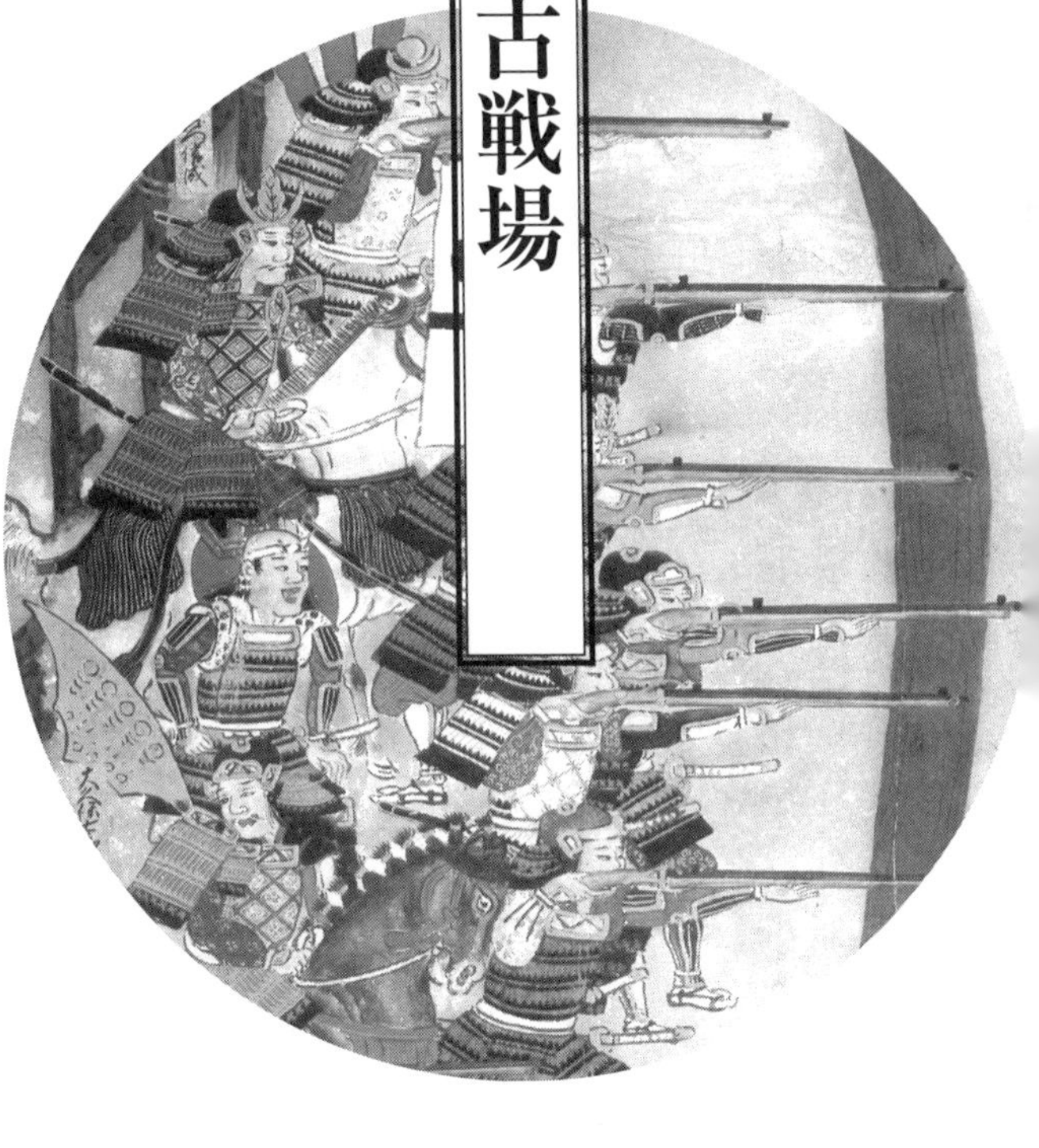

姉川の戦い

元亀元（一五七〇）年

織田・徳川連合軍 VS 浅井・朝倉連合軍

織田と浅井は両者の利益が一致し同盟する

浅井《あざい》氏はもと近江国朝井郡を本拠とする土豪で、江北三郡の守護京極氏の被官だった。祖先は嘉吉《かきつ》年間にこの地に流された正親《おおぎ》町《まち》三条《さんじょう》実雅《さねまさ》の子というが、定かではない。

長政の祖父亮政《すけまさ》の代になって、主家京極《きょうごく》氏の内紛に乗じて国人を糾合し、京極氏を追放した。ほどなくして小谷《おだに》城を築き、城下清水谷《きよみずだに》の居館に、追放した京極高清《たかきよ》・高弘《たかひろ》父子を住まわせ、近江北半国の事実上の支配者となった。

近江国の南半分である江南の守護を務める六角《ろっかく》氏は、浅井の台頭に刺激され、浅井と小競り合いを繰り返すが、浅井は後背地である越前の朝倉《あさくら》と友好関係を結び、六角氏の北上を阻止しつづけた。

亮政の後の久政《ひさまさ》の代になると、反撃に出た六角氏に阿《おもね》るがごとき策に終始し、一時勢力が衰えたが、長政の代になると肥田《ひた》城、佐和山城など六角氏の支城を次々と陥《おとしい》れ、江北の雄の名をほしいままにした。

時を同じくして、尾張の織田信長も怒濤の勢いをもって版図を拡大させ、永禄十年（一五六七）、美濃稲葉山《いなばやま》城に斎藤義龍《さいとうよしたつ》を破ると、美人の誉れが高い妹のお市《いち》を長政に嫁がせ、織田と浅井は同盟を結んだ。

信長は上洛の道筋確保のため、長政としては六角勢力一掃のため、双方ともに同盟による利益があった。このとき「信長の独断で朝倉を攻めはしない」という約定《やくじょう》が成されていた。

朝倉は長政の浅井家にとっては盟友だが、信長には織田家が越前にあったころからの宿敵関係で、将軍足利義昭《あしかがよしあき》の処遇をめぐって対立が深まっていた。

信長は朝倉義景に、将軍になった義昭に挨拶に出向くように申し送るが、それは朝倉が信長の下風《かふう》に立つことになり、義景には容認できないことだった。信長は朝倉は将軍に反する者という討伐の口実を得たが、将軍になった義昭は、信長の傀儡《かいらい》の立場に飽《あ》き足らず、諸国の大名に信長包囲網を形成するよう密書を送り、朝倉義景がこれに呼応していた。

元亀元年（一五七〇）五月、信長は突然に若狭《わかさ》、越前国境の関峠《せき》を越えて朝倉領に侵入した。だが浅井長政は約定違反に怒って信長に反旗を翻し、信長勢の後方を攻める姿勢を見せた。信長は木下藤吉郎《きのしたとうきちろう》に殿軍《しんがり》を任せ、退路が完全に絶たれないうちに越前金ヶ崎《かねさき》から大急ぎで京まで逃げ戻ったのである。

ここに義兄弟の織田・浅井同盟は破綻し、両者は次なる交戦の日を待つこととなる。

信長は妹婿の長政を討つため姉川へ

いったん岐阜に兵を戻した信長は六月、改めて長政を討つために出陣、決戦地とする姉川に向かった。

近江平野は米原《まいばら》を境に南北に分けられ、北近江のほぼ中央を姉川が東西に貫流している。姉川の北方八キロに高さ四九五メートルの小谷山《おだにやま》があり、山上の居城・小谷城が浅井氏の本拠である。

六月二十三日、家康は三河勢五〇〇〇を率いて参陣し、徳川勢を含め二万八〇〇〇の軍が小谷山の南方にある虎御前山《とらごぜやま》に布陣、次いで姉川の南岸に近い竜ヶ鼻《りゅうがはな》に陣を移した。信長の作戦は、堅固な小谷城を力攻めにしては犠牲者が多いので、長政勢を野戦に引きずり出すことにあった。そのため、まず竜ヶ鼻に面した浅井の支城・横山城を攻囲した。

横山城は小谷山の東南に位置し、姉川の南岸にある臥龍山《がりょうざん》の頂《いただき》にある交通の要地である。

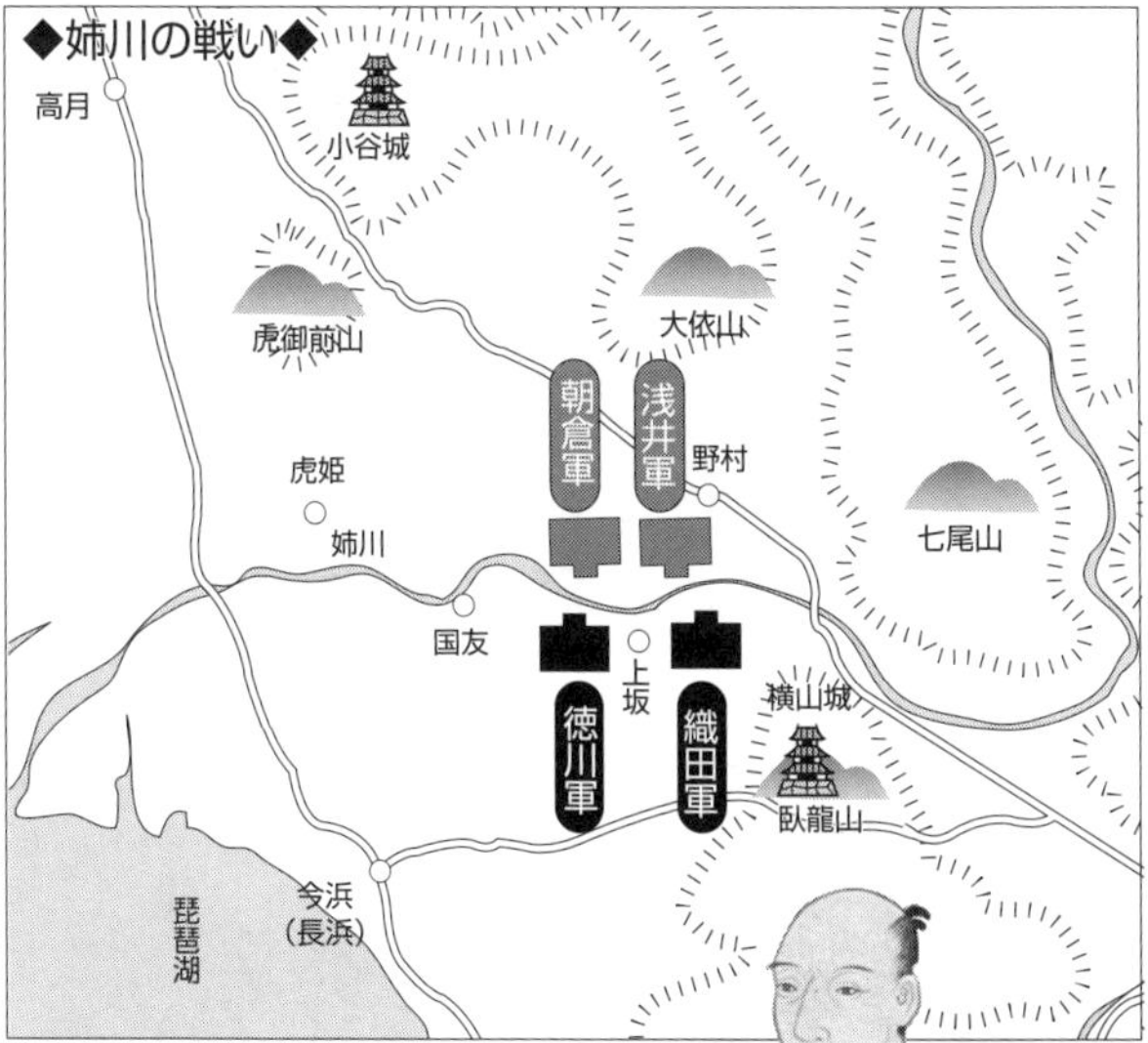

北には北国街道が通じ、南には中山道が走り、京に通じる。横山城を失うと浅井は江南の諸城との連携が切られてしまうことになるのだ。

織田信長

横山城が囲まれると、長政は援軍の朝倉景健《かげたけ》と軍議の上、兵を小谷城より出した。

六月二十七日、姉川を挟んで北岸に浅井・朝倉連合軍一万八〇〇〇、南岸に織田・徳川連合軍二万八〇〇〇。翌二十八日、朝靄《あさもや》の中を姉川下流の三田村に陣を構える朝倉軍に弓が射掛けられ戦闘が始まった。

姉川の戦いでは織田軍二万が浅井軍五〇〇〇と当たり、徳川軍五〇〇〇が朝倉軍一万に当たっている。家康は劣勢を承知の上で、強いて朝倉軍との対戦を望んだ。酒井忠次、石川数正の両家老、松平一族はじめ、譜代、奥三河衆、遠江衆の主だった部将を総動員していた。

信長は家康に「すでに配置は決めたので敵の弱いところを攻めて援助に回られたい」と言ったが、家康は「それでは弓矢の傷になる」と、あえて朝倉との対戦を主張した。徳川軍は一陣・酒井忠次、二陣・小笠原長忠《ながただ》、三陣・石川数正、四陣・徳川家康の構成だ。当初は朝倉軍が押していたが、家康の命を受けた榊原康政隊が、迂回して姉川を下流から渡り、朝倉軍の側面を衝いた。これに本多忠勝、松平忠次《ただつぐ》隊が続き、朝倉軍はたちまち崩れはじめた。

同じころ、織田と浅井の戦いでは、浅井勢の先鋒磯野《いその》員昌《かずまさ》が織田勢を猛攻し、織田軍の一陣・坂井《さかい》政尚《まさなお》隊を崩し、次いで二陣の池田恒興隊も破り、次々と織田の陣を切り崩して、織田の十三段の構えを十一段まで破る奮戦ぶりを見せていた。

織田・浅井戦では浅井優勢、徳川・朝倉戦では徳川優勢であった。形勢は、横山城の監視に残していた稲葉《いなば》一鉄《いってつ》、氏家《うじいえ》卜全《ぼくぜん》らの美濃衆が、浅井の側面を急襲したことで変わった。虚を衝かれた浅井軍は態勢を立て直した織田軍に押され、まもなく全軍が崩れて小谷城へ敗走した。

　戦いは午前六時ごろよりほぼ四時間で終わった。浅井・朝倉軍の死者一七〇〇人余、織田・徳川軍の死者八〇〇人余。これほど死者数が多いのは、鉄砲が主役だったからとされる。浅井・朝倉連合軍は五〇町（約五・五キロ）ほど敗走し、小谷城へと逃げ籠《こ》もった。合戦の場合、逃げる敵を追撃する過程で勝利を確実なものとするのだが、姉川の戦いでは敵の主城があまりに近く、織田・徳川連合軍は、追撃戦で勝利を確かなものにできずに、引き上げざるをえなかった。

浅井の豪傑・真柄十郎左衛門（姉川合戦図屏風）

　姉川の戦いの後、信長は数カ所の出城を落とし、横山城に木下藤吉郎、佐和山城に丹羽《にわ》長秀《ながひで》を入れ、いったんは浅井と講和を結んで約三年の小康状態に入った。

三木城籠城戦

羽柴 VS 別所

天正六年（一五七八）～天正八年（一五八〇）

秀吉の播州攻略は難なく進行するかに見えたが

信長の毛利領中国侵攻は、天正五年（一五七七）十月から同十年六月に、信長が本能寺で突然の死を迎えるまで執拗につづけられ、中国方面攻略の主将は常に秀吉であった。秀吉は軍勢を正面衝突させることなく、「三木《みき》の干殺《ひ》し」「鳥取の渇《かつえ》殺し」「備中高松の水攻め」と、歴史に残る城攻めを展開した。

中国攻略は当初順調に進んだ。播磨《はりま》国は織田と毛利の緩衝地帯で、土豪の大半は干戈《かんか》を交えることなく、難なく織田方になびき、最後まで抵抗していた西播磨の上月《こうづき》城を落とすまでわずか二カ月のスピードだった。

だが、せっかく味方につけた播磨も天正六年二月、三木城主の別所長治《べっしょながはる》が、足軽上がりの秀吉に指揮されることを屈辱として、毛利に応じて寝返ったために、同調者が次々と出て一

◆織田勢力と反織田勢力の配置◆

国こぞって敵国と化してしまった。

三木城は現在の兵庫県三木市にある。播磨は播磨国守護の赤松氏の支族が割拠し、中でも別所氏は美嚢《みのう》、明石《あかし》、印南《いんなみ》、加古《かこ》、多可《たか》、神東《かみとう》、加西《かさい》、加東《かとう》の東播磨八郡に盤踞《ばんきょ》し、三木城を本城にしていた。

別所氏は天正三年（一五七五）には早くも信長に通じ、翌年には主従関係を結んだが、『別所長治記』によれば、同六年の中国攻略の作戦会議で、長治の叔父の吉親《よしちか》や重臣の三宅治忠《みやけはるただ》が、持論を展開中に秀吉が遮《さえぎ》ったことで怒り、これが手切れの一因となったという。

「勝利を得る大知（命令）は、大将役に此方《こなた》（自分）より指図申す可《べ》し」と断言する秀吉の態度に腹を立て、さらに信長の腹の中を「長治に中国の先手《さきて》させ、西国静謐に於ては、初めの約を変じ、往《ゆ》く往く長治を退治し、播州は秀吉に与へ行ふ可しと、信長の心底鏡に映すが如し」と見抜いたとされる。

長治も「下賤《げせん》な男を大将にして、由緒ある別所氏が彼の手先となって戦《いくさ》すれば、天下の物笑いになること必定」と言い放った。このとき、信長から制海権を奪った毛利が、陸海同時に大挙して上京し、天下に覇を唱えるという風説が乱れ飛び、別所は意を強くしていた。別所の離反で播磨の諸将が同調したのも、一時的に毛利の勢力が盛り返していたからだ。

秀吉は別所氏を三木に封じ孤立させる

別所長治は同年六月、三木城に大量の兵糧を運び込み、一族や近隣諸豪族に檄《げき》を飛ばして、公然と信長に反旗を翻した。秀吉は信長の嫡男信忠の応援を得てただちに三木城を包囲した。だが十月に入ると、織田家の方面司令官で、播磨の東隣摂津《せっつ》国有岡《ありおか》城主（現在の兵庫県伊丹《いたみ》市）の荒木村重《あらきむらしげ》が背いたため、信忠軍は急ぎその鎮圧に向かい、三木城は秀吉勢八〇〇〇のみの囲みとなった。

対する三木城に詰める兵数は七〇〇〇とほぼ互角で、勢力の多寡なしの攻囲戦など前代未聞のことで、力攻めなどありようがなく、秀吉は長期戦を覚悟して、城の周囲に柵や塀を幾

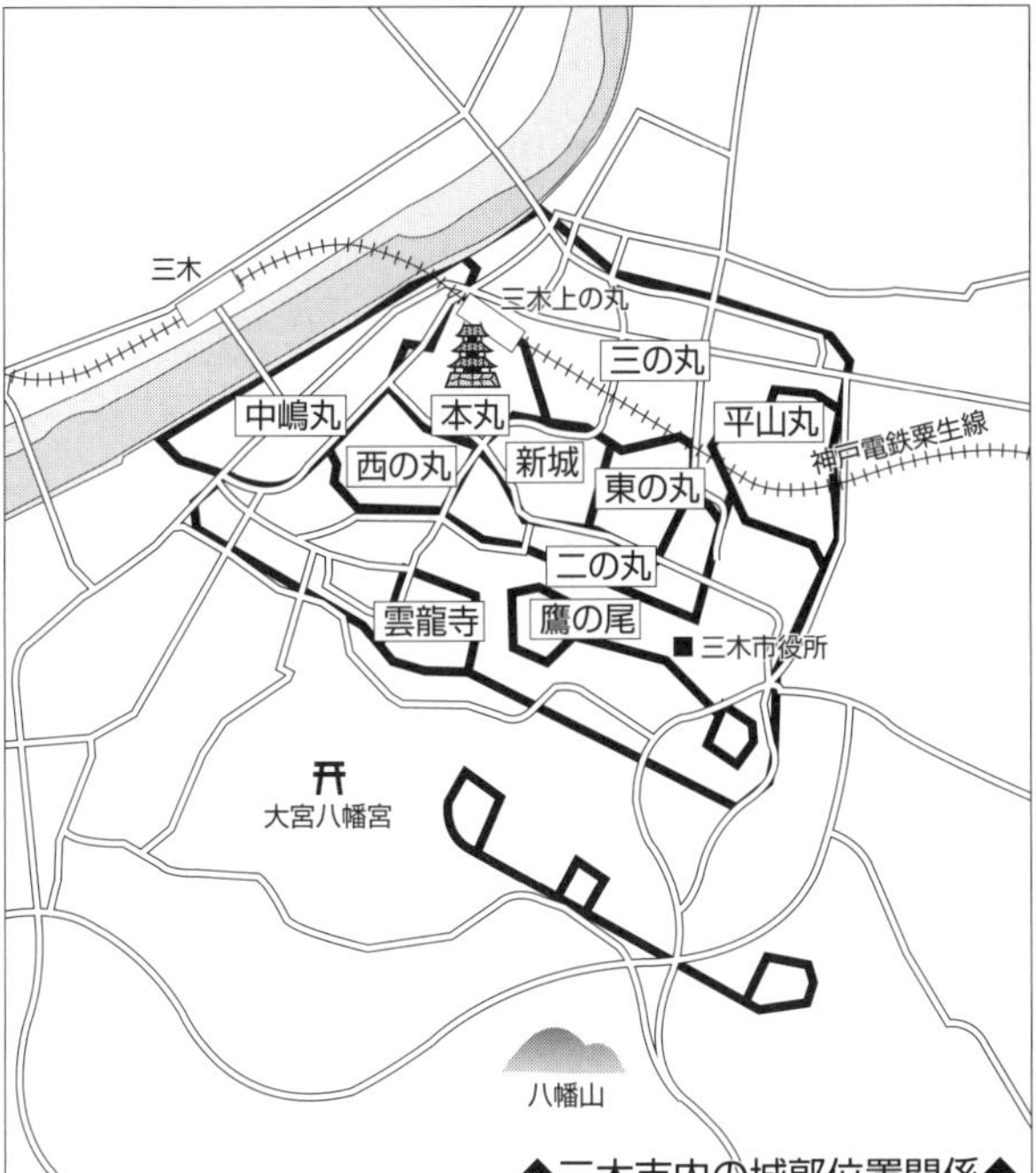

◆三木市内の城郭位置関係◆

重にも構築して城方の出入りを封鎖する作戦に出た。

　以下『別所長治記』によると、「付城《つけじろ》を漸々に付寄り、南は八幡山、西は平田、北は長屋、東は大塚まで、付け寄せ給ふ程、向城と敵城の間、わずかに五、六町なり。塀の高さ一丈余り、二重に付け、其の間に石を入れ、掻楯《かいだて》、栖籠《せいろう》を高く上げ、前に逆茂木《さかもぎ》を引き、柵を結び、川面に大綱を張り、乱杭《らんぐい》打ち、大石を入れ、橋の上に番を居《お》き、人の通ひを改む」という徹底ぶりであった。

三木城を完全封鎖し、しかる後に三〇以上ある支城を虱潰《しらみつぶ》しに落としていくという、根気強い作戦である。が、野口城、神吉《かんき》城、志方《しかた》城（いずれも現在の加古川市）などの支城は巧妙に連絡を取り合い、秀吉軍の拠点大村城に波状攻撃をかけて戦線を混乱させた。

天正七年二月には、別所吉親を大将とする兵二五〇〇が、秀吉軍に正面から戦いを挑み、別動隊の七〇〇が秀吉が陣する平井山まで進み、あわや秀吉の首級を奪うかと思われるところまで肉迫した。だが別所氏の具体的な抵抗はこれを最後に途絶え、天正八年正月の三木城開城まで延々と二年近くも籠城を強《し》いられたのである。

その間、攻城軍は二万以上に膨張した。信長からの総攻撃指令は何度も届いたが、秀吉は味方の犠牲を最小限にとどめて勝利を得るため、城が自落するのをひたすら待った。

糧道を絶たれた三木城は兵糧不足に陥って、じわじわと真綿で首を締められるようになっていき、戦闘能力は日に日に落ちていく。『別所長治記』では、「食事を断ち、諸侍の乗馬差し殺し、軍兵糧に与へしかども叶わず。軍勢力弱まり、塀大狭間の陰に伏し倒るさま哀れなり」という惨状を記している。

長治は何度も毛利に助けを求め、毛利もこれに応えようとするが、毛利自体が織田軍との

別所一族が自刃し、三木城の合戦は終結した（三木城合戦絵図）

抗戦中で容易に援軍を繰り出せない。せめて食糧だけでもと決死の運搬を試みても、秀吉軍に阻止されて運び込めなかった。

ここに至って秀吉はようやく総攻撃に出た。鷹《たか》の尾砦《お》、東の丸、二の丸と諸郭を落として本丸に迫った。ところがあと少しで本丸の落城まちがいなしというとき、秀吉軍は攻撃を中断し、にわかに引き上げていった。

その理由を『名将言行録』に引くと、「軍は六、七分の勝ちを十分となす。降人を打ち果たせば、とても遁《のが》れぬ道なりと、敵思い定めたならば、いよいよ強くなるものぞ」、ということだ。

死に物狂いとなった敵との衝突を避けて、自軍の損害を防ぎ、相手に逃げ道を与えるのが秀吉の常套手段である。案の定、長治は自らの切腹を条件に城兵救出を願い出て、秀吉に了承された。長治はまだ二十三歳であった。

別所氏の三木籠城は、兵糧攻めに遭って二年近くが経っていたが、裏切り者が出ることもなく、一種の爽やかさが見える。関西方面では三木城に籠城したことに因《ちな》んで、三木姓を名乗る家が多いという。

別所長治

別所長治の家臣に中村中滋《なかむらなかしげ》という男がいた。彼は娘を秀吉に差し出して内通するふりを見せて、秀吉が中村の許に一〇〇〇の兵を遣わすと、豹変して兵を殺してしまったほどの悪漢だ。だが秀吉は、こんな男まで許して三木城落城後に三〇〇〇石を与えて召し抱えている。

この噂を聞いた播磨の土豪たちは感動を覚え、こぞって秀吉に従ったという。この一件は宣伝効果を狙ったものであったに違いないが、大きな効果を上げることになる。

秀吉は三木城包囲の陣中で、その後の中国平定が順調に進むよう、各方面へ調略の手を伸ばしている。その結

三木城籠城戦・関連地図

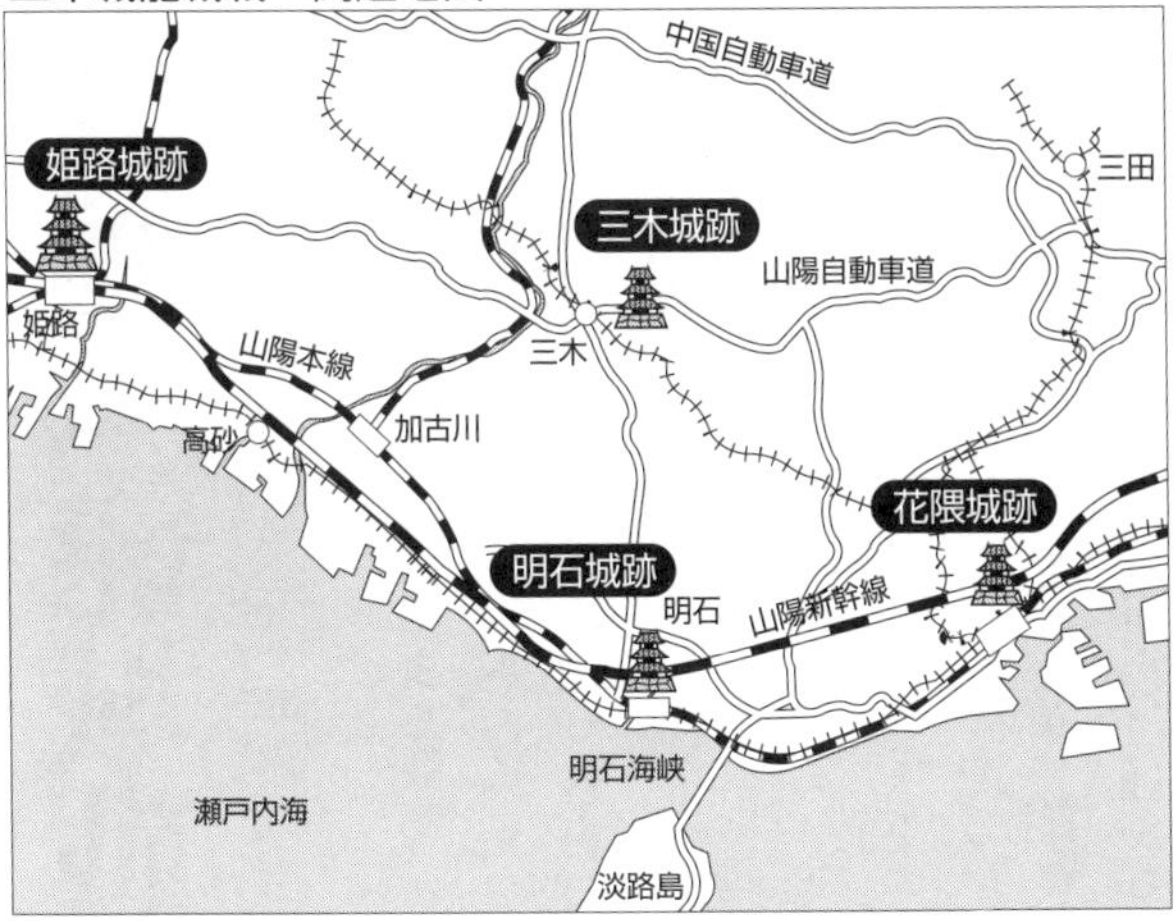

果、備前・美作《みまさか》の二国を有する宇喜多直家、伯耆《ほうき》・羽衣石《うえし》城主南条元続《もとつぐ》などの大名が毛利方から寝返ってきたのである。

　ましてや宇喜多直家は、策謀をめぐらして主家の浦上《うらがみ》氏を滅ぼした悪人と評判の男だが、秀吉の中村に対する処遇を見て、安堵して寝返ったと思われる。その後、秀吉は直家の遺児に「秀」の字を与え、秀家と名乗らせて猶子《ゆうし》とし、養女としていた前田利家《まえだとしいえ》の娘豪《ごう》姫を妻として与えるほどに愛したのである。

　三木城陥落後、秀吉は返す刀で播磨・但馬《たじま》の二国をたちまちにして平らげ、天正八年六月、因幡《いなば》国へ矛先を向けて鳥取城の包囲に入った。

有岡城籠城戦

天正六年（一五七八）～天正七年（一五七九）

織田VS荒木

村重は信長の猜疑心を恐れて反旗を翻す

ＪＲ福知山線伊丹《いたみ》駅前の道路を渡ると、石垣で囲われた小公園があり、ここが有岡城跡である。西国街道に面する有岡城は、天正二年（一五七四）に荒木村重《あらきむらしげ》が入城して、大拡張するまでは伊丹城と呼ばれていた。

宣教師のルイス・フロイスは、ここを訪れた際に「我らは宵の口に伊丹と称し甚だ壮大にして見事なる城に着きたり」と記している。伊丹台地の段丘の作る高低差を巧みに利用して防御線とし、主郭の東側に猪名《いな》川が天然の堀となって流れ、北側に鵯《ひよどり》砦、南側に岸《きし》砦、本城の背面に当たる西側に上臈塚《じょうろうづか》砦を配した堅城だった。

加えて段丘全体を土塁で取り込み、胃袋のような形をした総構《そうがま》えによって守られている規模壮大さを誇っていた。堀と土塁で囲われた総構えの内側は、南北の最大幅は一・八キロ、東西は〇・八キロある。主郭跡とされる現在の伊丹駅前の小公園から鵯砦までは、JR福知山線沿いに一キロほどもある。

荒木村重は、永禄年間に信長に帰順した池田城主池田勝正《かつまさ》配下の一部将だった。だが後に勝正を池田城から追い出して信長の直参となる。元亀年間、村重は信長から尼崎《あまがさき》支配を任され、やがて摂津《せっつ》一国を与えられた。

信長の饅頭を口で受けた村重

信長は村重を初めて引見する際、信長に敵対していた三好三人衆と手を組んでいた村重の人物を見極めるために、奇矯な行動をとった。猜疑心《さいぎしん》の強い信長は、そばにあった饅頭《まんじゅう》をいきなり刀の先に突き刺し、それを村重に差し出した。村重は這い寄って口で饅頭を受け、刀の切っ先を袖で拭き、信長の信を得たという。

天正五年（一五七七）十月二十一日、安土《あづち》城の信長のもとに細川藤孝《ほそかわふじたか》から驚愕の報《しら》せが届いた。村重離反の急報であった。

ことさら目をかけ、摂津一国を任せるほど重用していた村重が裏切るとは思ってもいなかった信長は、すぐに明智光秀や松井友閑《ゆうかん》を派遣して村重に翻意を促すが、村重は工作に応じず、有岡城にこもったまま出てこない。さらに信長の命で村重説得に向かった黒田官兵衛《くろだかんべえ》は、捕らわれて牢に入れられてしまった。

村重は配下の茨木《いばらき》城主の中川清秀《なかがわきよひで》に決戦を勧められ、城内の諸将と協議した上で、反旗を翻すことに意を決した。ここに至って有岡城、茨木城、高槻《たかつき》城の三城こぞって、すなわち摂津一国が突如として反信長勢力圏下に入ってしまった。

村重により牢に入れられた黒田官兵衛は、落城寸前に家臣によって救助され、福岡・黒田藩の礎を築いた

摂津国は現在の兵庫県東部と大阪府西部にあたり、織田方からは毛利が勢力圏とする西国勢との接点である。信長にとっては摂津国の離反は痛く、万一にも有岡城が毛利方の拠点ともなれば、対毛利戦略にも支障を来すのである。

村重が信長から離反する臍《ほぞ》を固めたのは、村重が石山《いしやま》の本願寺へ兵糧米を差し入れたとされる疑惑からだった。村重はもともと本願寺の顕如《けんにょ》と昵《じっ》懇《こん》の仲で、部下にも一向衆と係りのある者が少なくない。

天正六年春、信長は村重に命じて石山城に赴かせ、顕如との和睦の交渉をさせている。だが本願寺での村重の調停工作は失敗に終わり、かえって相手の態度を硬化させてしまった。それどころか顕如から兵糧を懇願され、村重はそれに応じて兵糧米一〇〇石を石山城中に届けた、というのだ。

また異説もあり、村重配下の中川清秀の部下が、本願寺側に兵糧米を売ったのが噂となって、信長の耳に入ったともいう。この説を採って、本願寺への兵糧差し入れが村重の与《あずか》り知らぬものであっても、信長に猜疑の目で睨まれたとあっては、村重としても離反は避けられないものであったと思われる。

『武功夜話』には村重は老臣たちに向かって「其元《そこもと》等の諫言至極に候。さりながらそれがしつらつら思ふに、信長諸国を取り、あまつさへ仏意に背き、諸法地を焼き払ひ数多《あまた》の僧、法師を殺す暴悪の所行浅間敷《あさましく》候。狼藉の法敵信長、弥陀《みだ》の利剣をもって誅戮《ちゅうりく》あるべき、我たとへ天涯一人になるも信長の行路見定めん」と述べたとあり、村重は信長を仏敵としてとらえており、自分の行動を石山の本願寺や毛利が捨ててはおかないだろうとする気持ちがあり、そうなれば勝算も立ったと思われる。だが毛利は容易に自領から出てはこなかった。

村重はすべてを見捨てて城を抜け出した

村重の叛意を確認した信長は、すぐさま有岡城攻撃に入るが、堅固な総構えを持つ城はなかなか落ちない。信長は鉄砲隊を肉薄させるが、軍兵が深入りすればするほど退路を断たれる怖れがある城郭の構造であった。事実、鉄砲隊長の万見重元《まみしげもと》らが乱戦の中で討死した。信長は作戦を変更し、二重三重に堀を掘って持久戦に入った。前田、佐々らの越前衆を包囲陣に加えて兵糧攻めを開始した。

有岡城内の兵一万五〇〇〇が飢えはじめる。信長は村重の配下で高槻城を守る高山重友へ、村重に降伏勧告するように脅した。重友は妹と三つになる子を人質として村重に取られていた。キリシタンである重友は悩んだ末に、自ら高槻城主の座を降り、髪を切り紙衣《かみこ》姿で信長の陣中に投じた。

不戦を表明した重友に信長は喜び、所領を旧禄の倍に上げている。まもなく村重が頼りにしていた中川清秀も信長につき、有岡城への援軍はなくなった。毛利も動かずとなると城の自落は時間の問題であった。

天正七年九月二日夜、驚くべき事態が出来《しゅったい》した。城主の村重本人が、わずか四、五人の従者を従えて有岡城を脱出し、嫡子村安《むらやす》の籠もる尼崎城へ逃走したのだ。城と兵を捨てて大

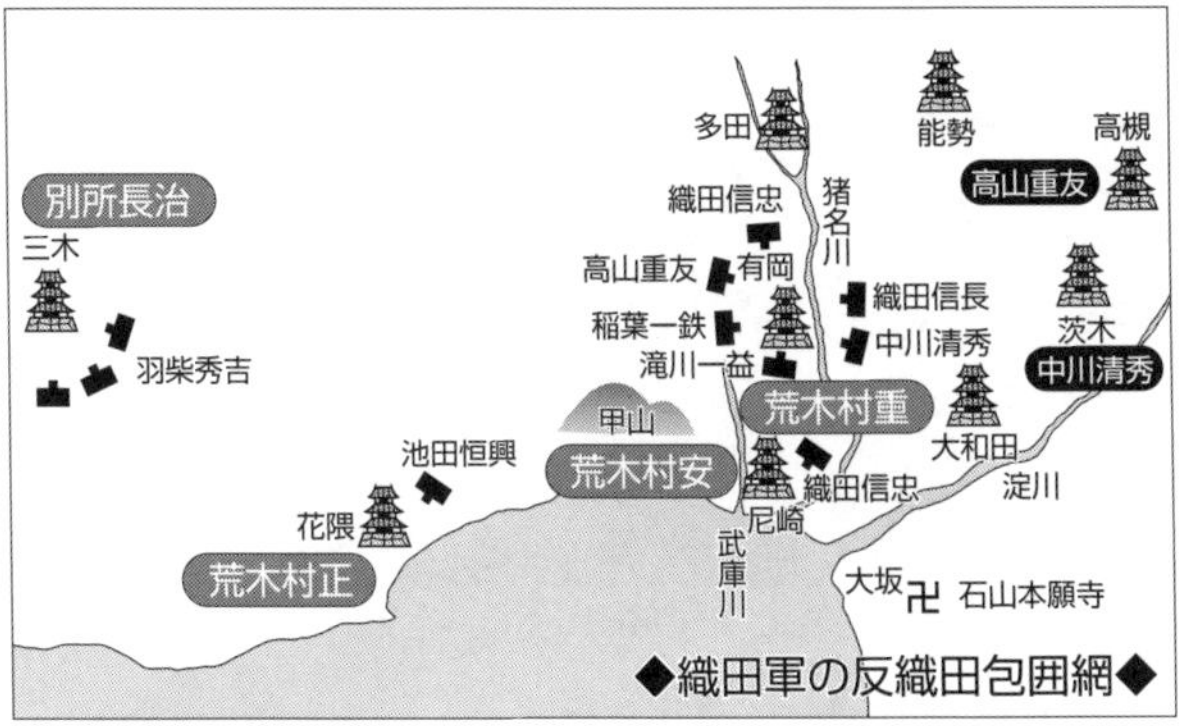

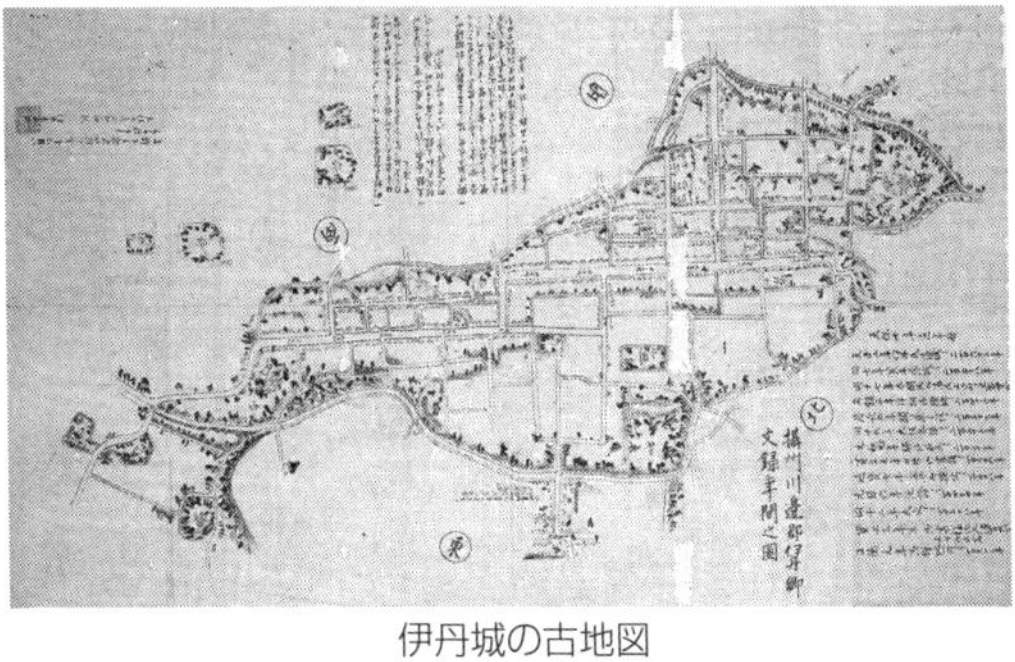
伊丹城の古地図

将が逃亡するという前代未聞の出来事に、城内は大混乱に陥り、裏切る者が続出した。

まず攻め手の滝川一益《たきがわかずます》の調略によって、村重の侍大将を務める中西新八郎《なかにししんぱちろう》が離反し、織田軍を城内に引き入れた上、総構え内の町屋や侍屋敷に放火して回った。こうなると本城はとうてい持ちこたえられずに落城した。

信長は有岡城宿老の荒木久佐衛門《きゅうざえもん》に対し、村重が尼崎、花隈《はなくま》（神戸市内）両城を明け渡して降伏するならば、有岡城内の人命を救おうと確約し、尼崎城に赴かせた。

だが村重は、久佐衛門を尼崎城内に入れようとしなかった。怒った信長は、有岡城内に居

伊丹城北の砦の遺構

残った城兵や婦女子五二〇人を、四軒の家に押し込め、枯草を積んで焼き殺してしまったのである。

そのときの様子を『信長公記』には「天にも響ばかりにて、見る者、目もくれ心も消えてかんるい抑へ難し」と書いている。

その数日後、村重の妻だしをはじめとする荒木一族は、経帷子《きょうかたびら》に身を包んで京市内を引き回された上、六条河原で斬首された。

妻子を捨てた村重は、結局、信長には討たれなかった。尼崎城から花隈城へと逃れ、さらに同城が落ちると毛利の領国・尾道《おのみち》へ入り、そこで本能寺の変を知る。

秀吉が台頭してくると、かつての同僚だった秀吉の情けに

有岡城籠城戦・関連地図

すがり、お伽衆《とぎしゅう》として微々たる禄を食《は》み、剃髪して〝道糞《どうふん》〟と名乗ったという。自分は道端に落ちている糞以下の人間だという自嘲だ。彼は妻子を見捨ててなお七年生き、天正十四年に病死した。

二歳になる村重の子は、乳母に抱かれて有岡城を脱出し、石山本願寺に保護された。成人して母親の姓の岩佐を名乗り、岩佐又兵衛《いわさまたべえ》として、一時は織田信雄に仕えた。

又兵衛は信雄の改易後は浪人して絵師となり、俵屋宗達《たわらやそうたつ》と並び称されるほどになる。代表作に『山中常盤《ときわ》物語絵巻（重文）』『職人尽《つくし》絵』などがある。

天正伊賀の乱

第一次●天正七年(一五七九)／第二次●天正九年(一五八一)

織田VS伊賀国人

伊賀国人たちは信雄の大軍を翻弄して撃退した

天正伊賀の乱は、信長がひき起こした戦乱のうち、大名同士の激突でなく、伊賀の国人たちが、勝ち目のない抵抗を繰り広げた日本史に稀なレジスタンスであった。「天正九年の秋の暮　静かに　眠る　伊賀の地に　四万二千の織田勢が……」と都はるみの『天正の乱』に唄われたように、信長は圧倒的な大軍をもって伊賀に攻め入った。

天正伊賀の乱は天正七年（一五七九）の第一次と天正九年（一五八一）の第二次にわかれる。前者は織田軍の完敗、後者は織田軍の大勝利となった。

伊賀はおよそ四〇キロ四方の山国である。室町時代には、伊賀は守護を追放し、「伊賀十二人衆」による共和制を布き、その後筒井定次《つついさだつぐ》、藤堂高虎《とうどうたかとら》が入るが、権力になびかない自由な風土が生きていた。

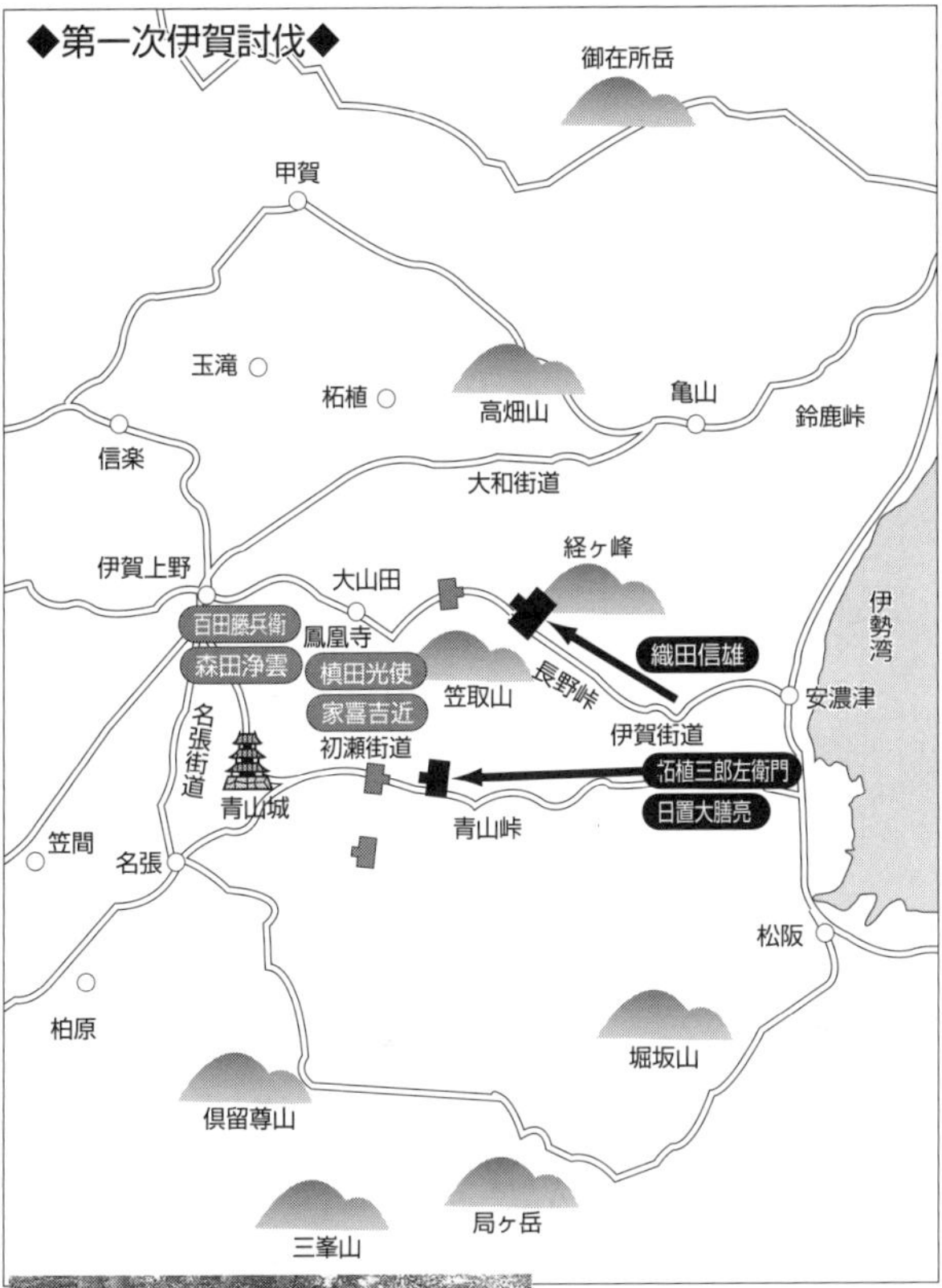

伊賀市では「忍者博物館」で、からくり屋敷を再現している

永禄十一年（一五六八）、信長は入京に先立って南朝に連なる名家、伊賀国司の北畠家の制圧に向かった。大河内《おおかわち》城（松阪市）の北畠具教《とものり》は果敢に抵抗したが、結局は信長の二男信雄が具教の娘の婿となって和睦し、信雄が北畠家の当主となった。だが、まもなく具教は暗殺されている。

天正六年（一五七八）、伊賀名張《なばり》の比奈地《ひなち》城主下山甲斐《しもやまかい》が、信雄に伊賀侵攻をたきつけた。信雄は重臣の滝川勝利《たきがわかつとし》（もと北畠一族・一志郡木造《こづくり》城主）に、伊賀神戸に丸山城を築かせた。信雄の思惑を知った伊賀衆は、丸山城を焼き払ったため、信雄の怒りを買った。

翌天正七年九月十五日、伊賀衆の挑発に乗ってしまった信雄は、伊賀攻略を決意し、自ら兵八〇〇〇を率いて長野峠（大山田村）を越えて伊賀に入った。柘植《つげ》三郎左衛門、日置大膳《ひおきだいぜんの》亮《すけ》らの別動隊は兵一五〇〇で青山峠（白山町）から攻め入り、加えて西の大和国から秋山右《あきやまう》近大夫《こんだゆう》らが大和兵一五〇〇で突入した。

信雄来襲を事前に予測していた伊賀衆は、準備周到に抗戦の構えをとり、伊賀上野の平楽寺《へいらくじ》（現在の上野城内）に土豪の百田藤兵衛《ももたとうべえ》、森田浄雲《もりたじょううん》らの「伊賀十二人衆」が集合し、本陣を長野峠の西、鳳凰《ほうおう》寺（大山田村）に設置、信雄軍を迎え撃った。

伊賀衆は前線本部を猿野《ましらの》に置いて青山高原の一帯十数キロにわたって防御陣地を急ぎ構

築した。

巨木を倒し、大穴を掘っての抵抗に、十九歳で思慮の足りない信雄はまんまとひっかかり、柘植ら重臣が多数討死し、一万余の織田軍がわずか五〇〇足らずの伊賀勢に惨敗するという珍事に終わり、信雄は命からがら松ヶ島城に逃げ帰ったという。

信長は伊賀平定に失敗した信雄を叱りつけた上で、自らが出馬して伊賀を平定する腹を固めた。だがこのときは信長を取り巻く諸状況が悪く、とりわけ一向宗徒との戦いに時間を費やし、二年の歳月が流れた。

信長が大軍を催して伊賀に押し寄せた

天正九年春、伊賀から上柘植の領主・福地定成《ふくちさだなり》と河合郷玉滝《かわいごうたまたき》の地頭・耳須具明《みみすともあき》の二人が安土城の信長を訪ね、機嫌を取り結んだ上で伊賀攻めを具申した。福地は近江境の北伊賀に先祖伝来の城と、五〇〇〇石の自領を持つ伊賀四大将の一人に数えられる男だが、信長の伊賀侵攻の露払いを買って出たのだ。

九月二十七日、信長は安土城で諸将に伊賀討伐を号令、四万四〇〇〇の大軍が出陣する。二年前に屈辱を味わった信雄を総大将とし、信長自らも出馬した。雪辱を期した信雄の本隊一万三〇〇〇は、伊賀境の青山峠を越えて突入した。

織田勢の部署割りは、

第一方面軍・総大将丹羽長秀《にわながひで》、宿将滝川一益らの兵二万二五〇〇は、福地定成の案内で北伊賀の柘植口から侵攻。

第二方面軍・総大将蒲生氏郷、宿将脇坂安治らの兵七三〇〇は、耳須具明の手引きで玉滝口から侵攻。

第三方面軍・総大将筒井順慶、宿将筒井定次らの兵三五〇〇は、大和の笠間口《かさま》（奈良県室《むろ》生《う》村）から侵攻。

第四方面軍・総大将浅野長政、宿将生駒親正に加えて、旧北畠氏旗下の沢源六郎《さわげんろくろう》、秋山左《あきやまさ》近将監《こんしょうげん》、芳野宮内少輔《よしのくないのしょうゆう》ら大和三人衆の兵一万五〇〇〇は、大和の榛原《はいばら》を経て滝川口（名張）より侵攻。

第五方面軍・総大将堀秀政、宿将多羅尾光弘《たらおみつひろ》らの兵二三〇〇は、近江の信楽《しがらき》を経て御斎峠を越えて侵攻。

伊賀の国は四囲から一斉に、織田の大軍に乱入されたのだ。迎え撃つのは「伊賀十二人衆」と呼ばれる伊賀各地の国人たちで、長田庄《おさだのしょう》の百田藤兵衛、朝屋庄《あさやのしょう》の福喜田将監《ふくきだしょうがん》、木興庄《きこしのしょう》の町井貞信《まちいさだのぶ》らだが、その数は二〇〇に満たなかった。

数の上からも、とうてい勝負になる戦いではない。陣の置かれた平楽寺《へいらくじ》では、各地に放った忍者から刻々と織田軍の侵攻が伝わるたびに衝撃が走った。玉砕覚悟で戦うか、伊賀百年のために軍門に降るか。議論百出して夜が明けた。結論は徹底抗戦であった。

たとえ降伏しても信長は許すまい、皆殺しに遭って伊賀一国はなくなるだろう、との悲痛な思いである。たちまち伊賀各地で絶望的な攻防戦が開始され、伊賀上野の比自山《ひじやま》や国見城などで両軍は激突していった。伊賀国内のめぼしい社寺は、このときの織田軍の放火でほとんどが焼失している。

合戦の最後を飾ったのが、滝野吉政の守る柏原《かしわら》城と、その砦である横山砦の戦いである。城は今の名張市街から西へ八キロ、名勝「赤目四十八滝《あかめしじゅうはちたき》」に近い、三段の丘陵上にある。名張川など三本の川が外堀となって流れ、背後は高見山から大和の吉野、宇陀《うだ》に通じる要害の地だった。

滝野吉政は柏原城と横山砦に一六〇〇名の土豪・忍者・郷士・百姓たちの男女を入れ、十月三日から二十五日間にわたって織田軍と死闘をつづけた。夜になると城から五、六名ずつの忍者が織田軍の陣地に潜入し、めったやたらに兵を斬殺し、食糧や弾薬などを奪った。

柏原城の戦いでの、忍者衆を束ねる「上忍《じょうにん》」の名が今に伝わっている。百地丹波《ももちたんば》、百地新兵衛《しんべえ》、福森四郎助《ふくもりしろうのすけ》、岡森市蔵《おかもりいちぞう》……。やがて柏原城内の食糧が尽き、戦死者の山が築かれるにおよんで、十月二十五日の軍議では、伊賀再生のため女子供は大和へ逃がすことにした。

織田方の総攻撃を迎え撃つ決意を固めた二十六日、南都（奈良）興福寺《こうふくじ》の衆徒が、「伊賀の大義は果たされた。和睦して捲土重来を期されよ」と条理を尽くして説得した。名張の本陣にいる信雄も、今後は反逆しない、各地の城砦から撤退する、滝野吉政が人質を出す、の三条件を飲めば和睦を約すという。

二十八日、柏原城から疲れ果てた伊賀衆が倒れ込むようにして這い出、代わりに筒井順慶が軍勢二〇〇〇をもって入城した。

天正伊賀の乱・関連地図

こうして第二次天正伊賀の乱は終わったが、残虐な信長への怨みは根強く残り、十一月十日、伊賀一の宮の敢国《あえくに》神社で信長軍は伊賀者三名に鉄砲で狙われている。本能寺の変で明智光秀に討たれるわずか七カ月前のことである。

山崎の戦い

羽柴 VS 明智

天正十年（一五八二）

信長の急死を知った秀吉は光秀を討つために大返し

天正十年（一五八二）五月、秀吉の備中高松城攻めは、最終段階を迎えようとしていた。二十九日、安土城を発った信長は、京に入り本能寺《ほんのうじ》に宿す。信長に従う近習わずか二、三〇人である。先発した嫡子信忠もすでに妙覚寺《みょうかくじ》に入っている。

明けて六月一日夜、丹波亀山城内にいた明智光秀《あけちみつひで》は、斎藤利三《さいとうとしみつ》ら重臣四人に信長を討つクーデター計画を打ち明けた。一同は呆然とするも、主君の決意の固いことを知り、挙げて賛意を表わした。

夜半、明智軍一万三〇〇〇は亀山を出発。老《おい》の坂《さか》を越え、中腹の沓掛《くつかけ》でしばし休息の後、二日未明に本能寺を急襲した。信長は四十九歳を一期《いちご》にして割腹する。

光秀は時をおかず、妙覚寺から二条城に移った信忠を攻め滅ぼし、その日のうちに、反信

天下統一を前にして、信長は本能寺に倒れた（繪本　信長一代記）

長陣営の全国有力武将に密書を発して、信長誅殺の一報を入れた。毛利、上杉、北条、長宗我部らは、やがて「本能寺の変」を知ることとなる。

六月三日夜半、毛利に送られた光秀の使者が、誤って秀吉の陣中に紛《まぎ》れ込んでしまい、秀吉は信長の最期を知ることとなった。秀吉は毛利方に変報が届かぬうちに、安国寺《あんこくじ》恵瓊《えけい》に仲介させて、毛利との和睦に話を進めた。

翌四日、秀吉は高松城主清水宗治《しみずむねはる》を自刃させ、五日は毛利方の動向をうかがったが、六日には高松を発った。毛利の追撃の動きも気にかかり、後方を心配しながらの撤退である。折からの梅雨どきのため、中国路の河川は増水しており、近隣の農民に金を配り、人間の鎖を作ってその肩にすがって渡河したとされる。

七日には、暴風雨を衝いて本拠地の姫路城に入った。この間八〇キロ、実質二日の強行軍であった。世にいう「中国大返《おおがえ》し」が、つづく山崎の戦いでの、秀吉の勝因に結びつく。

このときの織田の諸将の動向だが、上野の滝川一益や越中の柴田勝家は周囲の状況から動けず、信長次男の信雄は伊勢で様子を見ており、四国出兵で大坂に集結していた信長三男の信孝や丹羽長秀は、衝撃のあまりに行動できないでいた。

秀吉は九日には明石に向かい、その間にも味方についてくれそうな部将への勧誘工作を怠らず、三木、尼崎、富田《とんだ》と軍を進めた。

一方、光秀は貴重な時間を何に費やしたか。

本能寺急襲直後の残党狩りと、信長誅殺の報の発信を終えると近江に入り、かねて親しかった吉田神社の神主吉田兼見《よしだかねみ》と会って吉田郷一帯を安堵してやっている。宮廷内に勢力を持つ兼見のような公家の歓心を買おうとしたのだ。

次の目標は安土城の接収である。二日夜に坂本城に入った光秀は、五日になってようやく安土城に入城。信長が集めた茶道具や金銀財宝を、従属の諸士に惜しみなく与えた。このころ、秀吉はすでに姫路城に入っていた。

九日、京都に入った光秀は、兼見の自宅を基地として、各地に指示を飛ばす。朝廷には銀五〇〇枚、五山《ござん》や大覚寺《だいかくじ》には銀一〇〇枚、さらに兼見にも銀五〇枚を贈り、京における善政を印象づけるが、クーデターさなかの行動としては緊張感に欠けていた。

光秀がもっとも頼りにした、丹後宮津《みやづ》城主細川藤孝《ふじたか》とその子忠興《ただおき》の協力は得られず、十日に京都を出て、組下《くみした》大名の大和郡山《こおりやま》城主筒井順慶《じゅんけい》の参陣を促すために、山城八幡近くの洞《ほら》ヶ峠《とうげ》まで出張った。

十一日、洞ヶ峠の陣を撤収して下鳥羽《しもとば》の本営に戻る。順慶は十一日にはすでに摂津尼崎まで進軍してきた秀吉に、二心ない旨の誓紙《せいし》を差し出していた。順慶を待つために光秀は一日を空費したことになる。

光秀に秀吉が引き返す計算はなく、悠長に構えすぎた

洞ヶ峠撤収と同時に、光秀は八幡《はちまん》からも、山崎の天王山《てんのうざん》からも兵を撤収している。山崎の天王山と淀川との間は隘路《あいろ》であり、ここを通過する大軍は細長い縦列にならざるをえず、西から京に攻め込む大軍を防ぐには最適の要地だったが、そこを光秀は自ら捨ててしまう。いかに要害でも兵力の差はいかんともしがたいと考えたからとされる。

このあたりは現在でも東海道本線・東海道新幹線・阪急電鉄の他、名神高速、国道一七一号線などが走る狭い所で、大阪方面から京都へ入るにはどうしても通らねばならぬ場所だ。光秀はこの狭隘《きょうあい》地で防がねば勝機はないはずだった。

十二日、秀吉は富田《とんだ》で全軍の部署を決定。その日のうちに高山重友《たかやましげとも》隊が山崎の町を、中川清秀隊が天王山を手もなく占拠した。

高松城を攻めていた秀吉軍二万五〇〇〇のうち、若干名を高松や姫路城に残したが、ほぼ全軍を率いた秀吉軍に、高山重友、中川清秀、池田恒興、丹羽長秀、織田信孝らの軍が加わって総勢四万となった。

対して光秀軍一万少々。光秀軍は勝龍《しょうりゅう》寺《じ》城を前線拠点とし、淀城を左翼拠点に、円明寺《えんめいじ》川に沿って兵を配置し、光秀自身は勝龍寺城南方の御坊塚《おんぼう》を本陣とした。

十三日午後四時を過ぎて、光秀軍の先鋒並河易家《なみかわやすいえ》、松田左近《まつださこん》隊が、天王山の東麓に陣を張る中川清秀、黒田孝高《よしたか》、神子田正治《かみこだまさはる》らの隊に攻撃を仕掛けたのが、開戦の合図となった。並河、松田隊は天王山回復を図ったものとされる。

激戦は二時間余りつづいた。が、この攻撃は裏目に出た。秀吉勢に撃退された上に、光秀軍の主力部隊である斎藤利三隊が池田恒興、加藤光泰、木村隼人、中村一氏らの秀吉勢に包

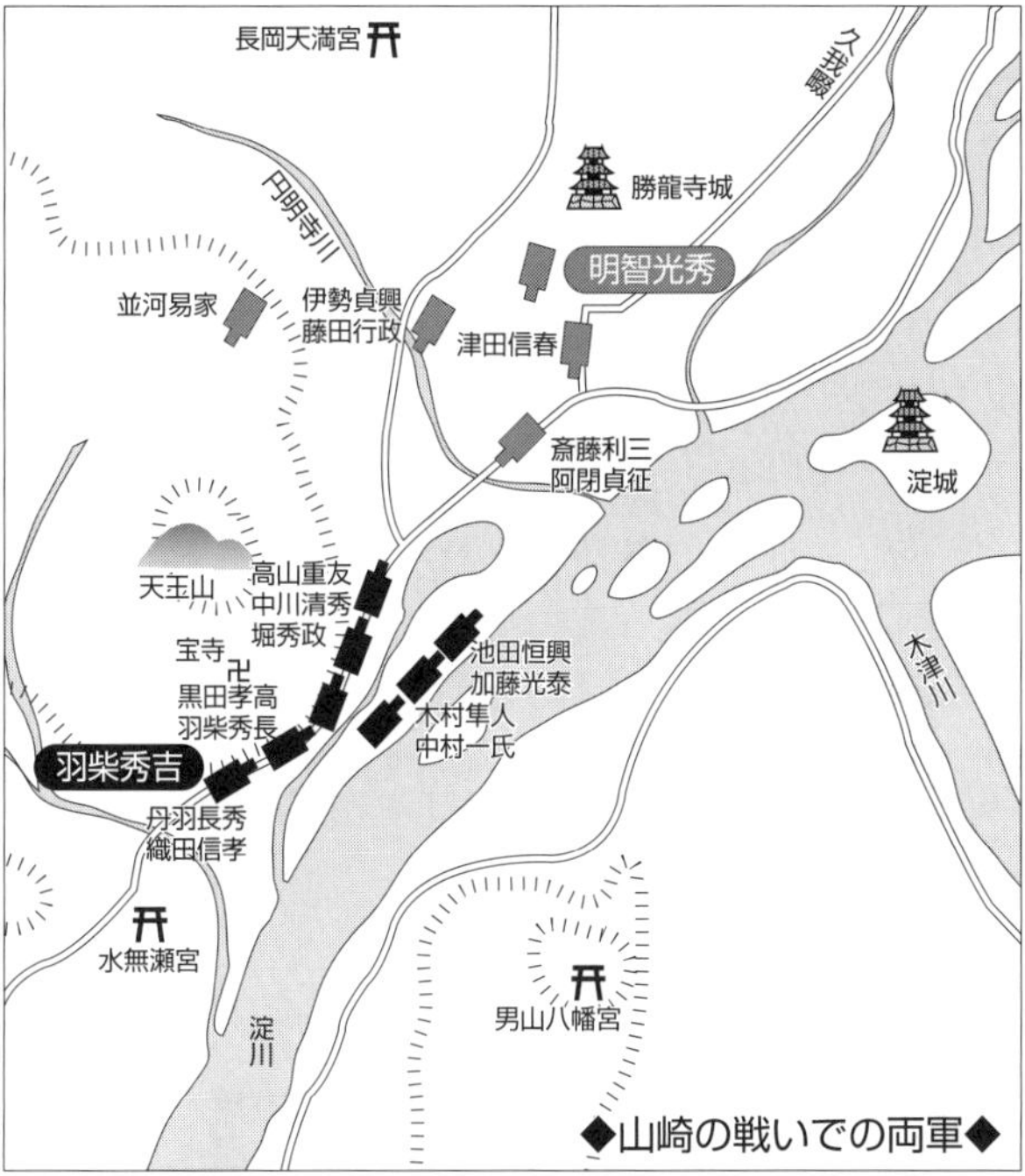

◆山崎の戦いでの両軍◆

坂本城に向かった光秀は、小栗栖で土民の手に掛かって最期を遂げた

囲されてしまった。兵二〇〇〇の斎藤隊は崩れ、光秀軍の前線が総敗北した。数の上では秀吉軍の三分の一以下という劣勢の光秀軍はよく戦ったが、結局天王山のわずかな標高差が、秀吉軍に大いに利していた。

光秀本隊は秀吉軍の攻撃を防ぐことが敵《かな》わなくなり、態勢立て直しのため勝龍寺城に入るが、ここも包囲された。光秀は堅城ではない勝龍寺城を捨て、籠城可能な坂本城への逃亡を図った。

光秀軍は組織だった敗走の形を取りえず、算を乱した混乱の中、光秀はまとまっての行動は秀吉軍に見つかりやすいとして、五、六人の近臣を従えて坂本城を目指した。

混乱の原因は、敗走先が亀山城と坂本城に分かれてしまったことにある。光秀自身は坂本城に向かったが、当時光秀が持っていたもう一つの城は丹波の亀山城で、こちらに自軍の兵が多く走ったのである。

坂本城を目指す光秀の一行は久我《くが》畷《なわて》を通り、西ヶ丘、桂川、鳥羽方面へ馬を走らせた。桂川を渡り、大亀谷を通過し、山科の小栗栖《おぐるす》の竹藪にさしかかったとき、光秀は落人狩りの農夫が突き出した竹槍で脇腹を刺されていた。光秀は助かりようのない深手を受け、従者の介錯で自刃するという、あっけない最期であった。

山崎の戦い・関連地図

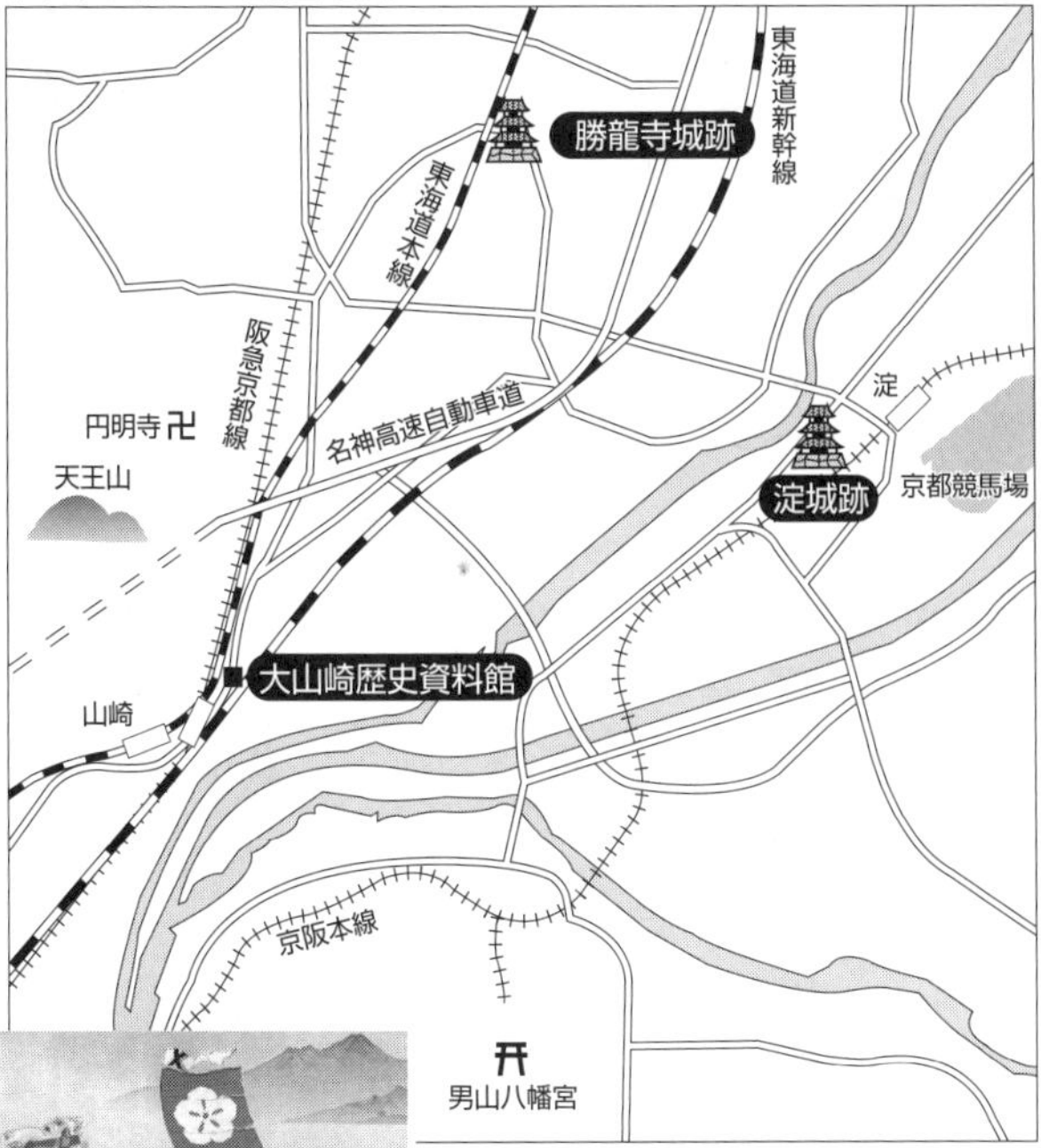

秀吉方も賞賛した明智光春の湖水渡り

この間、本能寺を襲ってわずか十一日。十四日には、安土城を守備していた明智光春が、馬で琵琶湖を渡って坂本城に入り、翌日城内の財宝すべてを秀吉方に明け渡して自刃した。

光秀の首は、十七日になって焼失した本能寺跡に晒され、主君の仇を討った秀吉は、この後、天下人への道を一気に駆け上がった。

賤《しず》ヶ《が》岳《だけ》の戦い

羽柴VS柴田

天正十一年（一五八三）

勝家《かついえ》は明智を討った秀吉に翻弄されていく

山崎の戦いが終わって半月ほど経った六月二十七日、尾張の清洲城で織田家の重臣会議が開かれた。参加者は柴田勝家、羽柴秀吉、池田恒興、丹羽長秀、蜂屋頼方《はちやよりかた》、筒井順慶で、信長の二男信雄、三男信孝も清洲にいたが会議には出ていない。

席上、織田家の老臣筆頭の勝家は、三男信孝に織田家の跡目を継がせるべく主張した。ところが秀吉は、信忠の長子で信長の嫡孫三法師《さんほうし》が筋目であるとし、三法師を安土城に置き、安土付近の近江国坂田郡のうち二万五〇〇〇石を織田家の蔵入り地とし、柴田、羽柴、丹羽、池田の四将で、これを守り立てればいいとした。

結局秀吉案が通り、敗れた勝家は「我は越前の難所に居住し、度々上洛せんも苦労なり。幸い長浜城は貴公の所領、これを我が中宿としたい」と要求し、秀吉はこれを受け容れた。

このとき信雄は北伊勢の旧領に尾張一国が加えられ、信孝は美濃一国を領し、滝川一益《たきがわかずます》は小田原北条氏との戦いで、新所領の上野《こうずけ》と信濃小諸《こもろ》を失って伊勢長島《ながしま》の本拠に逃げ帰って来たばかりで、本領安堵のみに終わった。

会議が終わると、越中、能登《のと》、加賀《かが》、越前の諸将は勝家につき、丹後、丹波、山城、摂津の諸将は秀吉につくという具合に、旧織田勢力は二分された。両者は共に戦備を整え、もはやいつ戦端が開かれても不思議はない状態だった。だが越前を本拠とする勝家は、冬期は雪のために大軍を動かせず、いったんは長浜を守る養子勝豊《かつとよ》に命じて秀吉との和平を探らせた。

使者として秀吉に対したのは前田利家、不破勝光《ふわかつみつ》、金森長近らで、秀吉は山崎の宝寺城で会見し、勝家の申し出を快諾するが、まもなく勝家にくれてやったはずの長浜城を兵で囲み、勝豊を降伏させてしまった。次いで秀吉は勝家と誼《よしみ》を通じる信孝の岐阜城を、大軍をもって包囲し、降伏の条件として信孝の母と娘を人質に取ることを定め、京に凱旋した。

越前の北庄《きたのしょう》城の勝家は、備後・鞆《とも》の浦《うら》で毛利輝元の庇護下にある前将軍足利義昭を利用して、毛利に秀吉の背後を衝かせようとし、また甲府にあった徳川家康にも進物を贈り、協力を請《こ》うたりしている。

秀吉もまた、勝家に近い滝川一益を処分しようと、北伊勢に兵を進めた。こうして勝家と秀吉の対決は避けられないものとなっていった。

自然と北庄は「北陸方面軍」の司令本部と化す。勝家には越前の大半を占める八郡が与えられていたが、他に前田、不破、佐々成政《さっさなりまさ》の三人にも南条《なんじょう》郡、今立《いまだて》郡の二郡一〇万五〇〇〇石が付与され、この三人はいわば勝家の目付ともいうべき役割であった。信長は与力《よりき》大名制を採用しており、この場合でいえば前田、不破、佐々が勝家の与力で、織田家の家臣としては勝家とは同格だが、勝家の軍事指揮下に入ることが定められていた。賤ヶ岳の戦いで前田利家らが柴田軍として動員されたのはこの理由である。

岐阜・北伊勢の味方支援に勝家軍は南下

天正十一年(一五八三)二月二十八日、勝家は岐阜の信孝や北伊勢の滝川一益らを支援するため、甥の佐久間盛政、前田利家、金森長近らを率い、二万の軍勢をもって南下を開始し、三月十二日には近江国境付近の柳ヶ瀬《やなせ》に布陣した。

秀吉も羽柴秀長、同秀勝、池田恒興、中川清秀、堀秀政、筒井順慶らを率いて、およそ七万五〇〇〇の軍を北上させて長浜の北、木之本《きのもと》に着陣した。柳ヶ瀬、木之本とも、琵琶湖の北にある余呉《よご》湖に近い、北国街道(国道三六五号)沿いの低丘陵地で、両軍布陣して一月ばかりは対峙したままであった。

　両軍の布陣は次の通り。

　北国街道西側にある山脈は、林谷山《はやしたにやま》、中谷山《なかたにやま》、柏谷山《かしわたにやま》、橡谷山《とちたにやま》、別所山、行市山《ぎょういちやま》と連なっている。六五九メートルの行市山が最高峰で、余呉湖南端の賤ヶ岳（四二一メートル）よりも高く、この砦から一帯を見下ろせることとなり、佐久間盛政《もりまさ》が陣を布く。別所山砦に前田利家・利長《としなが》父子、橡谷山砦に金森長近、中谷山砦に原房親《はらふさちか》、林谷山砦に不破勝光らが陣取り、これらの砦より三キロ後方の内中尾山《うちなかおやま》に勝家が本陣を置いた。

　勝家軍（北軍）の城塞群に対し、秀吉軍（南軍）は北国街道の東側に集結し、今市《いまいち》付近の左禰山《さねやま》砦に堀秀政、中之郷《なかのごう》に小川祐忠《おがわすけただ》、堂木山《どうぎやま》に山路正国《やまじまさくに》らを配して第一線とし、第二線として余呉湖東北方面の岩崎山《いわさきやま》砦に高山重友、その後方の大岩山砦に中川清秀、木之本の北方にある田上山《たがみやま》砦に羽柴秀長を置いて、秀吉の本陣は木之本にあった。

　戦端が開かれたのは四月二十日、秀吉軍に下っていた岐阜城の信孝が、再び背く気配を見せたため、秀吉軍の一部が岐阜に向かったが、この虚を衝いて北軍の先鋒佐久間盛政が、中川清秀の守る大岩山砦を急襲し占拠し、中川清秀の首を挙げた。

　一ヵ月以上の膠着状態に、いらついていた盛政は、この奇襲攻撃を勝家に提案していた。

勝家は中入《なかいり》（敵線の中央部）を一部隊で攻撃することは危険だと反対するが、盛政の強い主張についにこれを許した。ただし「砦を攻め落とした後は、直ちに撤収して本隊へ合流のこと」と念を押していた。

大岩山砦占拠に、盛政は自らの武略に舞い上がり、この調子で進めば深追いできると踏んで勝家の帰陣勧告に従わず、「鬼柴田も耄碌《もうろく》して作戦の妙諦《みょうてい》を忘れたか」と総指揮官を侮る始末であった。武勇を轟かせていた勝家も還暦を過ぎた老将となっており、三十一歳の盛政は血気盛んな時期であった。

大垣付近にいた秀吉は、大岩山砦が落とされ、盛政がそのまま砦にいるという報せを受けた。秀吉は「天の与えるところ！」と叫ぶや、一三里（約五二キロ）の行程をわずか五時間で走破する得意の「大返し」で戻り、翌二十一日午前二時には盛政軍の追撃に入った。

秀吉軍がそんなに早く帰陣するなど、想像もしなかった盛政軍は混乱に陥り、戦いながら退いていくが、その途中で殿軍《しんがり》の柴田勝政が戦死。世に「賤ヶ岳七本鎗」といわれる、加藤《かとう》清正《きよまさ》、加藤嘉明《よしあき》、福島正則、脇坂安治、糟屋武則《かすやたけのり》、平野権平《ひらのごんべい》、片桐助作《かたぎりすけさく》の活躍はこのときである。

撤退する盛政軍が、もっとも頼みにしていた前田父子は、陣を撤収して戦線離脱していき、

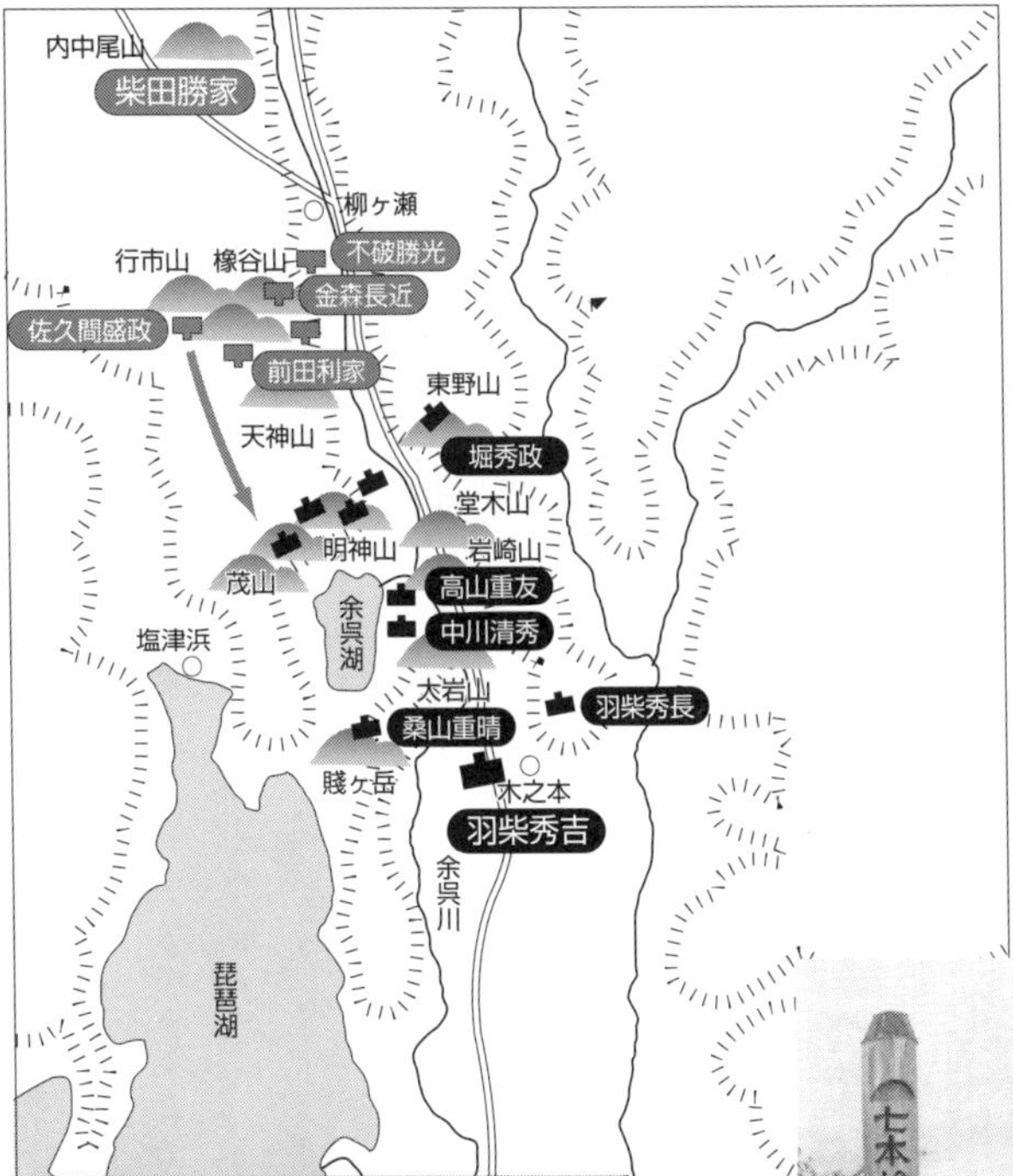

「賤ヶ岳七本槍」の一人と讃えられる福島正則の活躍

七本槍の碑

越前府中まで逃げ帰る。これを見て金森、不破の軍も戦線から離れ、勝家の本隊は脱走者が急増して正午ごろにはわずか三〇〇〇となって、戦うどころではなくなった。

勝家の臣・毛受勝照《めんじゅかつてる》が勝家の馬標《うまじるし》をもって、身代わりにならんと望み、許されるやその馬標を高く掲げて一キロほど後退し、堀秀政軍と激突して全員壮烈な討死を遂げるというシーンもあったが、その間に勝家は一〇〇〇人余の近臣とともに柳ヶ瀬の戦場を離脱し、北庄に向かって敗走していった。

前田、金森、不破の三将が、盛政の後詰をするべく踏ん張れば、挽回の機会もあったかもしれないが、秀吉が山崎の宝寺《ほうじ》城でこの三将と会見したときに、秀吉と勝家が対した場合は戦闘に参加しないという約束がなされていたともいう。

盛政は敦賀《つるが》方面に逃げるが、山中をさ迷っているところを土民に捕らえられ、秀吉のもとへ突き出される。秀吉は盛政を洛中で引き回した後、六条河原で斬首に処す。盛政には娘があったが、後に秀吉は中川清秀の子に稼がせて、両雄の血をつないでいる。

自分の居城の越前府中城に戻った利家は、秀吉より勝家のいる北庄城攻めの先鋒を命じられた。昨日までの「上司」を攻めるのであるから利家にとっては酷なことだが、これは一種の〝降参の作法〟である。寝返ってきた者の忠誠心を試すため、それまでの主君とか同盟者を攻撃させるのが当時の常套手段だった。

四月二十三日、利家と堀秀政を先鋒とする秀吉軍は、北庄城に向かう。堀秀政は利家の働きぶりを見届ける軍監だった。城内からわずかの兵が討って出て小競り合いが起こったが、もはや戦いにならず、各種史料に、前日夜遅くから城内で酒宴が始まったとの記録がある。最期の覚悟を決めた勝家は、お市の方と茶々《ちゃちゃ》、お初《はつ》、お江《ごう》ら三人の娘に脱出を勧めた。お市の方は、三人の娘を秀吉に委ねたものの、自らは脱出を拒否し、二十四日午後五時ごろ、羽柴軍の総攻撃の中、炎上する天守閣で夫・勝家と運命を共にした。

勝家六十二歳、お市の方三十七歳。火は勝家みずから放ったとされている。火は城を包み込み、現在でも北庄城の規模、構造などに、不明な部分が多いという。

小さかった日本の軍馬

日本では馬の大きさは前足から肩までの高さの体高で計り、四尺（約一二〇センチ）を基準としていた。それ以上の四尺一寸の馬を「一寸」、四尺二寸の馬を「二寸」と数えていく。四尺八寸を超える馬を「八寸にあまる」と呼び、これでも体高一四五センチほどで、現代の馬に比べるとはるかに小さく、天正七年（一五七九）に常陸の多賀谷重経《たがやしげつね》が、信長に献上して喜ばれたといわれる馬が、「八寸にあまる」七歳馬だったとされる。

日本馬の特徴は、胴長、短足、骨太で、見た目は頭でっかち。戦国武将は太く逞しい馬を好んだが、丈の高い馬は乗り降りに不便で扱いにくいとされて、必ずしも好まれなかった。

中国では人間も去勢したが、日本には動物を去勢《きょせい》して気性を穏やかにさせる習慣はなく、ルイス・フロイスは「西洋馬はひじょうに美しいが日本馬はひどく劣る。西洋馬は走っていてもぴたりと止まるが、日本馬はひどく暴れる」と、悍馬《かんば》の様子を記録している。

戦国時代では気性の激しい〝悍馬〟が好まれた。〝戦《いくさ》上手の馬〟と言われる馬は、敵に向かって遮二無二突撃し、敵の側面から当たって相手を落馬させる「当て落とし」の技を持ち、敵の馬に噛みついたという。まさに人馬一体で戦っていたのである。

第四章 中国・九州の古戦場

郡山城の戦い

尼子VS毛利・大内連合軍

天文九年（一五四〇）

京を目指す野望を持つ尼子晴久は後顧の憂いを除こうとする

中国地方の小豪族にすぎなかった毛利家だが、元就《もとなり》が家督を継いで以来、次第に安芸一帯に地歩を固めていった。当時の中国地方は周防《すおう》の大内氏と出雲《いずも》の尼子《あまこ》氏が勢力を二分し、元就はいずれかを頼って生き延びるしかない時代がつづいた。

広島県のほぼ中央に位置する安芸高田《あきたかた》市吉田は、広島市から国道五四号線を北東へ四五キロほど入った盆地である。この町はかつて毛利元就《もとなり》の本拠地で、安芸郡山《こおりやま》城があった。毛利家二五六年間の居城である。

可愛《えの》川とその支流の多治比《たじひ》川が注ぐ合流点にある吉田盆地の北にそびえる郡山城は、標高四〇二メートル、比高二〇〇メートル、城域は東は大浜から西は岡本まで一キロ四方におよんでいた。

本丸を中心に二の丸、三の丸、釜屋《かまや》の壇《だん》、厩《うまや》の壇、釣井《つりい》の壇、勢溜《せどめ》の壇、矢倉《やぐら》の壇、御蔵屋敷、尾崎丸などの曲輪が尾根を伝って放射状に散在し、山全体を城郭化したものである。その中でも厩の壇は、総延長二〇〇メートルで、十数段の曲輪から成り、名の通りここに馬を置いていたとすると、かなりの騎馬兵力であったと思われる。

曲輪群を結ぶ通路や堀切も完備され、山の南側には内外二重の堀がめぐらされていた。この郡山城に元就はわずか二四〇〇の兵とともに立て籠もり、包囲した三万の尼子の大軍を撃退したのである。

もともと毛利氏は安芸国高田郡の吉田を本貫とする、たかだか三〇〇〇貫の地頭にすぎなかった。元就は明応六年（一四九七）に毛利弘元の二男として生まれ、兄の興元《おきもと》とその嫡子幸松丸《こうまつまる》が相次いで早世したために、大永三年（一五二三）に家督を相続した。美濃の斎藤道《どう》三《さん》とほぼ同世代で、元就の子らが織田信長や上杉謙信と同年代となる。

元就が当主になってまもなく尼子氏と手を切って大内氏につくが、それからの七年間も旗《き》幟《し》を鮮明にすることなく、尼子、大内両氏とはつかず離れずの関係を保ち続けていた。

尼子側にとって、大内氏に傾いていく元就の存在の不快さは、喉《のど》に刺さった魚の骨のようなものである。天文六年（一五三七）に経久《つねひさ》に代わって当主となった孫の晴久《はるひさ》は、はるかな京をもうかがう野心に燃え、後方の安全を確保するため、毛利攻めを主張するようになった。

山陰の伯耆《ほうき》、因幡《いなば》を押さえ、山陽の播磨、備中、備前、美作《みまさか》の大半を制した晴久は、但馬《たじま》の山名《やまな》氏とも手を結んでおり、上洛のためにも背後に控える毛利を潰して後顧の憂いをなくしておきたかったのだ。

天文八年（一五三九）、晴久は尼子の本拠月山富田《がっさんとだ》城に重臣たちを集め、翌年の毛利攻めを主張した。重臣の中に慎重論を言う者もあったが晴久は聞かず、出雲《いずも》から安芸に通じる道として、出雲赤穴《あかあな》を経て味方の支城である志和地《しわち》の八幡山《はちまんやま》城へ進み、そこから毛利方の宍戸《ししど》氏の守る祝屋《いわいや》城に至る備後ルートをとり、郡山城の背後から迫る計画を立てた。

通過地点の祝屋城には、毛利の家臣宍戸元良《もとよし》の弟の深瀬隆兼《ふかせたかかね》が詰めていた。吉田から三次《みよし》に至る可愛《かあい》川が屈曲した、交通の要となる丘陵に祝屋城は築かれ、三方に川があり、背後には堀を二重に設けていた。隆兼は大木を切り倒して柵を造り、崖に大岩を載せ、平地には落とし穴を設けて尼子軍を待ち受けた。

老獪な元就は尼子軍を手玉に取り敗走させる

天文九年（一五四〇）六月、尼子軍は晴久の叔父国久《くにひさ》が三〇〇〇の兵を率いて、祝屋城に

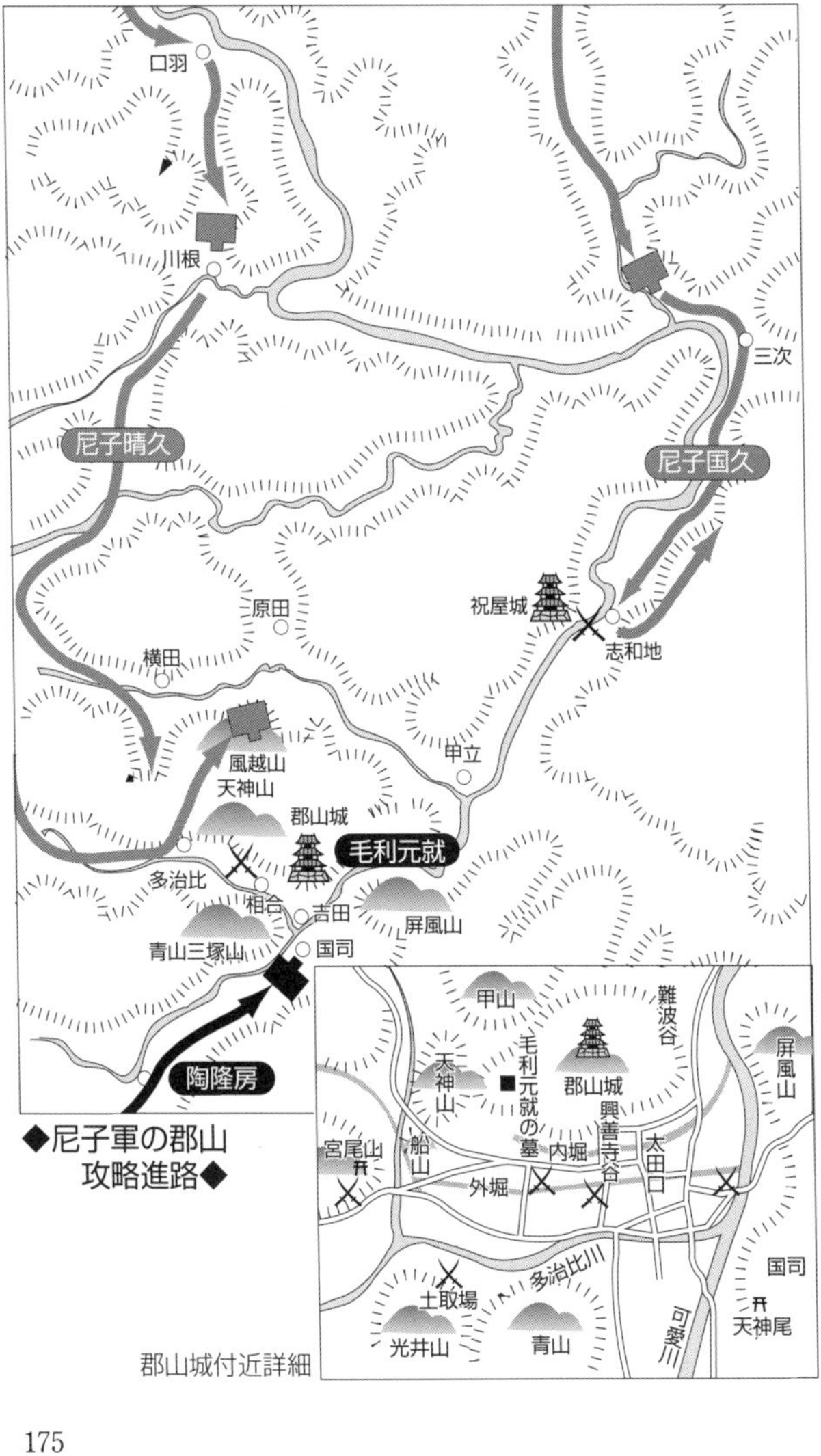

◆尼子軍の郡山攻略進路◆

郡山城付近詳細

殺到したが川は深くて渡れず、隆兼が敵を引き付けている間に宍戸元良らが駆けつけたため、さしもの尼子軍も志和地の八幡山へ退却した。備後ルートの困難さを知った尼子方は、出雲から西進し口羽《くちは》を経て吉田へ出る道の石見《いわみ》ルートに変更した。

八月十日、晴久は兵三万を率いて月山富田城を進発した。赤名口《あかなぐち》から津賀《つか》の津を経て口羽を過ぎ、安芸川根《かわね》から河井《かわい》の津を渡り、九月四日に本陣を郡山城の西北約四キロの風越山《かざこし》に布いた。左翼は湯原弥次郎《ゆはらやじろう》ら、右翼は高尾久友《たかおひさとも》、黒正久経《くろまさひさつね》、吉川興経《きっかわおきつね》らとし、別働隊を石見路の相合《あいおう》に置いた。

九月二十三日、晴久は本陣を郡山城により近い三塚《みつか》山に移す。すかさず元就は手薄となった風越山の陣を襲って焼き払った。ところで郡山城の背後には甲山《かぶと》という高い山があり、ここを占拠されれば毛利軍の動きは筒抜けとなるところだったが、晴久はなぜか甲山の占領を避けていた。

これは元就の深謀遠慮ゆえの作戦勝ちとされている。元就の近習に内別作助五郎《うちゆさすけごろう》という者がいるが、これは本来は尼子の臣で毛利に送られた諜者であった。元就はこの男の正体を知りながら側近に置いたのは、いざというときにとっておきの情報を尼子に流すためだった。

はたして元就は陣中で助五郎に聞こえるように「今般の戦いで晴久が甲山に布陣してくれ

ればもうけもの。宍戸としめしあわせ、両方より一時に攻め崩してくれよう。もし三塚山などに陣を張られれば当城は一日ももつまい」と話した。実は甲山は要害の地だが、三塚山は平場で守るに難く、攻めるにたやすい地であった。

元就は自軍が不利になるという情報を流し、敵を攻めやすい場所に誘導する手をたびたび使っているが、案の定助五郎は、その話を貴重な情報として尼子側に持ち帰って報告したのである。

元就は助五郎の逐電《ちくでん》を確かめると、「助五郎の逃亡こそ当家の運の開く前ぶれぞ」と言い放ったという。『陰徳太平記』は「晴久浅智にして、吾反問に乗じて三塚山に陣取るべし」と記している。

尼子勢の布陣を確認した元就は、郡山城内に一族家臣から農民男女まであわせて八〇〇〇人を籠城させた。このうち兵は二四〇〇人余。包囲する尼子勢は三万で兵力比一二対一の戦いである。

元就は城の西南方面にびっしりと竹柵を結い、幕を張って、この方面の防備が厳重であると見せかけ、城の背後の防備はわざと軽くした。その上多数の伏兵を背後の山中に隠した。

九月六日、尼子勢は足軽五〇〇に吉田の集落に火を放たせ、毛利勢が応戦するなど、十二日まで小競り合いが続く。尼子が城下を焼き払うと、毛利が城から討って出るの繰り返しだった。また元就は三〇ばかりの足軽を、偽って多治比川を渡って敗走させた。これに誘われて敵が追撃してきたところを、忍ばせていた伏兵が一斉に襲ったりもした。

元就が頼みとしたのは大内義隆《よしたか》の来援で、大内勢一万が海路、海田《かいだ》の港に上陸して北行し、十二月三日に郡山城の東南の山田中山《やまだなかやま》に着陣した。

尼子勢は、長引く包囲で冬を迎え、寒さと兵糧の不足もあって士気が低下していた。その上大内の来援で、さらに意気阻喪した。年が明けて天文十年正月十一日、大内軍の総帥を務める陶晴賢《すえはるかた》は、本陣を郡山城と尾根続きの天神山に移動させ、元就と図って明日をもって尼子との最後の決戦と決めた。

元就の作戦は、まず毛利勢で尼子の支隊を襲い、これを見た晴久は必ずや本陣から援兵を出すので、これを大内軍に襲ってもらい、元就の本隊はその間に一気に尼子の本陣を衝くという奇襲であった。決戦にそなえ、城内では女子供を柵のそばに並ばせ、竹や棒の先に金紙を貼りつけたものを持たせて、いかにも屈強な武士が揃っているように見せかけた。

十三日、突然に毛利勢が来襲して尼子の支隊は壊乱し、支えきれずに左右の谷に逃げた。これを救援に向かう尼子本陣の兵に、大内軍が突入していった。天神山の大内軍はひそかに

郡山城の戦い・関連地図

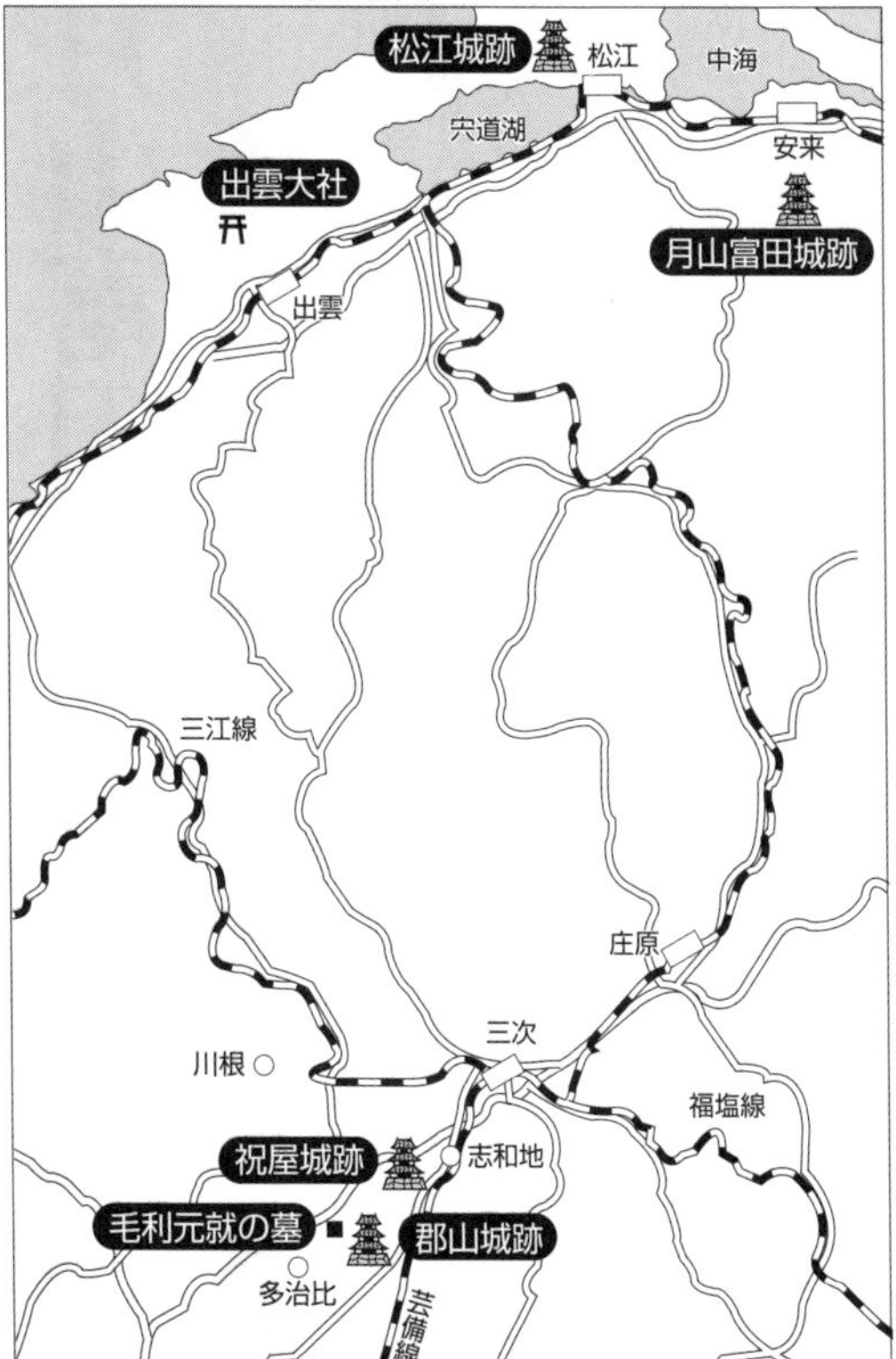

尼子本陣の背後から迫ったのだ。この戦いで尼子側の死者四〇〇余。晴久が三万の大軍を率いて五カ月間攻めたが郡山城は落ちず、十四日未明、尼子勢は夜陰に乗じて撤退していった。この戦いによって毛利の武名は一気に上がり、芸備(安芸、備前、備中、備後)方面の諸豪族はその勢力の下になびいていくこととなる。

月山富田城《がっさんとだ》の戦い

大内・毛利VS尼子

第一次●天文十一年(一五四二)／第二次●永禄八年(一五六五)

郡山城の戦いに勝利した余勢をかって大内義隆は尼子を攻めるが

島根県安来《やすぎ》市から南へ約一〇キロ、能義郡広瀬町を流れる飯梨《いいなし》川は、かつては富田《とだ》川と言った。この川は度重なる洪水によって、次第に天井《てんじょう》川となり、下流にあったかつての城下町(現・安来市広瀬町)は、寛文六年(一六六六)の大洪水で完全に壊滅し、昭和四十一年(一九六六)の河床遺構の発掘調査まで長い眠りについていた。

調査では整然と並んだ土台石や石臼、陶磁器、古銭、木椀などの生活用具が続々と発掘され、周囲に粘土を塗った箱穴式の炉や、無数の鉄滓《てっし》が出土した。相当数の鍛冶場があった証拠である。南は現在の福瀬《ふくせ》の地から、北は赤江《あかえ》の海岸まで一〇万人が住み、富田の城下町がここにあったことが明らかとなった。

尼子氏の盛時、富田川は城下町の西側を流れ、宍道湖《しんじこ》や中海《なかうみ》から舟が行き来した。富田川

◆大内義隆の月山富田城攻め◆

の右岸にそびえるのが月山《がっさん》である。標高わずかに一九七メートル。城下から眺めると満月以後の月がこの山から上るという。

山上の城砦はすでに平安時代に築かれており、尼子氏によって改築が加えられた。富田城は内城と外郭でなる複郭式の山城として威容を誇っていた。

城内に入るには三つのルートがある。すなわち北方の新宮谷《しんぐうだに》方面から入る菅谷《すがたに》口、御子守《おこもり》神社の台地と太鼓壇《たいこだん》千畳敷《せんじょうじき》との間の峡谷を抜ける御子守口、加えて南方から入る塩谷口《しおやぐち》である。

敵がこの三つのルートから侵入したとき、富田城は、前方と左右の三方から弓や鉄砲を浴びせられる地形に守られて防御に強く、外郭の延長は五一三メートルあり、七つの出丸をもって戦時に備えていた。

城の心臓部である御殿平《ごてんだいら》に城主の居館があり、ここから月山の頂上に登る七曲がり道が這っており、頂上には甲《つめ》の丸、三の丸、二の丸が設けられ、右近、左近の二つの井戸が掘られて、籠城のときにも水には不自由しなかった。

月山富田城の外郭の防衛線をなすのが、西に京羅木《きょうらぎ》山、東に独松《どくしょう》山、南に大辻《おおつじ》山という広瀬盆地を隔てた山々である。この城は長く山陰における大陸交易の拠点であり、尼子氏は砂鉄による製鉄事業、石見銀山からの収益、美保関《みほのせき》の舟役科をもって城下の経営に当てている。これらの財源が富田城を本拠とする尼子氏の繁栄の基《もとい》であった。

天文九年（一五四〇）に安芸郡山城の戦いがあり、尼子晴久は毛利元就に敗れた。中国地方の二大勢力の、絶大を誇った尼子氏の敗退は、もう一方の雄・大内義隆の威力を増大させ、義隆の元へ多くの小領主がなびき、尼子打倒を訴えた。

折しも尼子晴久が頼みとする三沢為清《みさわためきよ》、三吉宏隆《みよしひろたか》ら一三人の武将が大内に走り、義隆は尼子討伐の機が到来したと、決戦を決意した。

天文十一年（一五四二）一月十一日、大内義隆自らが大将となって、兵一万五〇〇〇を率いて山口を出立し、晴久のいる富田城へと進軍した。進軍途中で各地の武将が合流し、出雲へ入ると総数は三万となっていた。

最初の攻撃目標は赤穴城だが、大内勢はこれを攻めあぐね、六月に攻め始めて、陥落させたのは七月末である。義隆が富田城と向き合う京羅木山に本陣を布いたのは、年を越えた正月だった。十分な協議を経て三月に攻撃開始する。

だが、大内軍は尼子勢の勇猛ぶりに手こずって一進一退し、決定的な打撃を与えられず、四月に入ると大内側に寝返ったはずの、元尼子の武将たちが再び尼子に走り、富田城に入ってしまった。

大内陣営は動揺し、戦う気力を失った義隆は、全軍に撤退を号令した。海路から逃れようとする大内軍は、我先に船に乗ろうとする将兵で大混乱に陥り、義隆の嫡子である晴持《はるもち》までもが揖屋《いや》浦で水死している。一年四カ月にわたった戦いは、大内に何ももたらさず、天文二十年（一五五一）九月には、家臣の陶晴賢の反乱に遭って義隆は自害した。

大内が失敗した尼子の月山富田城攻めを毛利は成功させる

大内氏の実権は陶晴賢が握ったが、尼子氏も勢力を盛り返していた。元就は隠密を使って、尼子晴久と叔父の国久を離間させる工作を施すと、この策はまんまと奏功した。

天文二十三年（一五五四）十一月には、晴久は国久を暗殺した。国久は新宮党《しんぐうとう》という尼子の最強軍団を率いていたが、国久の一族も死に、新宮党も壊滅したため、尼子軍そのものが弱体化したのである。

元就は、弘治元年（一五五五）十月に、厳島《いつくしま》で陶晴賢を屠《ほふ》っている

弘治二年（一五五六）、毛利は尼子の大森銀山（石見銀山）を手に入れた。以後、この銀山をめぐって両者の熾烈な戦いが続く。

尼子晴久は出雲の勇将・本庄常光《ほんじょうつねみつ》を石見に侵入させて毛利軍の救援ルートを断ち、銀山を奪い返した。毛利元就は銀山奪回のため、安芸、備後、石見の兵を動員し、本庄常光の山吹城《やまぶきじょう》を攻撃し、謀略で常光を寝返らせる。

安芸の一国人だった毛利氏は、初めは尼子氏についていた。『毛利家文書』によれば、元就が尼子から離反したのは、元就を家督から除こうという家中の陰謀に尼子が加担したためという。元就は元来、家督を継ぐ立場にはなかったが、兄の興元が酒毒で病死し、その遺児幸松丸も夭逝《ようせつ》したため、二十七歳のときに毛利宗家を継いでいる。このとき家臣の中には尼子から後継者を迎え入れようとする動きもあったとされる。

尼子十勇士

尼子は出雲、隠《お》岐《き》のほか、伯耆、石見、安芸、美作などの大半を治める〃十一州の太守〃である。対する毛利は、大内氏没落後に芸備国衆の旗頭となり、厳島に陶晴賢を敗って周防《すおう》、長門《ながと》を押さえ、中国地方のニューリーダーとなった。

本庄常光の山吹城が落ちたことで、石見の尼子勢力は消失した。

永禄三年（一五六〇）、尼子晴久

が急死した。跡を継いだのは弱冠二十歳の嫡子・義久《よしひさ》である。永禄五年七月、元就は尼子打倒の旗を揚《あ》げ、一万五〇〇〇の兵を率いて居城の安芸吉田城を発《た》った。十一月、元就の次男・吉川元春《きっかわもとはる》が、毛利氏に寝返った常光を血祭にあげ、富田城の有力な支城・白鹿城《しらが》（松江市法吉町）を囲んだ。

富田城の支城網は「出雲十城」とされ、その中でも白鹿城は堅城で知られた。守る松田満久《まつだみつひさ》・誠保《まさやす》父子は毛利の大軍を前に頑強に抵抗した。

永禄六年（一五六三）八月、遮二無二攻める毛利の陣中に、元就の嫡子で当主の隆元《たかもと》が、尼子攻めに向かう安芸の佐々部《ささべ》で急死したという悲報が届いた。これは毒殺も疑われ、悲嘆にくれた元就は、隆元を饗応した備後の国人の和智誠春《わちまさはる》らを誅殺している。

毛利勢は暗雲を打ち破るようにして、尼子方の支城を次々と落とし富田城を囲んだ。毛利勢は富田城への兵糧を断つ作戦を進めるため、宍道湖《しんじこ》や中海《なかうみ》からの富田城への輸送を阻止し、永禄八年を迎えた。

富田城を囲む元就は、本陣を星上山《せいじょうざん》に置き、急死した隆元の嫡男・輝元《てるもと》を入れ、十三歳の初陣とした。四月十七日、攻撃口を西側から菅谷口、御小守口、塩谷口の三方に定め一斉に攻め上った。

三方のルートとも急勾配の険路である。御小守口からは一万五〇〇〇で輝元が先鋒となり、菅谷口からは小早川隆景隊が、塩谷口からは吉川元春隊が突入した。特に激戦だったのが塩谷口で、このとき尼子義久の近習頭・立原久綱《たちはらひさつな》の甥である山中鹿之介《やまなかしかのすけ》は毛利の将を討ち取っている。

すでに籠城三年が経ち、糧道を断たれた富田城内は脱落する者が相次ぎ、冬に入って餓死者が出はじめていた。

元就は尼子もここまでと投降を勧め、城内に矢文で知らせ、年が明けて和議が成立した。城内には二〇〇〇人余の兵しか残っておらず、包囲する三万五〇〇〇の毛利軍に抗するすべはなく、義久は城を明け渡してわずかな供回りを連れて九州・豊後半島の杵《き》築《つき》へと落ちた。ここに、経久以来八〇年にわたって、十一州を領した尼子氏は滅んだ。

義久に最後までしたがった供回りの中に、山中鹿之介もいた。その後、鹿之介は巡礼に身をやつして諸国を回り、京都に潜んだ後、尼子の血を引く東福寺の僧・孫四郎を還俗させて尼子勝久《かつひさ》と名乗らせて、主家再興の旗を揚げることとなる。

厳島《いつくしま》の戦い

毛利VS陶

弘治元年（一五五五）

元就は陶晴賢を嫡子隆元の義父の仇として戦いを挑む

尼子攻めに失敗し、気を萎えさせた大内義隆は文事に傾き、武断を促す家臣の陶晴賢《すえはるかた》に滅ぼされてしまった。晴賢は石見津和野《いわみつわの》の吉見《よしみ》氏を討伐するため、毛利元就に参戦を要請した。

だが、元就は晴賢との絶縁を決意し、応じなかった。元就の嫡子の隆元《たかもと》の妻は大内義隆の養女であり、晴賢を仇とする名分も立ち、大内の旧臣を組織できる条件も得たのである。

元就は桜尾《さくらお》・草津《くさつ》・宮島《みやじま》・仁保島《にほじま》の諸城を陥落させて安芸を制圧すると、晴賢との決戦に備えて厳島を占領し、宮ノ尾《みやお》城を築いた。

ここで元就は、晴賢を厳島《いつくしま》におびき出すための工作をした。厳島に宮ノ尾城を築いたことを元就が悔《く》いているという噂を流したのである。

陶晴賢は厳島出陣を危ぶむ家臣の言を退け、弘治元年（一五五五）九月二十一日、晴賢が率いる二万余の軍勢は、五〇〇余艘の兵船に分乗して、周防国玖珂《くが》郡の今津《いまづ》・室木《むろのき》の浜から厳島に向けて出航した。陶軍の兵船はその日のうちに厳島沖へ着き、翌日の早朝から上陸を開始。兵船は兵を島に揚げた後、そのまま水軍となって警戒に入った。

陶軍の主力は、宇賀島《うが》、大浜《おおはま》、桑原《くわばら》、神代《こうじろ》、沓屋《くつや》、浅海《あさなみ》などの海賊の〝警固《けご》衆〟で、大将は宇賀島十郎左衛門《じゅうろうざえもん》である。上陸した先陣は三浦房清《みうらふさきよ》と大和興武《やまとおきたけ》の両将による部隊で、島内の塔ノ岡《とうのおか》に陣取り、後続部隊が島内諸所に陣を布いた。

晴賢も大元浦《おおもとうら》に上陸後、塔ノ岡《とうのおか》へ移動し、毛利元就が築いた宮ノ尾城を見下ろせることを確認した。宮ノ尾城は元就が陶軍を厳島におびき出すための囮《おとり》の城である。この年の春より構築を始め、将兵を籠めている。陶の水軍の到来近しと見ると、元就はさらに五〇〇の兵を入れて防備を固めた。

陶軍は宮ノ尾城への攻撃を、本陣の塔ノ岡より加えた。宮ノ尾城の籠城兵は六〇〇で、すでに水の手を切られ、陶軍は数千人の夫役によって、城の掘り崩しを図ったため、城櫓も半ば崩壊し、城兵が着物を裂いて作った大綱でかろうじて繋ぎ止めるありさまだった。

宮ノ尾城が落ちては、元就の立てた厳島奇襲作戦は画餅《がべい》に帰してしまう。毛利軍は何としても、落城前に本隊を渡海させねばならなかった。

だが、元就は待っていた。

村上水軍の来島《くるしま》警固衆は頼りにならずとして、元就は実子の小早川隆景と吉川元春、毛利隆元の四人で軍議を開き、毛利の川ノ内《え うち》警固衆と、小早川の沼田《ぬまた》警固衆のみで厳島上陸を敢行《かんこう》し合戦に臨もうと、本陣を厳島への渡海地の地御前《ちごぜ》へ移動させたが、なお村上水軍の来援に一縷《いちる》の望みを託していた。

二十八日午後になって、待望の村上水軍二、三〇〇艘が廿日市《はつかいち》沖に船影を見せた。元就同様に、陶軍も村上水軍に来援を懇請していたので、毛利と陶の両軍は固唾《かたず》を呑んで村上水軍の進路を見守った。村上水軍は仁保島を右に見て西進すると、面舵《おもかじ》を取って廿日市沖に停泊した。地御前の毛利陣営から歓声が上がった。村上水軍が毛利についた喜びは、元就が隆景に送った書状によく表われている。「来島扶持《ふち》をもって、隆元われら首をつぎたること候」。

二十九日、元就は渡海を決意し、軍法を定めて出陣の法螺《ほら》貝を吹き鳴らすが、船頭たちは荒天を理由に出航を渋った。出航時刻である酉《とり》の刻（午後六時）を前にして暴風雨が激しくなり、海面は視界が遮られて波浪が牙を剥いていた。船頭たちは「この荒れ具合では櫓《ろ》が波にさらわれる。仮に船を海に出したとて咫尺《しせき》を弁ぜず、対岸への着船はおぼつかない」と言

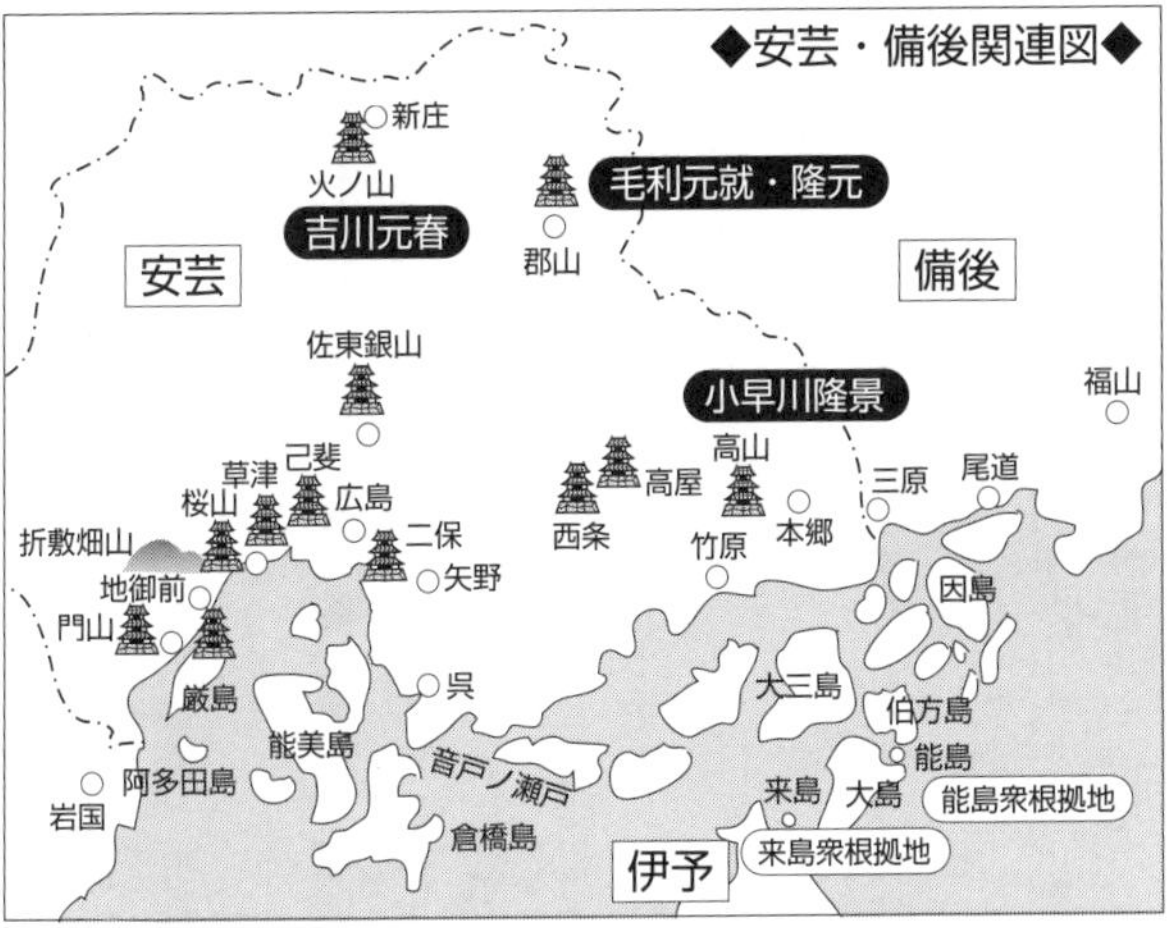

◆安芸・備後関連図◆

うのである。

元就は「西風は吉例。この風雨こそ天が我に加護を垂《た》れ給う御《み》しるしである。暴風雨で敵は油断して警固を怠っているであろう。今こそ出陣の好機であり、全軍速やかに船を進めよ」と断固として彼らの泣き言を斥《しりぞ》けた。

横なぐりの西風は戌《いぬ》の刻（午後九時）になって止み、厳島東海岸の包ヶ《つつみ》浦《うら》へ着いた。すぐさま元就は兵船をことごとく廿日市沖へ戻させた。「かような日和《ひより》に島へ渡り、合戦をはじめたからには戦いに打ち勝てば敵の大将は討死疑いなく、打ち負ければこの身の討死は疑いない。勝ったときは敵の船こそ味方の船となり、負けたときは味方は船のことを思い出して生に未練を残すことになる」と、元就は言い放った。

この一言で毛利の将兵は決死の覚悟を固めた。陶軍の本陣塔ノ岡を眼下に見下ろすのは上陸地の西方、博奕尾山《ばくちおやま》である。漆黒の闇の中を毛利軍は登山し、夜明けには無事博奕尾山の峰に到着、元就の攻撃命令を待つだけとなった。

元就の作戦は見事にはまり陶の大軍を壊滅させた

陶軍二万に対して、元就率いる毛利軍は全軍で四〇〇〇。眼下には厳島神社の大鳥居とともに、塔ノ丘に布陣した陶軍本陣が丸見えだった。

十月一日卯《う》の刻（午前六時）、元就は攻撃命令を下した。

喊声《かんせい》をあげて山を一気に駆け下りる毛利軍将兵は、一丸となって陶軍本陣へ突入した。眠りを貪《むさぼ》る陶軍は狼狽し、混乱は極みに達した。つい先刻までは宮ノ尾城総攻撃の成功を頭に描き、勝利を夢見ていた陶軍は、為す術《すべ》を知らず潰乱した。

二万の大軍が狭い塔ノ岡の空間に、身動きもままならないほどに詰めていたため、数の優勢は一転して負の要素と化してしまった。直後、さらに思いがけない急襲が岡の下からやってきた。もう一隊の毛利軍が山坂を駆け登ってきたのだ。

毛利軍のうち二〇〇〇が元就・隆元の支配下にあり、一〇〇〇が吉川元春の支配下で、これらの軍勢が博奕尾山から急襲した。残り一〇〇〇は小早川隆景が支配下におく沼田水軍で、これに伊予の村上水軍を加えたものが、やはり地御前から出航し大きく南へ迂回して西方より厳島神社大鳥居前に上陸し、塔ノ岡の陶軍本陣を山下より衝いたのだ。

隆景・村上水軍の連合軍は、元就の陸戦部隊の攻撃開始を合図に厳島へ押し寄せる手筈であった。陶方警固衆を撃滅して敵の退路を断つ目的も兼ねていたとされる。

彼らは厳島神社の社壇を通り、夜のうちに塔ノ岡の坂下まで詰めかけて、戦機の熟するのを待っていたのだ。また海上でも、沿岸に停泊していた陶軍の船団めがけて、攻撃を仕掛ける準備ができあがっていた。

陶軍は塔ノ岡の上と下の両方から、奇襲を受けて総崩れとなり、先を争って自軍の船団が碇泊する大元浦へ逃れていった。生き残るための恐怖心が、島外に脱出したいという無分別が、陶軍を包み囲んだのだ。その大元浦の海上でも、夜のうちに陶軍の船団の奥深くに入り込んだ毛利の水軍が、一斉に挑みかかっていた。我がちに大元浦へ逃れ出た陶軍将兵のほとんどは、乗船を見つけることができず、海岸を走り回っていた。辛うじて乗った船も、余りに大勢が乗りすぎたために、沈んでしまう有様だった。

毛利本陣の隆元の陣地へ、五〇〇ばかり陶軍が踵《きびす》を返して切り込み、激戦となった場面もあったが、すぐさま元就が手勢三〇〇を加勢に走らせて撃滅した。

　ここにいたって、陶晴賢はもはやこれまでと討死を覚悟するが、家臣の三浦房清が「山口へ引き取って再挙を図るべき。それがしが殿軍《しんがり》となって討死しますゆえ、船に走って島外へ逃れてくだされ」と背を押した。しかし、島の南側の大江浦まで下っても陶軍の船影はなく、

無念の自刃に果てる。三十五歳という働き盛りであった。
　晴賢を大江浦へ逃すと、三浦房清は毛利軍の追撃をかわしながら、大江浦から山を越えて青《あお》海苔《のり》浦の辺りまで逃れ、追ってくる小早川軍と戦って討死した。
　陶軍の中にも勇士はいて、弘《ひろ》中三河守《なかみかわのかみ》とその子・中務丞《なかつかさのじょう》は、塔ノ岡に五〇〇ばかりの兵とともに踏みとどまり、追撃し

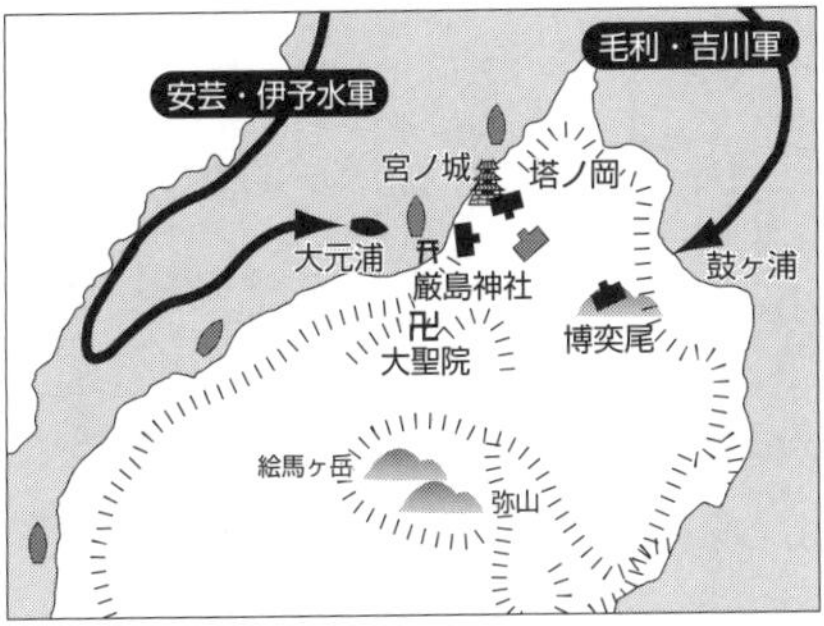

てくる吉川元春軍との戦におよんだ。これに力を得た陶軍は、横合いから吉川軍を突き、毛利勢の旗色が悪くなったときもあった。だが合戦全体の勢いを覆《くつがえ》すにはいたらず、加勢に助けられた吉川軍は巻き返し、弘中父子は島内の駒《こま》ヶ林《はやし》という山まで逃れ、討ち取られた。

毛利側の史料『芸侯三家誌』によると、「十月朔日《ついたち》より同十一日まで軍士をもって山を捜し、逃げ隠れたる者を追討せられ、すべて得るところの首員《かず》四千七百八十五なり。その他は船に乗り、筏《いかだ》を組んで落ち失せたり」と記録している。

また『吉田物語』には「御合戦は弘治元年乙卯十月朔日朝六つ時より始め、八つ時に終わる。其敵を討捕る数四千七百八十余人。芸州厳島合戦とはこれなり」とあり、共に陶軍の戦死者を狂いなく表記している。

厳島の戦いは、陶軍二万と毛利軍四〇〇〇とが戦ったもので、午前六時から午後二時までの八時間で終わった。毛利軍の戦死者はわずかでとどまり、厳島の戦いの奇襲作戦は、予想外の成果を上げ、日本戦史史上に残るものとなった。

鳥取城の戦い

羽柴VS山名・毛利連合軍

天正九年（一五八一）

山名の家臣は豊国を追いだし秀吉に抵抗した

信長の中国攻略は天正五年（一五七七）より本格的に開始された。十月より播磨国に羽柴秀吉を差し向け、当初は順調に事が運ぶかに見えたが、翌年二月に入ると播磨国三木《みき》城の別所長治《べっしょながはる》が、十月には有岡《ありおか》城の荒木村重《あらきむらしげ》が毛利方になびいた。そうなると織田方に伏していた現地の諸将の間に動揺が走り、毛利方に寝返る者が続出した。

因幡《いなば》国主だった山名豊国《やまなとよくに》もその一人で、三木城の別所氏が毛利方に背くと、まもなく織田方と縁を切った。豊国は応仁の乱で西軍を総帥した山名宗全《そうぜん》の五代の孫に当たる。

天正八年（一五八〇）、秀吉は三木城を陥落させ、山陰地方への侵攻を開始した。但馬《たじま》国を経て因幡国へ進み、若桜鬼ヶ城《わかさ》（鳥取県八頭郡若桜町）、私部城《きさいち》（同八頭町）、鹿野城《しかの》（同鳥取市鹿野）と小城を次々と落とし、豊国の籠もる因幡国の主城鳥取城を囲んだ。

秀吉は「臣属するなら因幡一国を与えるが、拒むなら娘を磔《はりつけ》にして城を潰す」という条件を出した。それでも首を縦に振らない城主の豊国に対し、秀吉はその娘を逆さに縛《しば》り付けて槍の刃を娘の肌に当てながら降伏を迫ると、動揺した豊国は重臣たちの反対を聞かず、秀吉に降伏した。

だが秀吉は、因幡一国の安堵の約束を反故《ほご》にして、二郡しか与えなかった。豊国の重臣の中村春続《なかむらはるつぐ》と森下道誉《もりしたどうよ》は、これに不満を持ち、主君である豊国を鳥取城から放逐して、再び毛利に援助を求め、秀吉との徹底抗戦に入ったのである。

城兵は毛利方山陰方面の軍事責任者である吉川元春《きっかわもとはる》に急使を送り、新たな城主を要請した。

毛利方は次々と三人ほどを鳥取に送り込んだが、城方はその人選には満足せず、「もっと名のある人を……」という要求を続け、選ばれたのが石見国福光《ふくみつ》城（島根県大田市温泉津《ゆのつ》町福光）の城主吉川経安《つねやす》の子経家《つねいえ》である。鳥取城籠城戦を戦いぬき、敗北の責を負って自刃した経家は初めから鳥取城主だったわけではなく、城兵たちに請われて入城したという、珍しい城主であった。

天正九年（一五八一）三月十八日、経家は配下の兵四〇〇を率いて鳥取城に入った。経家は入城に際して、嫡男の亀寿《かめじゅ》丸に家督を譲り、自分の首桶《くびおけ》を用意したという。死を覚悟した上での新城主だったのである。

鳥取城は標高二六三メートルの久松山《きゅうしょうざん》の頂にある。「四方離れて嶮《けわ》しき山城なり」と『信長公記』にもあり、鉈《なた》で丸太の四方を削ぎ落としたような難攻不落の要塞である。

本丸には三重の天守閣を擁し、久松山の西北の雁金山《かりがね》とは山伝いに連携していた。経家は雁金山に信頼できる武将として塩冶高清《えんやたかきよ》を入れ、雁金山城を構築させて防備を固めた。

城の眼下に控える鳥取港（賀露《かろ》港）との補給路確保には、急いで港と城の中間に丸山城を築き、五〇〇の兵を入れた。雁金山城と丸山城に守られた鳥取城の籠城戦は、やがて毛利の援軍も期待でき、食糧さえあれば万全なものに思われた。が、経家は入城後まもなく不安に駆られた。

村々から兵糧米を徴収してみると、思ったほどには集まらないのだ。これは秀吉が巧みに因幡国中の食糧を買い占めたからで、秀吉は密かに若狭《わかさ》国で船を雇い入れ、それを因幡へ廻船して米を時価の数倍で買い入れたのだ。若狭の商人を使ったのは秀吉の仕業だと悟られないためで、農民は喜んで米を売り、敵の計略だと気付かない鳥取城の兵までもが、城内の備蓄米を競って売り払っていた。

加えて秀吉は、鳥取城下を徹底的に焼き払い、家を失った領民を鳥取城内に逃げるように

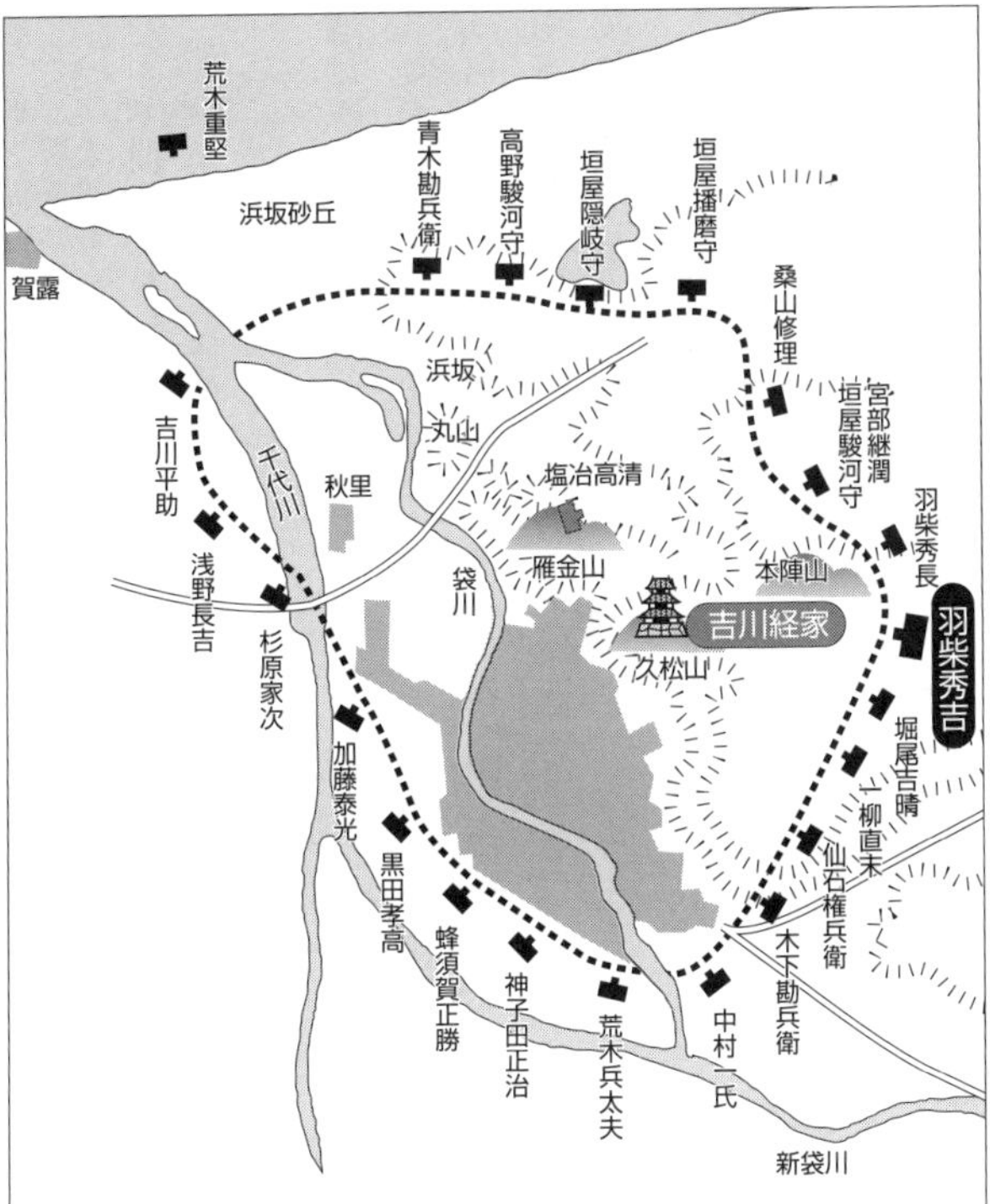

追い立てた。このため城兵が一四〇〇ほどだった城内の人口は、戦争の役に立たない非戦闘員が増え、たちまちのうちに四〇〇〇に膨れ上がっていた。領民らも兵と同量の飯を食うため、城内の食糧事情は最悪となり、地獄絵さながらの「渇《かつえ》殺し」が迫っていた。

秀吉は久松山より一・五キロ東にある帝釈《たいしゃく》山を本陣とし、大人数を投下して城郭を造り、十日間で堀、塀、櫓を完成させていた。

さらに鳥取城、雁金山城、丸山城の周囲に深さ八メートルに及ぶ空堀を全長一二キロにわたって掘りまわし、一キロごとに騎馬武者二〇人と射手《いて》一〇〇人を配し、五〇〇メートルごとに番所を設けて、五〇人を入れて見張りに当たらせた。

地獄絵の世界が現実になった

経家入城から半年を経た十月に入ると、ついに城内の食糧は尽きた。『信長公記』によるその惨状は「餓鬼《がき》の如く痩《や》せ衰えたる男女、柵際《さくぎわ》へ寄り、もだえ焦《こ》がれ、引きい出し扶《たす》け候へと、さけび、叫喚《きょうかん》の悲しみ、哀れなる有様、目も当てられず」とある。城から出してくれと柵にもたれて叫んでいるのだ。

秀吉軍は、柵を破って城外に脱出した者を、鉄砲で狙い撃ちさせた。撃たれて死んだ者がどうなったかというと、「片息したる其の者を、人集まり、刀物を手々《てんで》に持って続節《つぎぶし》を離ち、実《み》取り候へキ。身の内にても、取り分け、頭能《よ》きあぢはひありと相見へて、頸《くび》をこなたかなたへ奪ひ取り、逃げ候へキ」と『信長公記』には地獄絵のように記している。死んだ者の周りに集まり、死体の関節を切って肉を取り分け、頭部が美味なので首を奪い合ったという表現は、あまりにリアルだ。

経家は父の経安に、兵糧差し入れを請う。経安は「これで息子を助けてくれ」と吉川元春に銀一〇〇枚を差し出すが、秀吉の鳥取城完全包囲の下では、金《かね》など何の効果もなかった。

秀吉軍は城の東西に陣地を築いて毛利の援軍に備え、海上では細川藤孝の水軍が、毛利の水軍による物資輸送を阻止しており、万全の包囲網を布いていた。

秀吉の念の入れようはこれだけでなく、河川を使っての毛利方の兵糧輸送を防ぐため、城近くを流れる袋川や千代川《せんだいがわ》の中に乱杭を打ち、縄を張りめぐらせ、さらには夜間には提灯《ちょうちん》や松明《たいまつ》で周囲を照らし出し、夜陰に乗じての輸送を阻止していた。

毛利軍の後詰の希望を絶たれた鳥取城兵は、ひたすら冬の到来を待った。十一月になれば雪が降り、秀吉軍は撤退するだろうとの甘い期待に賭けたのだ。

秀吉は城内が飢えているのを知ると、城外に一〇町にわたって町屋を造らせ、これ見よがしに因幡や伯耆の商人に市を開かせて食糧を売買させ、厭戦気分を煽り立てた。

城内では兵の士気も軍紀も地に落ち、兵の体力からも戦える状態ではなくなっていた。

九月に入ると、秀吉軍の宮部継潤《みやべけいじゅん》が雁金山城を落とし、鳥取城から雁金山城を経て丸山城へ通ずる連絡網が寸断されて鳥取城は孤立した。

鳥取城の戦い・関連地図

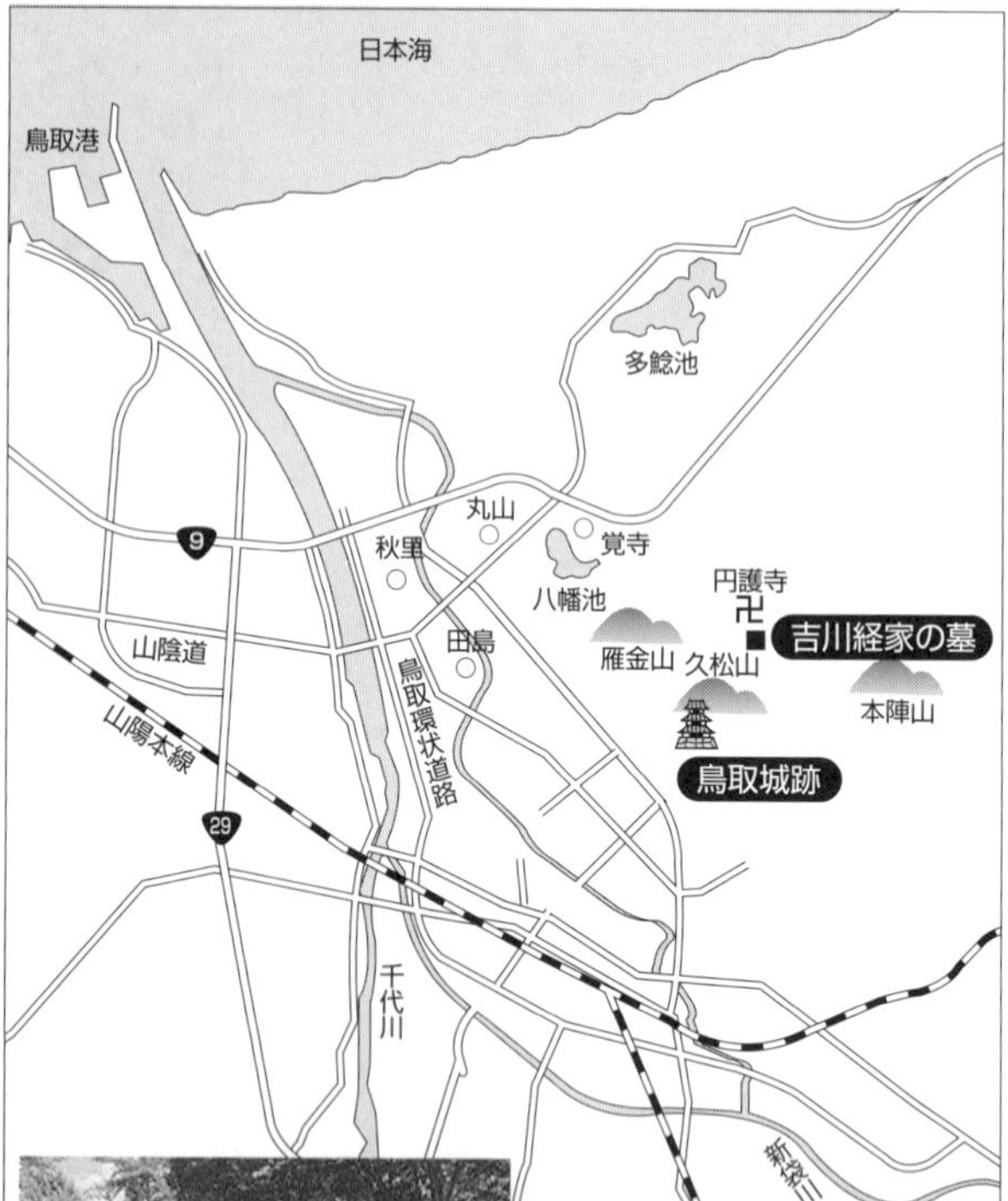

鳥取城は現在復元が
進められている

かつての威容が感じられる鳥取城の石垣

十月になると、経家は主家毛利に対して十二分に忠節を尽くしたと判断し、開城交渉に入った。秀吉は籠城の主謀者である山名旧臣の中村、森下らの切腹で十分とした。だが、経家が自らの切腹により、城兵全員の助命を懇願したため、その意思を入れて経家、中村、森下三人に切腹を命じた。

切腹を見届けて城が開城すると、秀吉は痩せこけた城兵たちに粥《かゆ》をふるまわせた。このとき、干からびた胃に、急に食物を流し込んだため、急死する者が続出したとされる。

経家は「国内を二分する毛利と織田の戦いの場で切腹するのは末代までの名誉である。自分の切腹が城兵を救ったことを一族の誉れとして語り継いでほしい」と遺書に認《したた》めている。秀吉は、自軍の犠牲をほとんど出すことなく、天下の名城を手中にし、毛利勢は大きく西への後退を余儀なくされた。

高松城の籠城戦

羽柴VS毛利

天正十年（一五八二）

秀吉は高松城攻略に水攻めという奇策を思いつく

三木城、鳥取城を陥落させた羽柴秀吉は、次に備中高松城攻略に入った。三木の干殺《ひごろ》し、鳥取の渇《かつえ》殺し、備中高松の水攻めと呼ばれる三つの城攻めは、日本戦史上の特異な戦いとして名を残している。

高松城の水攻めは、城自体を水没させてしまう奇策で、地形を読み、短期間で長さ数キロの堤《つつみ》を城の周囲に築き、中に水を引き入れる。成功すれば、人間の輪によって城を囲むよりも、はるかに味方の損害が少ないのだ。

高松城は沼沢《しょうたく》地を防衛線として利用し、その中の微高地に築かれた城である。水攻めにはうってつけだが、水攻めは敵も外に出られないが、こちらも攻め込めない。城兵は水には不足しないので、ただ兵糧が尽きるのを待つだけの持久戦である。

秀吉の備中侵攻は、天正十年（一五八二）で、三月十五日に軍勢一万七〇〇〇を率いて姫路を発した。途中、備前岡山で宇喜多直家《うきたなおいえ》の兵一万を加え、四月七日に備中領内に入った。

毛利方の備中での前進拠点が高松城である。吉備の古代豪族の古墳を利用して造ったこの城は、南を足守川《あしもりがわ》が流れ、残る三方は沼沢である。城外と連絡する橋がなければ〝浮城〟であり、これまでは難攻不落の要害として勇将清水宗治《しみずむねはる》が守り、三〇〇〇の城兵で立て籠もっていた。

当初、秀吉は正攻法で正面から攻撃をかけたが、城からの発砲で数百人の死者を出して失敗した。このままではいたずらに損害を出すばかりと、秀吉ならではの奇策を思いついた。

周囲には隣国の宇喜多勢に備えて、松島《まつしま》、庭瀬《にわせ》、日幡《ひばた》、冠山《かんむりやま》、宮路山《みやじやま》などの毛利方の砦が散在していたが、秀吉はこれらを各個撃破して、高松城を孤立させた。

砦を潰した後の五月七日に、秀吉は高松城の東南に本陣を構えた。

信長の命を受けて中国路の攻略に入ってすでに五年。征服地は播磨、但馬、因幡、備前にとどまっている。短気な信長のことゆえ、いつまでも悠長に待ってはくれまい。かといって兵を損じるような無理な力押しもしたくないという秀吉の焦りが、軍師・黒田官兵衛の発案とする説もあるが、奇想天外な攻城法を発想させた。

周囲の状況を観察し、さらに梅雨の季節にさしかかることから、城を水浸しにしてしまおうというものだった。

梅雨の時期でもあり高松城は水の中に浮かんだ

翌五月八日から大工事を開始。付近一帯の村々から、農民を金で釣って大動員し、築堤工事をした。掘った土を俵に詰めて土俵として積み上げる。その上に土を盛り、突き固めていく急拵《ごしら》えの堤造りは昼夜兼行で続行された。

報酬は土俵一俵につき銭一〇〇文と米一升と伝わる。これには誇張があろうが、工事の進捗具合からすると農民は喜んで働いたに違いない。堤防が完成すると、足守川に石を積んだ舟三〇艘を沈めて堰《せき》止めをし、その上に土俵を投げ入れたとされる。

十一日間の工期で、全長一里（約四キロ）、上部の幅五間半（約一〇メートル）、底部の幅一一間（約二一メートル）の大堤防の出現に、城兵は肝を潰した。堤防上には五〇間（約九〇メートル）間隔に櫓《やぐら》を組み上げ、夜は篝火《かがりび》を焚いて見張りを続け、城と外部の交信は完全に遮断した。

ここで梅雨期の集中豪雨がやってきて、天気までもが秀吉に味方した。足守川の水量から

すると堤内に水を満たすまでには長期間を要するが、数日で堤内は満々と水を湛《たた》える湖と化し、ついに高松城は湖の中に孤立した。

五月十五日、もはや落城は時間の問題だが、秀吉は毛利の援軍が大軍で迫ったと、信長に援軍を要請した。信長に城攻めの仕上げをさせて、華を持たせようとしたのだ。

信長は機嫌良く安土城を出たが、その後、京の本能寺で明智光秀に襲われるのであるから、この出馬要請がなければ歴史は変わっていたはずだ。

毛利方も手を拱《こまね》いていたわけではなく、一万の援軍を出し、高松城の南方一里の岩崎山、その後方の日差《ひさし》山、猿掛《さるかけ》山に布陣した。城に食糧を入れようと活動するが、秀吉勢の鉄壁の包囲に阻まれて手が出せない。

五月二十七日、毛利方は安国寺恵瓊《あんこくじえけい》を使者に立て、秀吉に講和を申し入れた。

その条件は二つで、
一、備中、備後、美作《みまさか》、伯耆《ほうき》、出雲の五ヶ国を織田に譲る
二、高松城内の兵の命を助ける
というもので、それには秀吉も了承するが、条件を一つつけ加えた。城主の清水宗治に切腹させるというものであった。

毛利側は城主の切腹に応じられないとし、講和交渉は難行する。宗治に腹を切らせては毛利に服属している諸豪族に動揺が生じ、離反が相次ぐ怖れがあるからだ。

秀吉は毛利がそう出ると知りながら、宗治切腹の条件を持ち出したともされている。間もなく信長が着陣するはずで、秀吉が独断で毛利の条件を呑むことは危険と思い、信長に最後の仕上げをさせるために、時間稼ぎをしたというのだ。

だが安国寺は状況打開のため、毛利方に無断で六月一日に城内に入り、宗治を説いていた。

三日の夜に、毛利方に向けた明智光秀の使者が、間違って秀吉の陣に紛れ込んだ。使者が持つ密書で、信長が本能寺に討たれたことを知り、さしもの秀吉も茫然自失した。やがて冷

高松城の籠城戦・関連地図

水没した高松城（繪本　信長一代記）

静さを取り戻すと安国寺を呼び、宗治の切腹を促して城内に酒肴を届けさせた。

宗治は四日には、湖に浮かべた船の上で切腹し、秀吉と毛利の講和は成立した。五日は毛利の出方を見て、六日には堤防を切って高松城包囲の陣を解放すると、急ぎ東へ軍を急進させた。世に言う秀吉の「中国大返し」である。

耳川《みみがわ》の戦い

天正六年（一五七八）

大友VS島津

宗麟のキリシタン狂いで大友の家中はまとまりを欠いていた

戦国時代の後期になると、九州は豊後を拠点として北部を支配する大友《おおとも》氏と、鹿児島を拠点として南九州を牛耳る島津《しまづ》氏が二大勢力となっていく。

九州の筑豊肥六ヶ国を支配する大友宗麟《そうりん》は、南九州の薩摩から興った島津氏が、急激に膨張をはじめたため、やがては雌雄を決さねばならないとしていた。

大友と島津の勢力圏の間には日向《ひゅうが》があり、日向は親《しん》大友となり、北を県《あがた》の土持親成《つちもちちかしげ》が、南を佐土原《さどはら》の伊東義祐《いとうよしすけ》が治めていた。義祐の息子の嫁は大友宗麟の姪で、伊東氏は宗麟の親戚となっていたが、土持氏が薩摩の島津に屈したため、北日向の諸城も島津に通じ、大友と島津は直接に領土を接するようになっていた。

天正五年（一五七七）、島津義久《よしひさ》に圧迫された伊東義祐は、居城を放棄して近親者とともに豊後の宗麟を頼って逃れてきた。

宗麟はキリシタン大名として名を馳せていた。多くの戦国大名が西洋の文物が欲しいため、仮にキリシタンとなっているが、宗麟の入信は真剣で、領国ではキリシタンの保護政策を布き、キリシタン神父が〝邪教〟として忌み嫌う神社仏閣を破壊させていた。

家中の内実はキリシタン派と反キリシタン派とに分かれ、分裂寸前の様相を呈し、神官の娘である宗麟の正妻は、夫のキリシタン狂いに業《ごう》を煮やし、嫡男の義統《よしむね》や大友家重臣である兄の田原親賢《たわらちかかた》入道紹忍《しょうにん》たちとともに、宗麟を牽制していた。

大友宗麟

天正六年三月、宗麟は自ら三万の兵を率いて県を攻め、土持親成を滅ぼして島津勢を敗走させた。宗麟はすでに義統に家督をゆずり、さらに反キリシタンの正妻を離縁していた。宗麟は北日向の土持氏の領分を自分の隠居地とする予定で、県の北方の無鹿《むじか》にキリシタン的理想国を築く夢を抱いていた。

さらに宗麟は伊東氏の旧領を回復するため、十月になると島津を日向から放逐すべく、領有する豊後、豊前、筑前、筑後、肥前、肥後の六ヶ国に加え、日向、伊予の兵四万三

○○○をもって海陸から南日向に旗を進めた。

このとき、大友軍の軍配者（軍師）の角隈石宗《つのくませきそう》は、「今年は宗麟の厄年である。豊後から南西の未申《ひつじさる》の方角に進むのは、彗星の運行が凶を示している」と出陣に反対した。『大友興廃記』によると〝軍配者石宗〟とあり、彼が一心に祈れば、空から脇差を降らせることができ、一心でなくとも風を起こすことができ、飛ぶ鳥を呼ぶこともできたとある。

キリシタンは、この妖術使いのような者をもっとも嫌っており、宗麟は石宗の制止を受け容れず、居城の臼杵《うすき》丹生島《にゅうじま》城を、ポルトガルの神父らをともなって出発した。宗麟の船は舳《へ》先《さき》に十字架を輝かせて日向灘を下り、五ヶ瀬《いつせ》川の河口（現・宮崎県延岡市）に投錨し、無鹿に入るや軍を止めて、教会堂の建設にとりかかった。

宗麟は元来、体が丈夫ではなく、後方にあって外交を得意とするタイプだったとされ、島津攻めは、宗麟に代わって田原紹忍が総大将として南進を開始した。

先鋒の大将を務めるのは、佐伯惟教《さえきこれのり》と田北鎮周《たきたしげちか》である。これまで宗麟が奕々たる戦果を上げてきたのは、彼の立てた戦略にしたがって、戸次鑑連《べっきあきつら》（立花道雪）、吉弘鑑理《よしひろあきさと》、臼杵鑑速《うすきあきはや》といった戦上手が奮戦したゆえだが、臼杵はすでに亡く、戸次・吉弘は遠く博多にあってこの戦には加われない。

宗麟はまずそのことに気づくべきであったが、田舎侍の島津など鎧袖一触《がいしゅういっしょく》できると高《たか》をくくってしまっていた。緒戦は大友方に有利に展開した。大友本陣の無鹿と、島津の前進基地の高城《たかじょう》（現・宮崎県木城町）との間に耳川《みみがわ》が流れている。耳川は肥後国境に源を発し、東流して日向灘にそそいでいる。

十一月初旬、大友軍先鋒が耳川で島津家久《いえひさ》の軍と接触し、これを撃破して耳川を渡った。家久は敗走して財部《たからべ》城に逃げ込んだ。これを大友軍が追尾して、島津方の山田有信《やまだありのぶ》の守る高城近くまで進出した。

高城は耳川支流小丸川《こまるがわ》を望む台上にあり、断崖と深田に守られた堅固な城砦である。有信は高城に五〇〇の兵で籠もっていたが、すかさず財部から家久が三〇〇〇の兵で来援し、さらに島津の総帥義久が薩摩・大隅《おおすみ》・日向の兵四〇〇〇を率いて、佐土原より北上して高城の下の根白坂《ねじろざか》に布陣し後詰《ごづめ》となった。

大友の本隊も到着し、小丸川を挟んでの両軍は八万に膨れ上がっていた。

決戦を前にキリシタン派と反キリシタン派がいがみあう

十一月十一日夜の大友軍の軍議は紛糾した。田北鎮周は熱烈なキリシタンで戦意高く、高城への強攻を主張したが、佐伯惟教は反キリシタンの代表として、家中のキリシタン派を押さえねばならぬと反対し、敵襲を待っての迎撃を唱えて、両先鋒が対立したのである。

当主の宗麟が不在のために対立は激化し、総大将とはいえ田原紹忍では収拾できなかった。

神官の出である紹忍は、自軍のキリシタン将兵が進軍の途中で、道々の神社仏閣を破壊するのを見て腹を立てていたが、キリシタンに凝り固まった宗麟には逆らえず、これまでもどっちつかずの、煮え切らない態度を取っていた。

紹忍が決断を下さないために、鎮周は翌朝には手勢を率いて強引に小丸川を押し渡り、島津勢に突っ込んでしまった。

河原の草の陰には島津兵が埋伏《まいふく》していた。島津の銃が一斉に火を噴き、田北の兵が薙ぎ倒される。鎮周は背に十字架の旗をなびかせて、姿の見えない島津兵を必死に探すが、銃弾は四方から飛んでくる。対岸の惨事を眼前にして紹忍も座視できずに、準備不足は承知していたが渡河攻撃を命じた。

そのとき、根白坂上に陣を構える義久軍が、一斉に坂を駆け下り、小丸川河原に殺到した。加えて高城の城門を開いて山田有信と家久の兵三〇〇〇が飛び出し、どっと大友勢の横合から鉄砲を撃ちかける。

耳川の戦い・関連地図

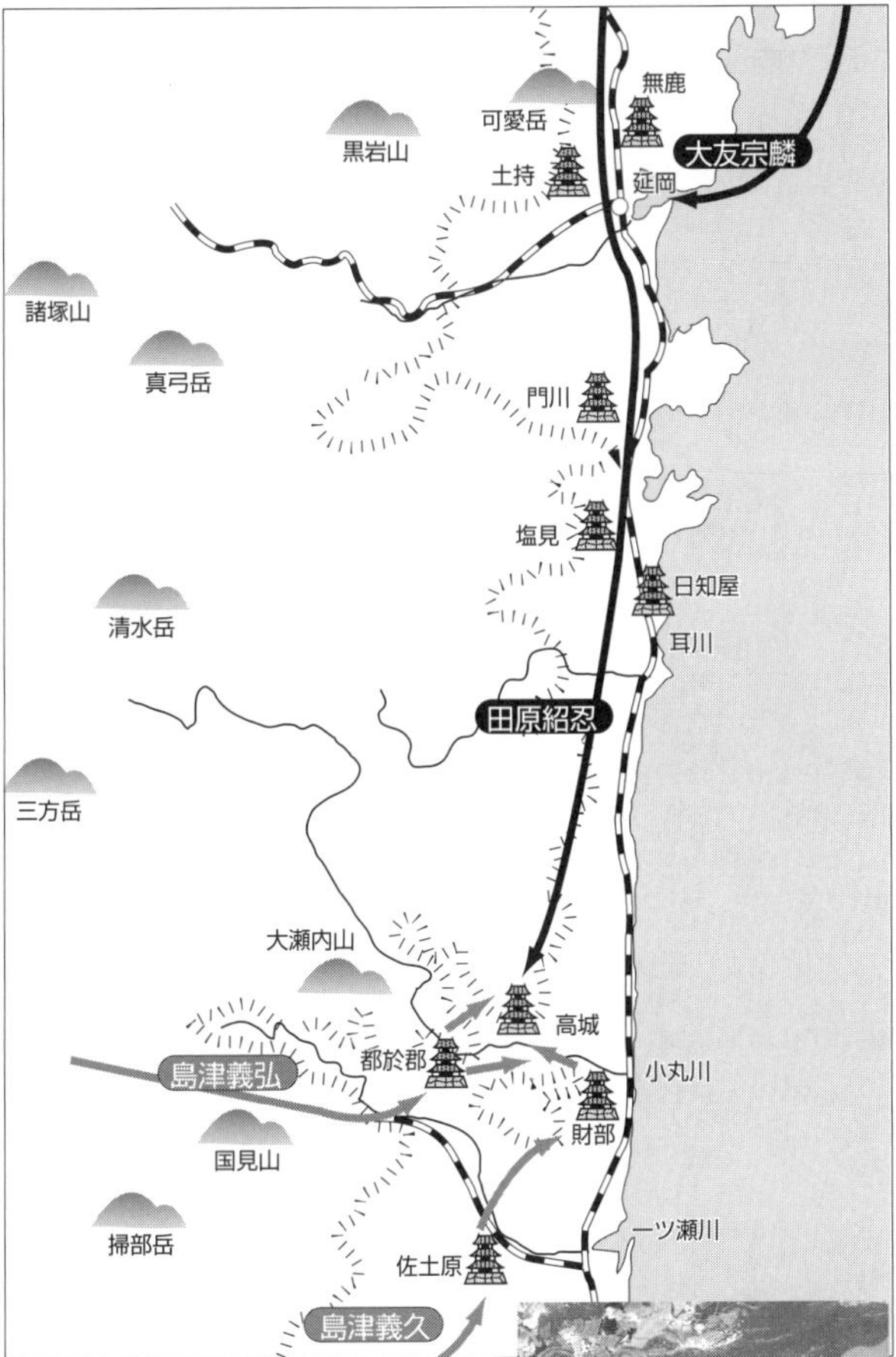

進軍時には、難なく渡れた川だったが……

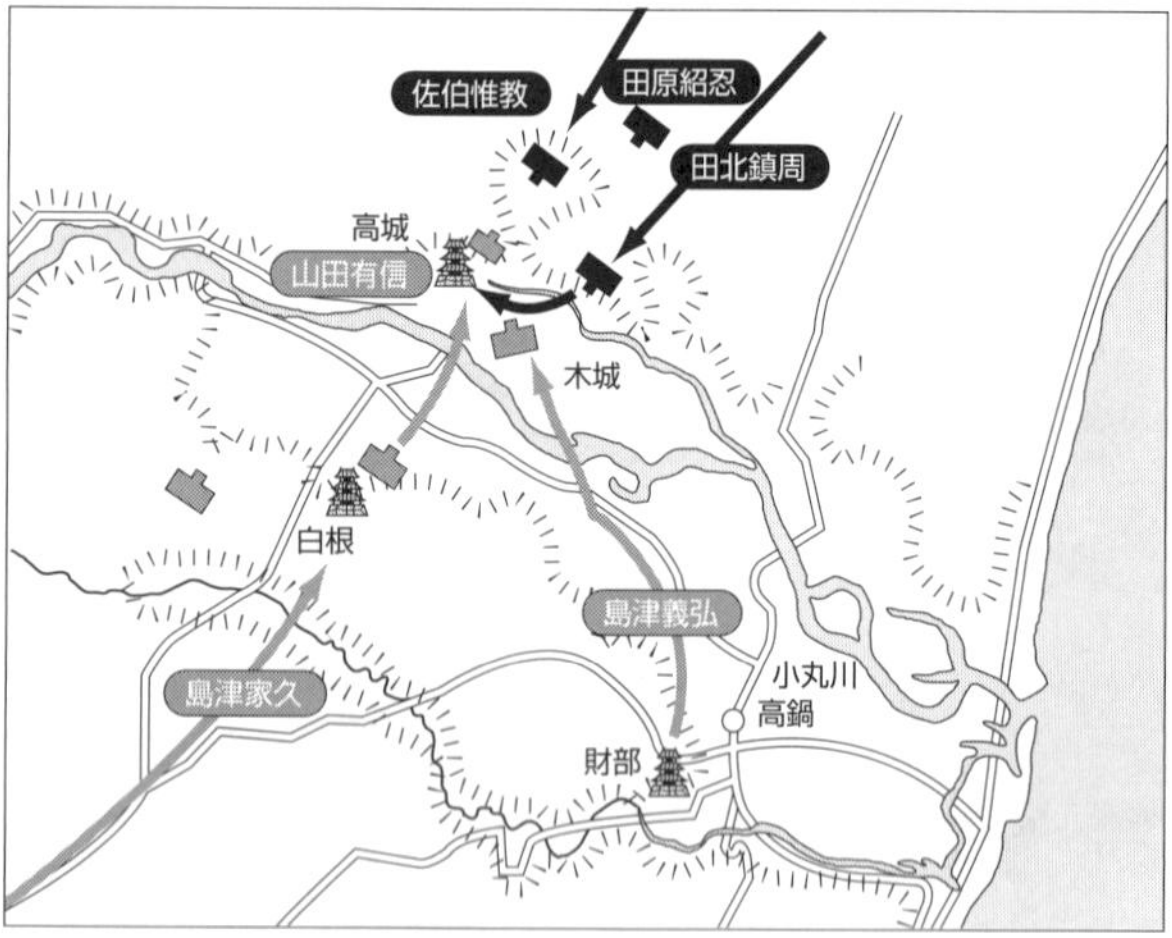

大友軍は陣形を維持できずに浮き足立った。

このとき島津勢から高々と「八幡大菩薩」と大書された旌旗《せいき》が掲げられ、「邪教の兵を一兵たりとも討ちもらすな」と、喊声《かんせい》を上げながら押し寄せてきた。

宗麟がキリシタン信者とはいえ、大友兵の大半は神徒と仏徒である。彼らは、軍配者の石宗がこの出撃に際して〝血河《けっか》の気《け》〟という不吉な雲があり、これが動くまで出撃は控えるように進言したことを思い出した。

進軍のときにも、自軍のキリシタン信者の兵が神社仏閣を破壊するのを目撃して、神罰が下るのではと恐れていたが、それが現実に起こったと戦意を喪失した。

総大将紹忍が乱戦に巻き込まれて負傷した。

指揮を執るのが不可能となり、大友軍は潰走に入る。佐伯惟教、田北鎮周はすでに戦死し、石宗も一兵士として戦い、北郷忠左衛門《ほんごうちゅうざえもん》に討ち取られていた。

大友軍は一目散に北へ向けて敗走したが、やがて耳川の急流が行く手を阻んでいた。進軍では島津勢に向かって渡河した耳川だが、逃げる大友軍の退路を断っていたのだ。

耳川の急流は、疲れ果てた大友軍を、次々と情け容赦なく呑み込んで下流に流した。現在の耳川は、上流にある上椎葉《かみしいば》ダムによって、水量の少ない川となっているが、往時は川幅も広く、水勢も盛んだったという。

合戦地からはるか後方にいた宗麟は、敗走してくる兵を見て絶句した。「これも神の与えた試練か……」と呟き、錯乱のあまり出来上がったばかりの無鹿の教会堂に火を放ち、妻子とともに豊後まで逃げ帰った。

耳川の大敗で、大友家は名のある武将のほとんどを失い、五〇〇〇の戦死者を出した。余りに多くの男が死んだので、残された女たちは〝日向後家《ごけ》〟と呼ばれたという。

合戦後、宗麟はますますキリシタン信仰にのめりこみ、大友家は急速に衰退していった。

岩屋城籠城戦

大友VS島津

天正十四年（一五八六）

九州平定を目指す島津は秀吉の九州動員に焦る

戦国時代の九州は、肥前の龍造寺《りゅうぞうじ》隆信《たかのぶ》、豊後の大友宗麟、薩摩の島津義久が「九州三強」として、三つ巴《どもえ》の戦いを繰り広げていた。

大友の先祖は鎌倉時代から豊前、豊後の守護職に任じられ、室町時代には九州探題を務めて、十三代宗麟に至っていた。宗麟は出家後の号で名は義鎮《よししげ》という。島津もまた、鎌倉幕府より薩摩、日向、大隅三国の守護に任じられ、約三八〇年を経て十六代当主義久へと家系を伝えていた。義久には義弘、歳久、家久の三人の弟があり、従弟に征久《ゆきひさ》、忠長という強豪揃いの一族で、家臣にも新納《にいろ》忠元などの武辺者が名を連ねていた。

戦上手のそろった島津軍は、天正六年（一五七八）には、南下した大友軍を「耳川の戦い」で打ち破り、天正十二年（一五八四）には、肥前の龍造寺隆信を島原半島の沖田畷《おきたなわて》で撃破し、九州平定は時間の問題とされた。

大友は南日向での島津との遭遇戦で大敗北を喫してより、島津方から版図を侵略され続けて、風前の灯火《ともしび》の状態で、意を決して中央で政権を確立しつつある秀吉に救援を求めるために、宗麟自らが上坂した。

秀吉も近いうちに、九州を平定せねばならないとしていたのでこれを快諾し、まずは関白の地位を使って朝廷から勅命《ちょくめい》を下してもらい、島津に対し大友との戦闘を中止するように勧告した。これに従わない島津は朝敵となり、秀吉が征伐せねばならないという口実となり、毛利、吉川、小早川、長宗我部を、渡海させるべく戦闘準備に入らせた。

天正十四年（一五八六）に、島津義久は九州統一を目指して北上を開始した。先鋒の島津忠長《ただなが》は、たちまちのうちに筑後の大友方の諸城を落とした。近く秀吉が来《き》ると知った島津軍は、その前に大友方の筑前の拠点である岩屋《いわや》、立花《ばな》、宝満《ほうまん》の三城を落とせと、猛攻撃を仕掛けるのである。

筑前は大友の本拠地の豊後から遠く、肥前の龍造寺や中国の毛利も食指を動かしたため、勢力の均衡は乱れていた。この地を大友の西の橋頭堡とするべく送り込まれたのが、高橋《たかはし》紹運《じょううん》と立花道雪《たちばなどうせつ》であった。身分は城督という、いわば城代として派遣された形で、土着の領主ではない。岩屋城には高橋紹運、立花城には紹運の実子で道雪の婿養子の立花宗茂《むねしげ》、宝満城には紹運の二男高橋統増《むねます》が陣取っていた。

岩屋城は博多の南、太宰府《だざいふ》近くにある山城で、立花城は博多の東の香椎《かしい》の近くにある。貿易港博多の南と東を守る形で、直線距離でも二〇キロと離れていない。宝満城は岩屋城のすぐ東である。

紹運と道雪は互いに大友の勇将として認めあい、親しく交わっていた。老齢となっても男子のいない道雪は、紹運の長子宗茂の器量を見込んで、娘の婿に貰い受けている。

この筑前の大友勢に襲いかかる島津勢は、本隊の二万に加え肥後、肥前、筑後、豊前などの中小領主に加勢させて総勢は五万となっていた。島津は筑前を平定した後に、豊前門司《もじ》に押し出て秀吉の九州上陸に備える手筈だった。

筑前の大友方は、三城とも守兵は一〇〇〇人前後である。まず岩屋城が狙われるが、立花城の宗茂は父紹運を気づかって、早く東に逃れ、山城として堅固な宝満城に入るよう勧めたが、紹運はそれを拒否して頑固に岩屋城に踏みとどまった。

宗茂はまた立花城での籠城も勧めたが、紹運はこれも拒否した。自分が岩屋城で時を稼ぐ間に、秀吉軍が到着してくれればとし、岩屋城に敵を引きつけ、宗茂らの楯になる覚悟であった。捨て身の策で戦い抜き、武門の意地を示そうとしたのだ。

島津としては、秀吉軍が九州に入るまでに、何としても三城を落とさねばならない。

紹運は島津軍に時間の空費を強いる

紹運は城兵を前に「ここで踏んばれば太閤殿の援軍が間に合うかもしれぬ。間に合わぬとしても島津の兵三〇〇〇ほどは討ち取ってみせる。納得できぬ者は去れ。また、他に男子のいない家の長子はいかなる理由があっても去れ」と叫んだという。

島津軍は本陣を般若《はんにゃ》寺跡に置き、観世音《かんぜおん》寺を前線指揮所とした。岩屋城では険しい山腹を利用して、空堀や逆茂木《さかもぎ》を設けた外曲輪を構築し、要所要所に鉄砲隊、弓隊を配して決戦に備えた。

高橋紹運

天正十四年七月十四日、時間を空費できぬと焦る島津勢は、数に物言わせて力押しの総攻撃を仕掛ける。島津忠長、伊集《いじゅう》院《いん》忠陳《ただむね》の率いる島津軍に、秋月、龍造寺、草野、原田、星野などの肥後の兵が加わった三万は、丸に十字の島津の幟や、援軍諸将の旗印で周囲の野山を埋めつくした。

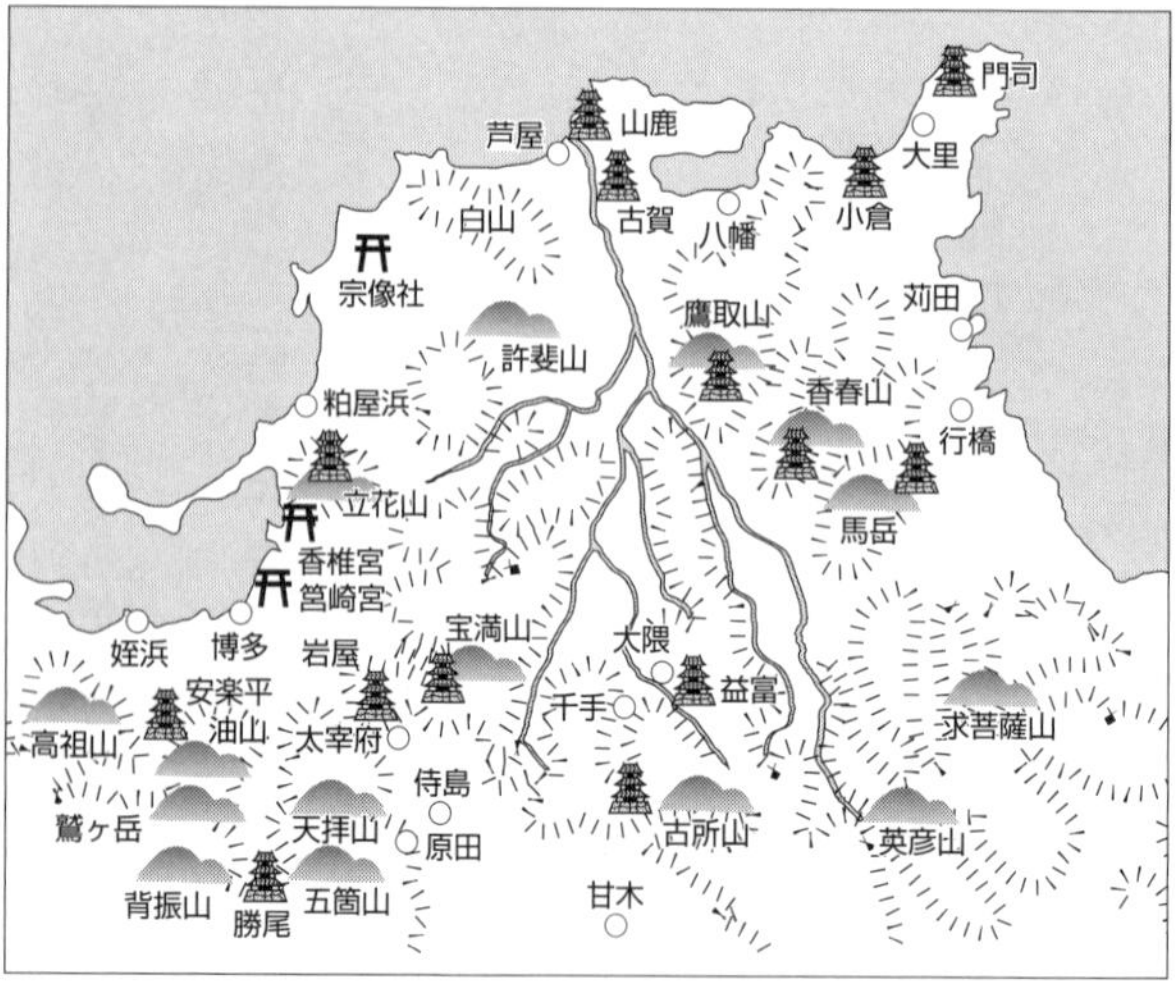

島津軍の最初の攻撃目標は外曲輪の百貫砦である。雲霞《うんか》のごとくに殺到する島津勢に、城内から大石や大木が投げられ、弓・鉄砲が浴びせかけられた。紹運は数十倍の敵を、十日もの間、城に取り付かせることはなかった。

開戦十三日にして、島津軍は自軍の屍《しかばね》の山を踏み越えて城内に押し寄せ、紹運も大長刀をふるっての白兵戦となった。このとき紹運は一七人を斬り倒したとされ、もはやこれまでと高櫓に登って腹を掻き切って果てた。楼扉には「屍《かばね》をば岩屋の苔に埋《うず》めてぞ　雲井の空に名をや留むべき」と血で記した辞世が残されていた。

戦闘の凄まじさを『筑前続風土記』には、「終日終夜、鉄砲の音やまぬ時なく、士卒の

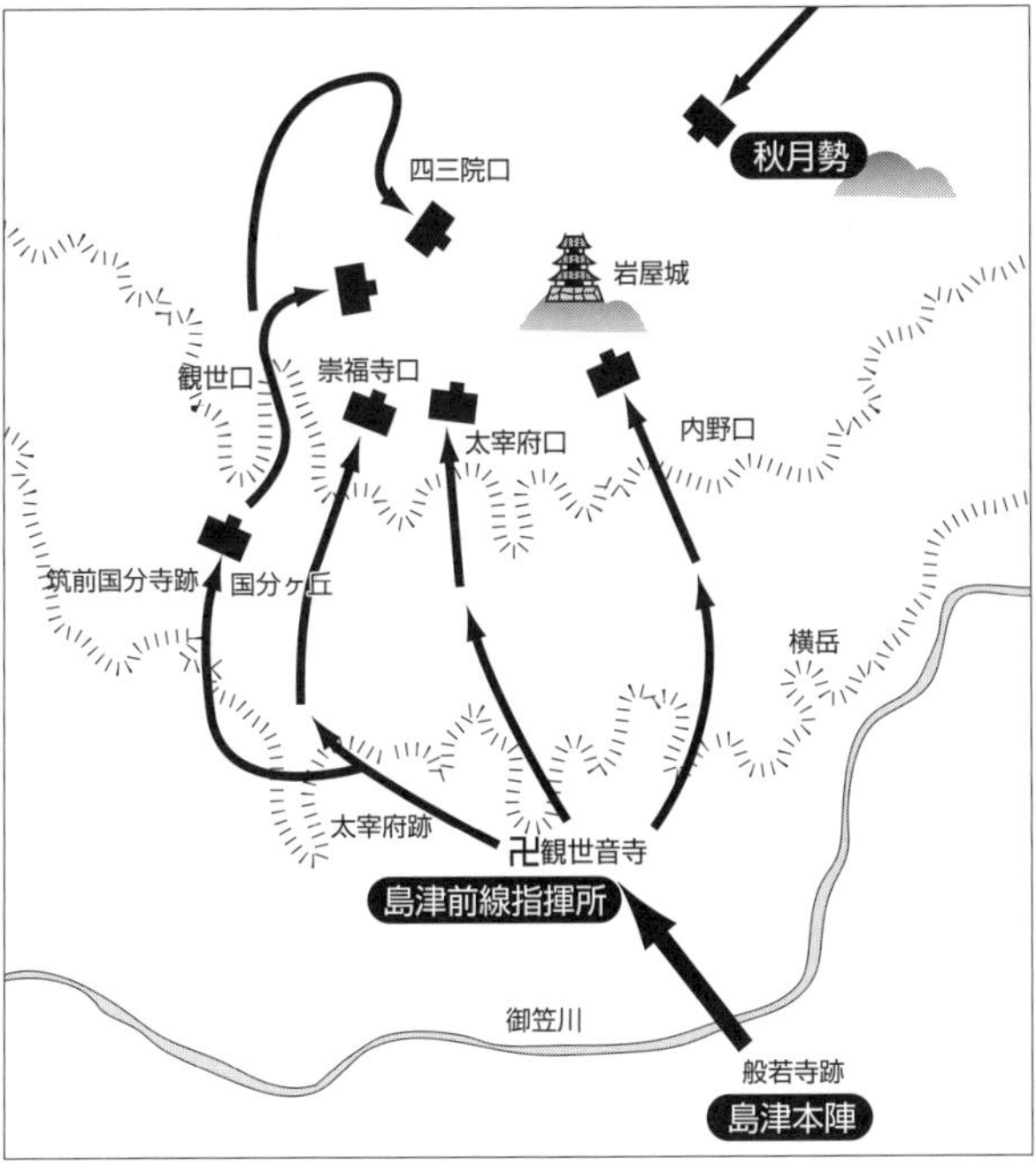

おめき叫ぶこえ、大地もひびくばかりなり。殊に鉄砲の上手多かりければ、寄手、盾に逃れ、竹把《ちくは》を付る者共打殺さる事夥《おびただ》し」とある。

籠城して玉砕した者は、紹運以下兵七六三人と伝えられる。島津軍の死者は武将の上《うわ》井《い》覚兼《かくけん》ら三〇〇〇、負傷者一五〇〇。攻城戦に費やした日数十四日間。この時間が島津にとって痛手であった。

八月五日、島津軍は岩屋城につづいて宝満城を開城させ、立花城包囲に移った。実弟の統増《むねます》や実母、実妹を捕虜とされた立花城の宗茂は、勧降の誘いを断固として断わり、時間稼ぎに入る。頼むは秀吉軍の豊前上陸である。

そこへ、待ちに待った秀吉軍上陸の報が届いた。島津軍は立花城攻めのため山間部深くに入り込んでおり、水際での秀吉軍撃退の機会を失っていた。

形勢は一転して島津不利に転じ、こうなると島津に従軍している九州諸将は動揺し、龍造寺は家臣の鍋島直茂《なべしまなおしげ》が采配を握って、秀吉に臣従した。

八月二十三日、島津の総帥・義久は九州制覇を目前にして、やむなく撤退せざるをえなくなり、立花城下より総引き上げを命じた。

ここで宗茂は退却を開始した島津軍に、猛然と襲いかかったのだ。宗茂は追撃につぐ追撃で、多数の島津兵を討ち取ると、余勢を駆って高鳥居《たかとりい》城を攻め落とし、さらには岩屋城、宝満城も奪還した。この間わずか一カ月で、宗茂の名は秀吉に届き、大友宗麟は宗茂を秀吉直参に推薦している。

後に、薩摩討ち入りを構想した秀吉は、宗茂に名誉の先鋒を命じている。この秀吉の島津征伐では、義久が恭順の意を示したので秀吉は矛を収め、宗茂に目ざましい活躍の機会はなかったが、筑後柳川《やながわ》の地で一三万二〇〇〇石を与えている。

岩屋城籠城戦・関連地図

以後の宗茂は、肥後一揆で日に一三度の合戦をし、敵の城を抜くこと七度といった功名を挙げる。朝鮮出兵では本書でも後で触れる碧蹄館《へきていかん》の戦いで奇跡的な大勝利を収めるなど、勇将の名をほしいままにした。

秀吉は「その忠義、鎮西一。その剛勇また鎮西一」という賛辞を宗茂に贈った。

豊臣VS島津

戸次川《べっきがわ》の戦い

天正十四年（一五八六）

宗麟の懇請を受け秀吉は九州征圧に動く

耳川の戦いで島津に敗れ、豊後に押し込められた大友宗麟は、自力だけで島津と対するのは無理と見て、天正十四年（一五八六）四月に、大坂城に上り、豊臣秀吉から謁見を許されて、島津の脅威を取り除いてくれるよう懇願し、ここに秀吉の九州侵攻が決定した。

前年、秀吉は四国の長宗我部氏を討ち、四国を平定していた。次の目標は九州と考えていたところに、この要請があり、すぐさま配下に置いたばかりの長宗我部《ちょうそかべ》に九州出陣を命じ、中国の毛利輝元にも出兵を促した。

長宗我部の総帥元親《もとちか》は、嫡男信親《のぶちか》とともに豊後水道を渡り、大友の待つ豊後府内へ兵を進めた。信親は、織田信長の諱《いみな》を拝して〝信〟の一字を付けられた身の丈六尺の偉丈夫で、元親自慢の後継ぎである。

秀吉は遠征軍を指揮する軍監に、仙石秀久《せんごくひでひさ》と十河存保《そごうながやす》の二人を任じた。仙石氏は初め〝千石〟を称し、信長、秀吉によく仕え、小牧・長久手の戦いで立てた戦功によって淡路洲本《すもと》六万石の城主となり、四国征伐の功で讃岐《さぬき》高松一一万石の城主と躍進し、秀吉陣営で将来を嘱望される有望株と見られていた。

十河存保は阿波《あわ》の三好《みよし》一族の出で、秀吉の四国征伐ではいち早く秀吉の傘下となり、讃岐十河三万石を領する二十三歳の青年武将だった。三好宗家《そうけ》は秀吉の甥秀次が継いでいる。

秀吉は軍監の二人に、命令があるまで決して強敵島津と事を構えず、待機するよう厳しく命じていた。九州遠征軍六〇〇〇は、八月には別府湾の沖ノ浜に上陸した。大友方の岩屋、立花、宝満の三城を攻め立てていた島津義久は、すぐさま兵を転じて迎撃の姿勢を取った。このころの島津は義久を宗家として、義弘、歳久、家久の弟たちなど、いずれも武勇の誉れ高い名将で、威風は周囲を圧していたのである。

義久の指揮する本隊が、鹿児島より北上して日向境の梓峠を越えると、肥後方面に出陣していた義弘も呼応して、大友の本拠地府内《ふない》（現・大分市）を目指した。すると末弟家久の隊も北進して義弘隊と合流すると諸豪も加担し、豊後は島津の兵で充満した。

膨れ上がる島津軍を目の前にして、秀吉軍軍監の仙石秀久は動揺した。

島津勢は宗麟の臼杵を狙いながら、大友方の重臣利光宗魚《としみつそうぎょ》以下三六〇〇が籠もる大分郡の鶴賀城を攻撃した。鶴賀城は山城で大野川右岸にある。この辺りの大野川は水量が多く大河の様相を呈し、別名戸次《べっき》川と呼ばれている。鶴賀城は府内の前衛拠点として最重要地点で、ここが落ちると宗麟のいる府内の丹生島《にうじま》城と、大友家当主の義統のいる上原《うえのばる》館との連絡が途絶してしまう。

利光宗魚の子統久《むねひさ》は、数で圧倒する島津軍を見て、戦いにならないと人質を出して講和を図り、父の宗魚が講和話に安心した島津勢を襲うという策に出た。だが十一月七日夕刻、宗魚は島津方の放った流れ弾に当たって戦死した。

仙石は待機を命じられていたにもかかわらず、十二月になると鶴賀城救援に六〇〇〇の兵を率いて府内を発った。

もう一方の遠征軍は、秀吉の軍師とされた黒田孝高《よしたか》が、吉川・小早川の毛利勢とともに豊前から筑前に入り、龍造寺家を継いだ政家《まさいえ》は、十月には降伏を申し出て人質を差し出し、この方面は着々と周囲の征圧を進めていた。

功に逸る仙石は秀吉の命を無視して島津攻撃に向かった

四国勢と大友の連合軍は、鶴賀城を遠望できる戸次《べっき》川対岸の白滝台《しらたきだい》に着陣、直ちに軍議に入った。逸《はや》る仙石は戸次川を渡河して城の救援を主張したが、歴戦の長宗我部元親は、「島津勢の様子がおかしい。大軍で攻めているはずなのに城の周囲にはそれほどの兵がいない。何かの罠《わな》かもしれず、伏兵を配しているに違いない。ここは持久戦の備えを固くし、関白殿下の出馬を待ってはいかがか」と反対し十河も同意した。

老練な戦略眼を持つ元親の意見に、子の信親も賛同するが、仙石の渡河作戦の決意は固く、元親の慎重論を退《しりぞ》けてしまった。『土佐物語』には「この河は九州一の大河にて、すこぶる難所なり。しかりといえども、なんぞ恐るるに足らん。いざ諸事一同に渡して、一戦に勝負を決すべし」という秀久の言葉を残している。

元親の見抜いたとおり、このとき島津は〝釣《つ》り野伏《のぶ》せ〟という島津独特の戦法で四国・大友連合軍の襲来を、息を殺して待ちかまえていたのだ。

釣り野伏せとは、鉄砲隊の待ち伏せる所に敵勢を巧みに誘い込み、一気に殲滅させる蟻地獄のような戦法で、島津は後に関ヶ原の戦いで退却するときにも、この戦法を使って脱出に成功している。地獄が待っていると承知しながら、軍監の命に従わざるをえない長宗我部父子こそあわれである。

十二月十二日、仙石の淡路勢は戸次川を渡り、三隊に分けた家久隊と向き合った。このとき島津を知る大友勢を待てば、島津の陣形で戦法を見抜けたと思われるが、仙石は左翼の伊《い》集院久宣《じゅういんひさのぶ》勢に突っ込んでいった。伊集院は適当に戦って逃走した。仙石勢がそれを追うと、仙石勢を孤立させないように十河と信親の勢が続いた。

ところが、その仙石勢の前面に島津主力が現われ、突如として襲いかかったのである。仙石の淡路勢は蹴散らされて、慌てた仙石は十河と信親らの四国勢を見捨てて逃走したのである。信親は四国勢を励まして立ち向かい、一時は押し返したが、いつの間にか逃走したはずの伊集院勢が現われ、島津の本庄勢が十河と信親の横合いから衝いてきた。元親は瞬時にして本隊から切り離されて孤立し、完全に包囲された。信親は信長から贈られた大薙刀《なぎなた》を揮《ふる》って奮戦するが、傷ついて退路を断たれ、島津の大軍に囲まれて討死。十河存保も戦死した。

元親は自身の隊も島津から猛攻され、わが子の窮地を望見しながらも助けられず、島津勢の追撃をかわしながら沖《おき》ノ浜《はま》から海上を伊予の日振《ひぶり》島まで逃げ落ちた。

心頼みにしていた嫡男を失った元親は、その後急速に老けこみ、わが子の死を悔やみながら慶長四年（一五九九）には、京都伏見の邸で没した。

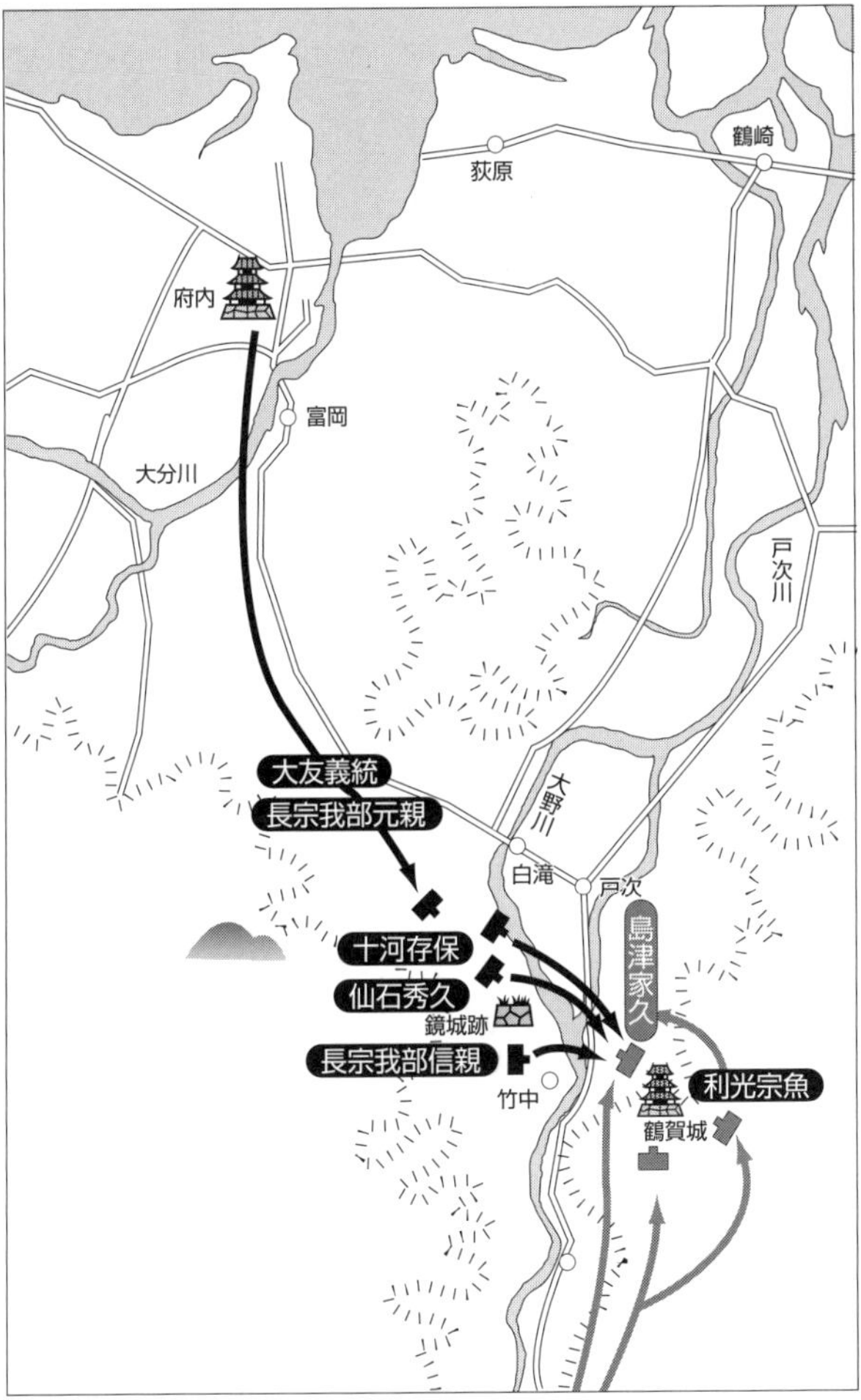
鶴崎
荻原
府内
富岡
大分川
戸次川
大野川
大友義統
長宗我部元親
白滝
戸次
島津家久
十河存保
仙石秀久
鏡城跡
長宗我部信親
竹中
利光宗魚
鶴賀城

この戦いで後方に控えた大友義統《よしむね》は、長宗我部父子の救援に向かおうとはせず、いち早く近郊の高崎《たかさき》城に逃れ、さらに遠方の竜王《りゅうおう》城まで退《さ》がっていたのである。

長宗我部・十河勢を見捨てた仙石秀久は、はるか豊前の小倉城まで逃走していた。こうした仙石を、秀吉は領地を没収して高野山へと追放した。その後に、徳川家康がとりなして仙石は信州小諸に六万石で返り咲くが、関ヶ原の戦いでは徳川秀忠とともに上田城の真田昌幸を攻めて失敗し、関ヶ原に遅参するという不名誉の責めを受け、家康の機嫌を害した。

仙石は大坂の陣の直前に他界しており、名誉回復の機会を活かせなかった。

戸次川の勝ちに乗じた島津勢は、余勢を駆って府内に乱入した。丹生島城に籠もった大友宗麟を攻め立てたが、宗麟は秘蔵した南蛮製の大筒〝国崩し〟を放って島津勢を寄せつけず、秀吉が大軍を率いて大坂を発ったことを島津軍は知るや、九州制覇を目前にしながら大友にとどめを刺すことができずに戦線を縮小し、鹿児島に引き揚げていった。

秀吉の大軍が九州に上陸すると、島津軍は各地の戦いで敗退を重ね、二カ月にわたる戦闘の末に、義久は頭を丸めて黒衣をまとい〝竜伯《りゅうはく》〟と号して、秀吉の軍門に降ったのである。

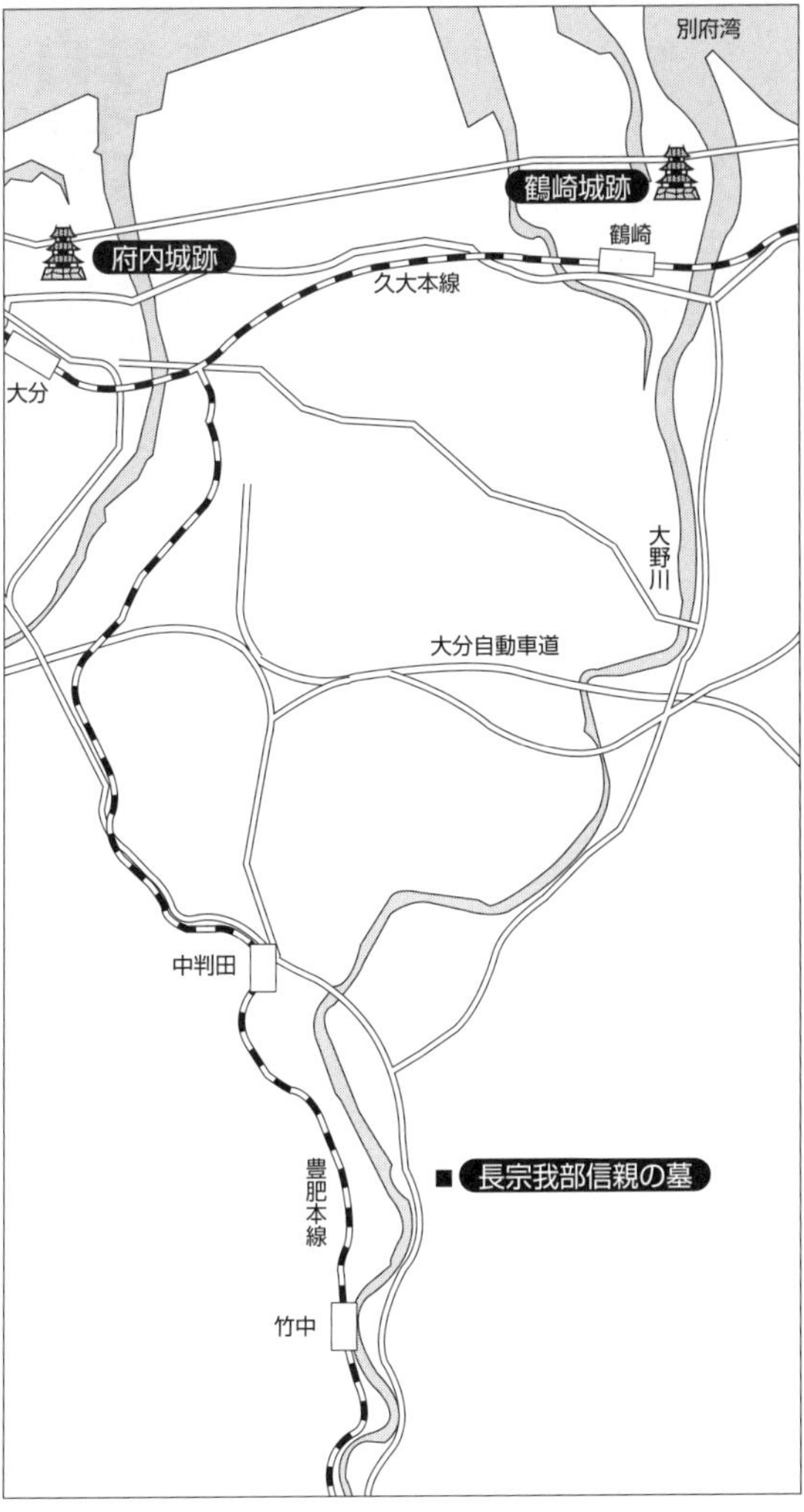
別府湾
鶴崎城跡
府内城跡
鶴崎
久大本線
大分
大野川
大分自動車道
中判田
長宗我部信親の墓
豊肥本線
竹中

番外

碧蹄館《へきていかん》の戦い

文禄二年（一五九三）

豊臣 VS 朝鮮・明連合軍

秀吉は中国の征服を構想し朝鮮半島に遠征軍を進めた

全国統一をなした豊臣秀吉は、天正十九年（一五九一）九月、諸大名に明《みん》国征伐の出陣を命令した。長い戦乱の時代が終了し、諸大名は領国経営に専心することを希望していたが、絶対権力者である秀吉に正面から反対などできなかった。

秀吉は所領と流通圏を拡大させる必要を感じ、天正十三年より海外派兵を表明しており、天正十五年には対馬の宗義智《そうよしとも》に命じて、大陸への道筋となる朝鮮半島の李氏王朝に対して、入朝するように交渉させていた。

宗氏は古くから朝鮮貿易の利益で成り立っており、朝鮮国に対して秀吉の要望通りの居丈《いたけ》高《だか》な交渉などできずに困窮し、妻の父である小西行長《こにしゆきなが》に相談した。小西は堺の薬種商から秀吉に才能を認められて大名になった者で、薬種の仕入れ先である朝鮮の事情は、会話もできるほどに明るかった。

宗と小西は、明や朝鮮と貿易している博多の豪商島井宗室《しまいそうしつ》や、秀吉の秘書室長ともいえる石田三成と共謀して、天正十八年（一五九〇）には、朝鮮国に秀吉の全国統一に対する祝賀使節を送るようにと、偽りの要請をして実現させた。

秀吉は朝鮮の祝賀使節を、属国になった使節と思い込んだ。

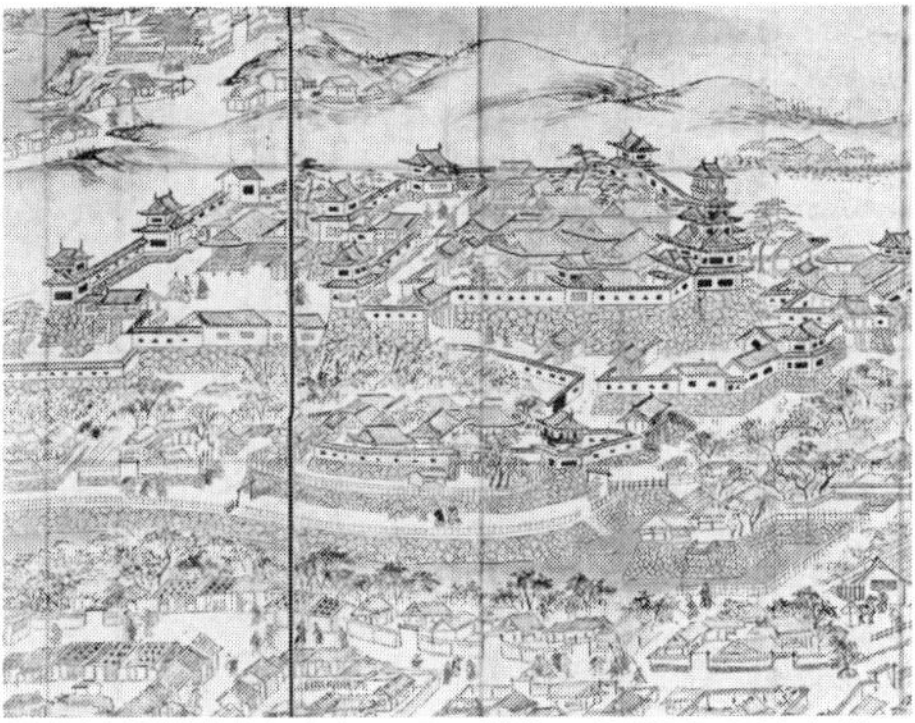
秀吉は朝鮮進攻にあたって、肥前・名護屋に巨大な前進基地を建造した（肥前名護屋屏風）

文禄元年（一五九二）三月には前線基地として、肥前の名護屋《なごや》に大城郭を完成させ、九州の大名には知行一〇〇石に対して五人、中国・四国の大名には四人として軍役を割り当て、一番隊から九番隊までの渡海兵数一五万八八〇〇人、名護屋本営の後詰を合わせると、動員総数は三〇万五三〇〇人となる。

さらに秀吉は朝鮮国に明国に先導するよう命じた。これを宗や小西たちは朝鮮国に明への道を貸すようにと、偽りの要請の〝仮道入明《かどうにゅうみん》〟を求めるが、明王朝を宗主国とする李王朝に受け容れられるわけがなかった。

上陸した日本軍は破竹の勢いで軍を進めたが

四月十二日、小西行長と宗義智の率いる一番隊が釜山浦《ふざんほ》（プサンポ）に上陸した。行長らは、これまでの偽装工作が後続部隊よりも先行せねば露見する恐れがあると、強攻策に転じて突き進んだ。

続いて二番隊の加藤清正《かとうきよまさ》・鍋島直茂《なべしまなおしげ》隊が上陸したとき、一番隊はすでに釜山を落とし中路から首都漢城《かんじょう》（ハンソン）へ向かっていたので、二番隊は左路を北上、古都慶州《キョンジュ》を占領後、忠州《チュンジュ》を目指した。三番隊は黒田長政《くろだながまさ》・大友吉統《おおともよしむね》隊で、釜山浦西方の竹島に上陸した後、金《キム》海《へ》城を落とし、右路を北上した。

朝鮮王朝では、二番隊上陸前に日本軍侵入の急報が漢城に届き、ただちに李鎰《イイル》を慶尚道巡辺使として尚州《サンジュ》へ急がせるが、到着前に慶尚道軍団は自壊していた。二十八日になって各地の敗報を聞いた朝鮮国王は、自らの離宮と皇太子光海君《こうかいくん》を分朝し、明へ救援を要請をした。

国王の去った漢城へ日本軍は猛進し、一番隊と二番隊が先陣争いをして無血入城した。上陸以来わずか二十日で五百余キロを走破したことになる。遅れて三番隊や宇喜多秀家《うきたひでいえ》の四番

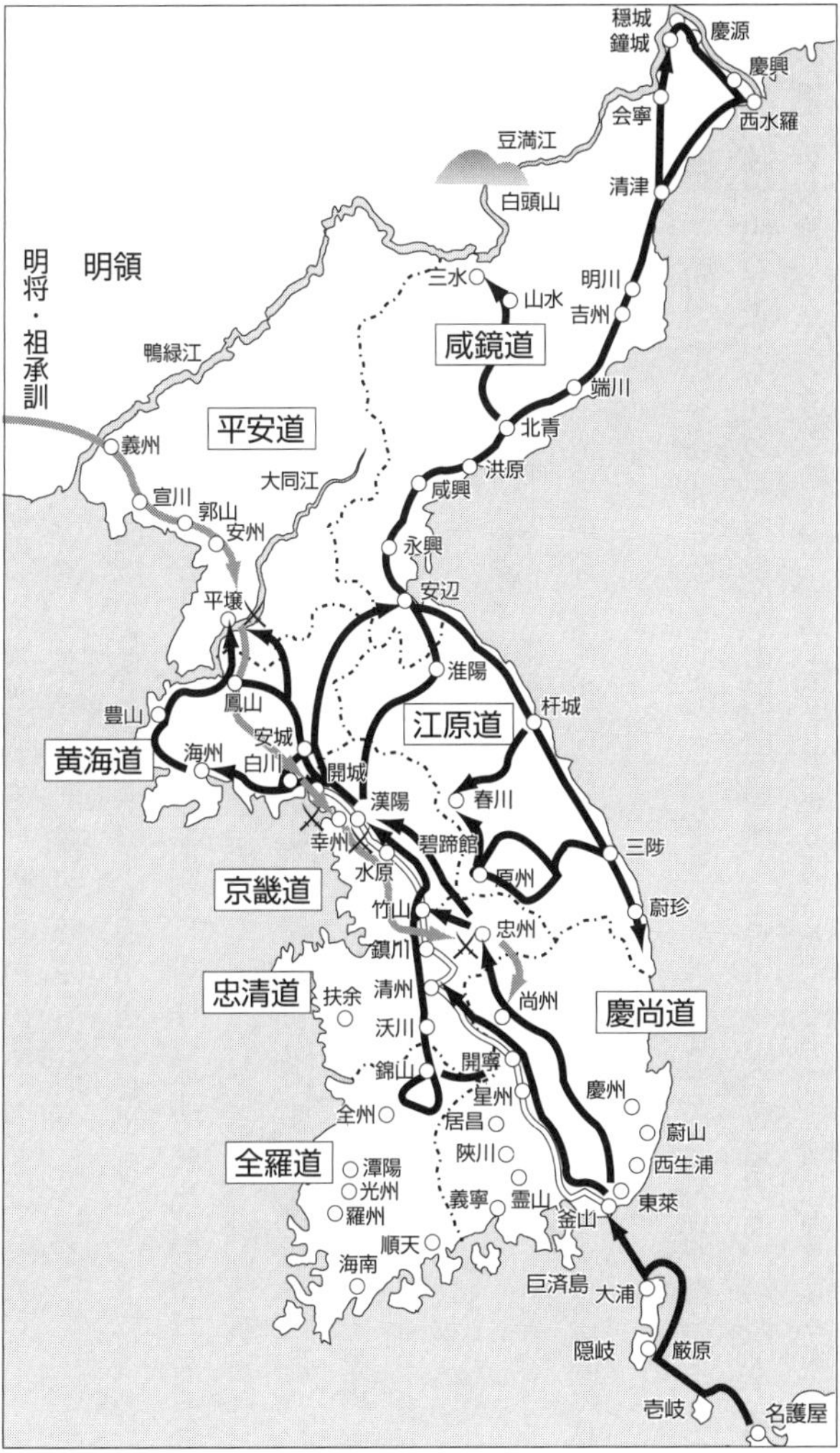
穏城
鐘城
慶源
慶興
会寧
西水羅
豆満江
白頭山
清津
明将・祖承訓
明領
三水
山水
明川
吉州
咸鏡道
鴨緑江
端川
平安道
北青
義州
洪原
大同江
咸興
宣川
郭山
安州
永興
安辺
平壌
淮陽
杆城
鳳山
豊山
江原道
安城
黄海道
海州
白川
開城
春川
漢陽
幸州
碧蹄館
三陟
水原
原州
京畿道
竹山
蔚珍
忠州
鎮川
忠清道
扶余
清州
尚州
慶尚道
沃川
開寧
錦山
星州
慶州
全州
居昌
蔚山
陝川
全羅道
潭陽
西生浦
光州
東萊
義寧
霊山
羅州
釜山
順天
海南
巨済島
大浦
隠岐
厳原
壱岐
名護屋

隊も漢城に入り、朝鮮遠征軍の諸将は漢城で軍議を開き、朝鮮統治の分担を定めた。

首都陥落の報に秀吉は狂喜し、後陽成《ごようぜい》天皇の北京遷都の準備まで指示している。

漢城陥落を知った朝鮮王は、開城からさらに北の平安道平壌《へいじょう》（ピョンヤン）に移った。日本軍は開城を落とした上で、これを追って平壌に迫って無血入城すると、国王はさらに寧辺《ニョンビョン》に向かった。

日本軍が各地で朝鮮軍を敗って快進撃ができたのは、朝鮮王朝の内部が分裂状態にあったこともあるが、日本軍の将士たちは長い戦国時代に実戦経験が豊富だったことと、大量の鉄砲を装備していたことによる。

朝鮮水軍やゲリラの抵抗に苦戦していく遠征軍

日本軍に抗したのは海上では李舜臣《りしゅんしん》（イ・スンシン）率いる水軍と、陸上では民間の私的武装集団の義兵だった。

朝鮮水軍は玉浦《ぎょくほ》（オクポ）沖で藤堂高虎《とうどうたかとら》の二十余隻を撃沈させ、次いで脇坂安治《わきさかやすはる》、九鬼《くき》義隆《よしたか》、加藤嘉明《かとうよしあき》の軍船を沈め、清正配下の船団を破壊して日本軍の全羅道方面への侵入を挫折させ、玄界灘の兵員・軍糧物資の輸送ルートを断ち切った。陸上では義兵のゲリラ戦に日本軍は悩まされていき、戦局は次第に逆転しはじめる。

八月初旬、総大将の宇喜多秀家と後見の黒田孝高は、各地に転戦していた諸将を漢城に召集し、漢城の死守と漢城・釜山間の軍用路の確保を命じた。義兵の蜂起に手を焼く清正は、支配地咸鏡道《ハムギョンド》の統治もままならないため、漢城まで南下できず会議に参加できなかった。

十月以降、日本軍の朝鮮統治はいっそう停滞した。起死回生となるはずだった晋州《しんしゅう》（チンジュ）城攻防戦で、朝鮮軍六〇〇〇に二万の日本軍が破れ、朝鮮南四道の確保は瓦解した。

釜山の朝鮮軍は、戦う準備もできないまま日本軍に包囲された（釜山鎮殉節図）

加えて明の援軍が平安道に入り、文禄二年（一五九三）一月八日、朝鮮・明軍に平壌を奪還されたのである。
平壌の日本軍は一万五〇〇〇。小西行長は明の将軍李如松《りじょしょう》より「退路を与えるから城を明け渡せ」と通告され、行長はこれを受けて大同江《だいどうこう》（テドンガン）の氷上を渡って退却した。背後から連合軍の追撃を受け、餓えと酷寒に悩まされる悲惨な行軍で、十一日に黄海道白川《おうかいどうペクチョン》に辿り着き、黒田長政の陣に収容された。

平壌での敗戦は在朝日本軍を動揺させ、遠征軍の総大将宇喜多秀家は首都漢城を死守すべく、漢城以北の日本軍を漢城に結集させる。思わぬ敗戦に衝撃を受けた日本軍は、極度の兵力・兵糧不足をいかんともしがたく、短期決戦で局面を打開しようとした。

平壌の戦いに快勝し、意気上がる朝鮮・明の連合軍は、意気揚々と南下して開城に進駐した。一月二十五日、李如松は漢城の日本兵は恐るるに足らずと、機を逸することなく漢城攻撃を決断し、朝鮮軍兵二万をもって開城を出た。

劣勢の日本軍は碧蹄館で朝鮮軍を徹底して叩く

明軍の動きを察した日本軍は、総大将を秀家、先鋒を小早川隆景《こばやかわたかかげ》とし、必勝の大軍四万一〇〇〇を糾合し、開城進撃を開始した。両軍の激突地は漢城の北西一八キロにある細長い渓谷の碧蹄館《へきていかん》（ペクチェグァン）である。碧蹄館一帯は前夜来の雨で泥濘化していた。

午前七時ごろ、まず立花《たちばな》隊が明軍二〇〇〇と遭遇し、碧蹄館の南方でこれを破った。十時ごろには小早川隊が予定戦地に到着した。立花隊がいったん付近の小丸山《こまるやま》に退却すると、小早川本隊は一直線に李如松の本営に突進し、敵のひるんだところに吉川広家《きっかわひろいえ》隊を投入し、碧蹄館に向けて逃げる明軍を日本軍が追撃した。さらに左から立花隊、右から小早川秀包《ひでかね》隊が明軍を包み込むように三方から囲み、北方のみを明軍の退路に開けた。

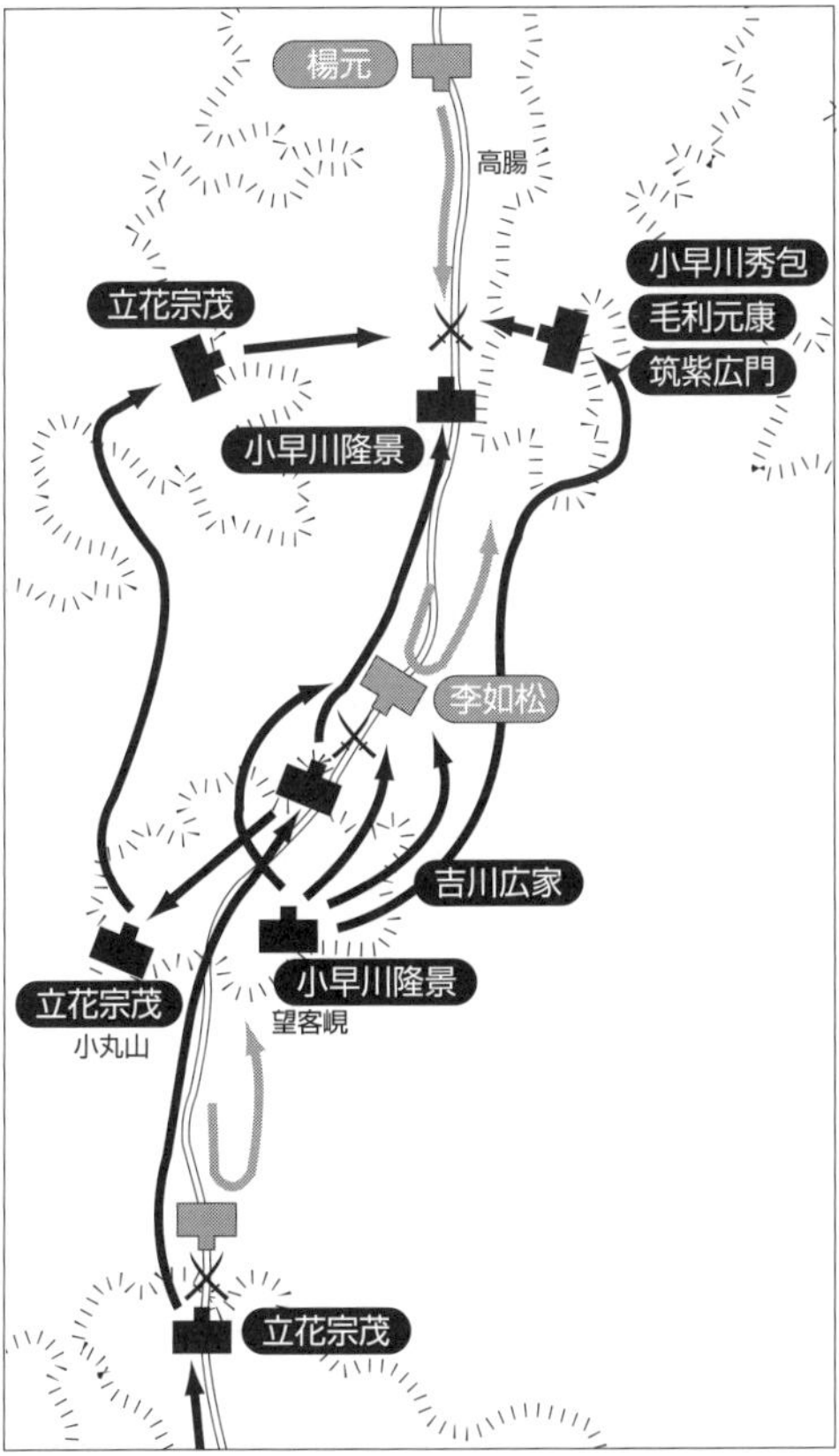

日本軍は全力を挙げて明軍を渓谷へと追い込み、明軍は碧蹄館からさらに北方の恵陰嶺《けいいんりょう》（へウムリョン）へと敗走した。騎馬戦を得意とする明軍にとって、狭《きょう》隘《あい》な渓谷

は地の利を得たとはいえず、軍の展開が敵わなかったのだ。

明軍が退却を始めたころに、楊元《ようげん》らの明の援軍が到着するが、狭隘な地形にさらに多くの兵馬が密集することとなり、明軍は算を乱して逃げるしかなかった。明軍が六〇〇〇の死者を残して碧蹄館を抜けた時点で、日本軍は追撃を中止し、勝利を収めた。

李如松はこの敗北で戦意を失い、「漢城の日本軍は二〇万余、衆寡敵せず、私は病が重く、任務を代えてほしい」と上官に泣きついている。平壌戦での勝利の自信は、日本軍への恐怖に変わり、二十九日には命からがら開城まで後退した。以後、武力による日本軍撃退を困難と見た朝鮮は、対日強硬姿勢を転換し、話し合いによる道を探ることとなる。

が、日本軍は碧蹄館の戦いに勝利して、かろうじて首都防衛を果たしたものの、そこまで精一杯だった。四月になると漢城を支え切れずに放棄し、漢城占領約一年にして釜山まで撤退する。

両軍は講和交渉に入り沈惟敬《ちんいけい》と小西行長が会見した。明側は日本が占領地を放棄し、捕虜にした朝鮮の二王子を釈放することと、秀吉の謝罪状を要求した。日本の遠征軍は、とりあえずは明に従属する「冊封」を認めるが、冊封にともなう朝貢貿易と朝鮮での占領地の割譲を要求した。だが戦争の長期化を恐れる両者は、日本軍が朝鮮から撤退し、明使が名護屋を訪れて本格的な講和交渉に入るとし、停戦協定が成立した。

　五月十五日、明の講和使節が秀吉の前進基地である名護屋で講和に臨むが、交渉は当然のことながら平行線となった。そのため小西行長は家臣の内藤如安《じょあん》に、秀吉の謝罪文を偽造して持たせて北京に派遣し、裏交渉をさせたのである。だが明政府は秀吉の「日本国王」冊封を認めるだけで、朝鮮における領土と貿易問題は一切拒否した。

　この間に、明軍が忠清道《ちゅうしんどう》と全羅道《ぜんらどう》に進出したため、宇喜多と加藤勢は晋州城を陥れていたが、清正は和議成立前の独断として咎められることになる。

　八月三日に、秀吉に待望の嗣子秀頼《ひでより》が誕生した。狂喜した秀吉は、講和交渉の継続を命じて大坂に帰っていった。

　各地の城とそこに籠もった武将は、西生浦《ソセンポ》城／加藤清正　熊川浦《ウンチョンポ》城／小西行長・宗義智　林浪浦《イムナンポ》城／毛利吉成・松浦鎮信《まつらしげのぶ》　巨済島《コジェド》城／島津義弘・福島正則　釜山浦《プサンポ》城／毛利元康　金《キム》海《ヘ》城／鍋島直茂　加徳島《カドクド》城／小早川秀包・立花宗茂　安骨浦《アンコオルポ》城／九鬼嘉隆・脇坂安治で、今もこれらの地には崩れかけた石垣が残る。これらは日本軍の造ったもので、海に面していて、当時城下には船着場が用意されていた。日本からの兵員・食糧の補給と、退路を考えてのことだった。朝鮮ではこれらの城を総称して倭城《わじょう》と呼んでいる。

番外

蔚山《ウルサン》城の戦い

慶長二年（一五九七）～慶長三年（一五九八）

豊臣 VS 朝鮮・明連合軍

秀吉はふたたび朝鮮への出兵を命じた

文禄三年（一五九四）十二月、小西行長の家臣・内藤如安は明の皇帝に謁見した。交渉は秀吉の望む結果とならず、内藤は明朝廷が作った、秀吉を〝日本国王〟とする勅諭・冠服・金印を持った正使をともない、釜山を経由して大坂城に入った。

秀吉は明の正使を盛大に歓待したが、このときに講和条件の正確な内容を知り激怒した。秀吉は諸大名に、翌年二月を期して再度出兵することを命じた。目的は慶尚道・全羅道・忠清道・江原道の南四道の占領で、これは文禄の役の講和条件で割譲を要求した地域である。

弱点であった水軍力を強化し、小西行長と加藤清正の軍勢が渡海し、それぞれ釜山城と西生浦城を修築した。二月から七月にかけて、総勢一四万二〇〇〇の大軍が、両地に集結した。

朝鮮は、講和会議で朝鮮を無視して停戦協定を結んだ明の沈惟敬を処刑し、自力で日本軍

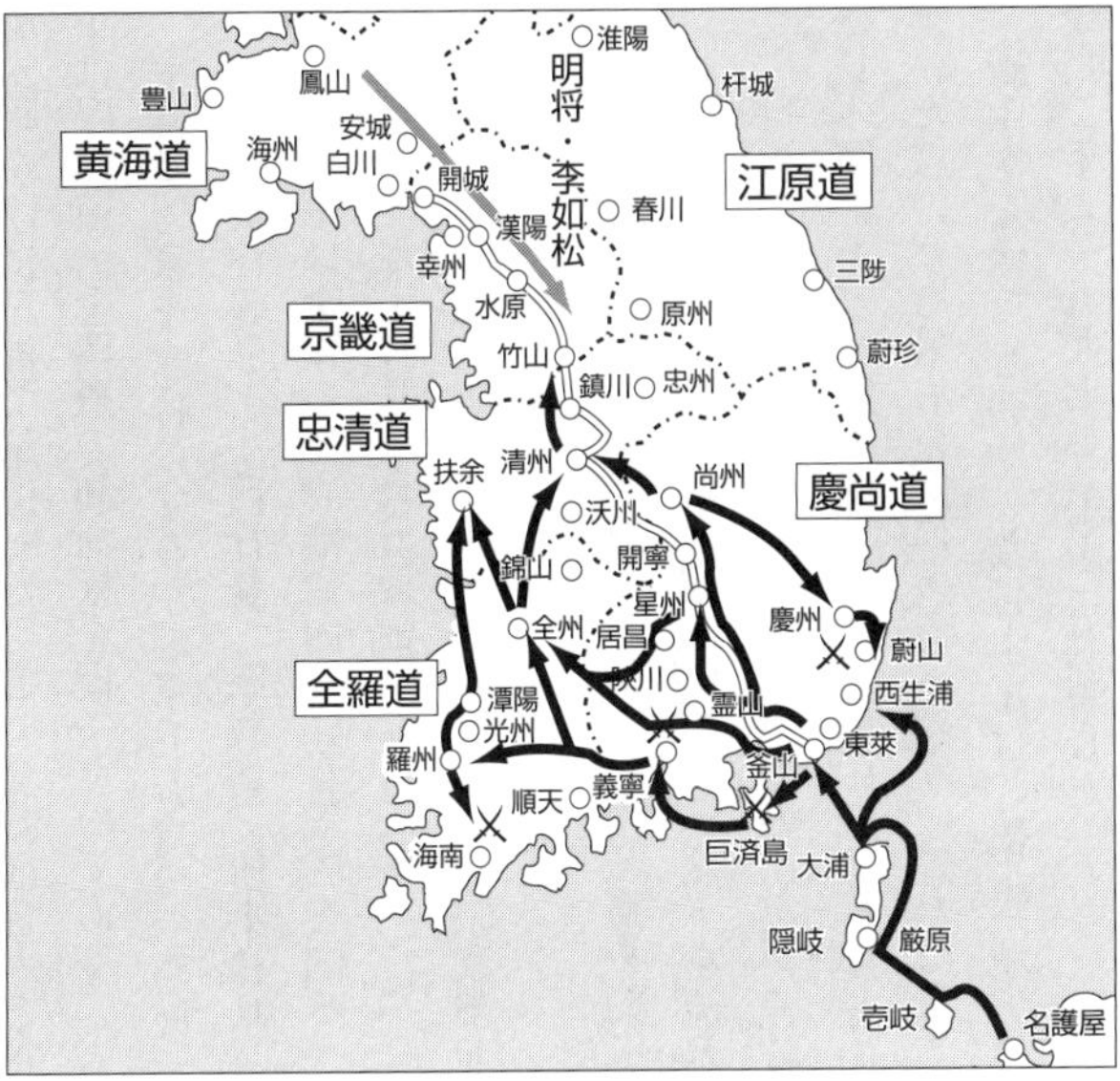

に対する構えを見せた。慶尚道の大《たい》邱《きゅう》（テグ）に本営を置き、兵二万三六〇〇を要地に配置した。

朝鮮軍の作戦は「清野待変策《せいのたいへんさく》」といい、日本軍の進路に当たる村々の民衆を、家財・食糧の一切を持って堅固な山城に避難させ、日本軍に食糧をまったく残さないというものだった。

あくまでも和平派の小西と、秀吉の命に忠実な清正は先駆けを争ったが、こうした内部抗争は朝鮮側にも知れて戦線を長期化させた。

七月、藤堂高虎、脇坂安治、加藤嘉明の率いる日本水軍が、朝鮮の三道水軍統制使（水軍司令官）元均《げんきん》将軍の朝鮮水軍を巨済島《コジェド》沖で撃退した。この会戦は日本水軍が初めて朝鮮水軍を破ったもので、日本軍は慶尚道・全羅道の制海権を握ったのである。

宇喜多秀家を大将とする左翼軍五万六〇〇〇は、海陸を併進して南原《ナムウォン》城を目指した。配下の将は島津義弘、小西行長、宗義智、伊東祐兵《いとうすけたか》、藤堂高虎、加藤嘉明、蜂須賀家政《はちすかいえまさ》らである。左翼軍は全羅道・忠清道内の完全鎮圧を図る。

毛利秀元を大将とする右翼軍二万七〇〇〇は、長水《チャンス》・鎮安《チンアン》を経て全州《チョンジュ》に進撃した。配下の将は加藤清正、黒田長政、鍋島直茂、長宗我部元親らで、全州占領後は、さらに北上して忠清道・京畿道へ向かった。

日本軍は慶尚道・全羅道・忠清道の南三道を約二カ月で占領してた。

蔚山《ウルサン》城は釜山と慶州の中間に位置し、城下を流れる太和江《テファガン》は日本海（韓国名・東海）に注ぐ。付近の平地の中で城だけが急斜面の小高い丘陵にあり、城下まで兵船が横付けできるのが日本軍にとって魅力的だった。蔚山城は、慶長の役で日本軍が朝鮮南部を支配するために築いた城のうち最も東側にあるもので、いわば日本軍の最前線基地である。

釜山から侵攻を開始した日本軍は、機張《キジャン》城、林良浦《イムナンポ》城、西生浦《ソセンポ》城を抜きながら北上し、慶長二年（一五九七）、蔚山に到着した。

加藤清正・浅野《あさの》幸長《よしなが》が十一月十日頃から「久留《きゅうりゅう》の計」（永久支配）を目指して築城を始めた。清正自らが設計、毛利秀元、幸長らが兵一万六〇〇〇を督励して完成を急ぎ、十二月二十二日頃に一応の形をなした。急拵えのため、城内の造作には襖や障子はなく、荒壁のままで天井は吹き抜けで、床は荒板だった。

蔚山城に籠もる清正らを大軍が包囲した（朝鮮出兵図屛風）

朝鮮・明連合軍は攻撃目標を、日本軍の慶尚道統治の拠点である蔚山城に絞った。日本軍の元凶は蔚山城の清正であり、彼の全軍を粉砕すれば日本軍は総崩れになると見たのだ。

日本軍が城を突貫工事している十二月七日、楊鎬《ヤンカオ》・麻貴《マクウィ》の二将軍に率いられた明軍五万七〇〇〇が蔚山目指して漢城を出発した。それに権慄《クォンユル》将軍下の朝鮮軍一万二

○○○が加わるべく後発し、十九日、連合軍が慶州に集結した。麻貴将軍は蔚山城へのすべての路を閉鎖させ、二十二日未明には、蔚山城外の日本軍の仮営を急襲した。

苛酷な籠城戦がはじまった

不意打ちを受けた日本軍は多くの犠牲を出し、完成間近の城内へ急ぎ退却した。このとき清正は三○キロほど南にあった西生浦城にいたが、連合軍急襲の報を聞くやわずかな供回りとともに即座に出陣し、蔚山城に入城した。

にわか造りの蔚山城の城内は、兵士・兵糧・兵器のすべてが不足していた。城内の兵はわずかに三○○○。寡兵の日本軍は援軍をたのんで籠城策をとるが、城には満足のいく備えがなく、連合軍の人海戦術に、じりじりと包囲の輪を狭められていった。

二十三日早暁、連合軍が総攻撃を開始した。外郭の二重柵が明軍に打ち破られ、日本軍は本丸に集結しての防戦にまで追いつめられた。城内の日本軍配置は、東に浅野幸長隊、北に宍戸《しし ど》元続《もとつぐ》隊、南に加藤清正隊、西に太田《おお た》一吉《かずよし》隊。城の南を流れる太和江方面を除いて城の東西と北の三方から連合軍が迫っている。連合軍の本隊は兵八五○○で、城の北西・鶴城山に置いていた。

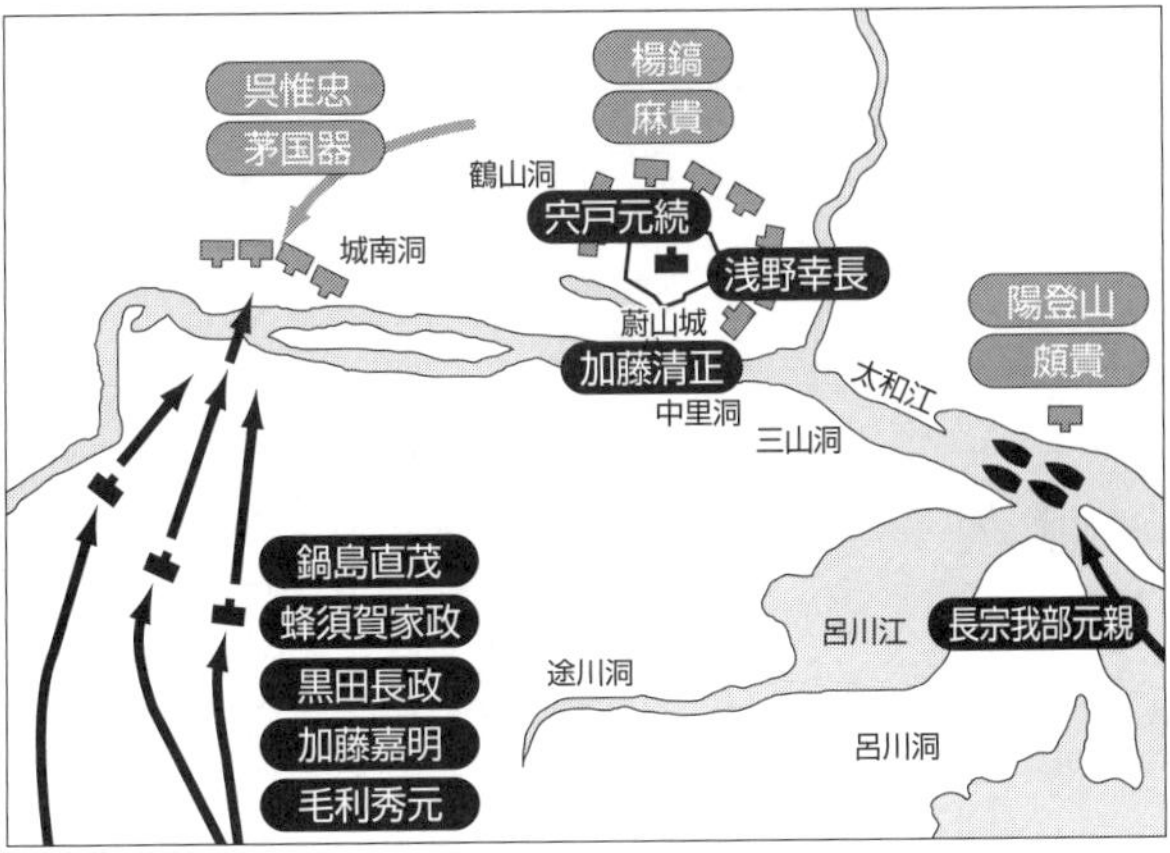

二十四日、三方面からの連合軍の攻撃は七波におよんだが、城兵は踏ん張った。連合軍は蔚山城の弱点が水と食糧にあると見て、四面を封じて徹底した包囲を継続した。事実、城内は井泉《せいせん》に乏しく、このことを現地の兵はよく知っていたのだ。食糧に欠乏した城内は、朝夕の粥《かゆ》のみならず一杯の水にも事欠くようになり、従軍僧慶念《けいねん》は「ここが往生《おうじょう》（死）の庭よ、いまやいまやと往生を待ち申すばかり」と日記に書き残している。

二十六日、朝鮮軍が火攻めを仕掛けたが、二十七日、八日は雨になって作戦が続かず、膠着化した。温和な気候に慣れた日本兵にとって、朝鮮半島の寒気は耐え難く、綿衣の普及していない日本軍に、防寒対策はなかったに等しい。

日を追うごとに食糧の欠乏は酷くなり、兵は壁土を口に入れたり、軍馬を殺して食べたりもしたが、やがては人肉を貪《むさぼ》る地獄絵が出現していった。

雨が上がった二十九日になって、連合軍は総攻撃を仕掛け、先に連合軍に降じた岡本越後守《おかもとえちごのかみ》が使者となって、清正に降伏を勧めた。

年が明けて一月二日、清正は会談に応じる返答を連合軍に伝えた。間を開けたのは、少しでも時間を稼いでいるうちに救援軍が到着すれば、という腹からだった。

清正は遺書をしたため、「救援が来なければ上下各々決心するところなり」と覚悟を決めたが、救援の日本軍は西方より迫っていた。

鍋島直茂、蜂須賀家政、黒田長政、加藤嘉明、毛利秀元らの兵一万二〇〇〇である。彼らは清正を救援すべく、二十六日には西生浦城に集結していた。東方よりは太和江河口より長宗我部元親の水軍が兵を揚げようとし、城が持ちこたえられるかどうかは、救援軍の進行速度にかかっていた。

救援軍は蔚山城の東方で、城を包囲する連合軍と衝突するが、連合軍の背後を衝《つ》いた形となって勝利を収め、一時的に連合軍を撃退している。

救援軍は水軍を入れて一万三〇〇〇ほどだったが、連合軍はこれを六万の大軍と誤解した。

連合軍は、後方を遮断されることを恐れ、四日になって慶州へと退却していった。退却する連合軍に対して、城内の日本軍はもとより、援軍の日本軍にも追撃する余力は残されていなかった。以後、渡海していた諸大名一三将の心は、急速に本国帰還に傾いていき、秀吉に朝鮮駐屯の一層の縮小を要請するようになる。

今、蔚山城は公園となり城壁の一部を残すのみで、ここで激烈な戦闘があったとは知る術もない。

帰国後、清正は熊本城を築くに当たって、蔚山籠城戦の苦しさを思い出し、壁に食糧となる芋の茎を入れるなど、籠城に耐え抜く工夫を凝らしたといわれる。

大坂に帰った秀吉は名護屋には赴かず、朝鮮半島での将兵の苦闘をよそにして、日々を茶会や能興行に過ごしていた。慶長二年三月と翌年の三月に醍醐《だいご》寺で観桜会を開き、慶長三年（一五九八）六月には大坂城で病に臥した。

諸大名に秀頼への誓紙を出させ、五人の年寄衆に後事を託し、八月十八日に死亡した。徳川家康と前田利家らは、遠征軍に対して、秀吉の喪を秘して速やかに講和して帰国するように命じた。こうして二度の海外派兵は、秀吉の暴挙と評価されて終了した。

【参考文献】

『城塞―その攻防秘史』新宮正春（講談社）　『ウラ読み戦国合戦』谷口研吾（PHP文庫）
『私説・日本合戦譚』松本清張（文春文庫）　『日本百合戦』中山良昭（朝日文庫）　『日本古戦場一〇〇選』会田雄次・監修（秋田書店）　『古戦場の旅』泰山啓之（人物往来社）
『戦国古戦場の旅』野口冬人（山海社）　『戦国の城』小和田哲男（学研新書）　『守りの名将・上杉景勝の戦歴』三池純正（洋泉社新書）　『武田信玄と勝頼』鴨川達夫（岩波新書）
『武田信玄』笹本正治（中公新書）　『戦国時代の終焉』斉藤慎一（中公新書）　『武田信玄の古戦場をゆく』安部龍太郎（集英社新書）　『武田二十四将伝』坂本徳一（新人物往来社）
『中国の古戦場を歩く』吉永正春（葦書房）　『戦国合戦完全図解50』小和田哲男・監修（新人物往来社）　「別冊歴史読本　古戦場―戦国武将興亡の舞台」（新人物往来社）　「別冊歴史読本　戦国図解・全国合戦大総覧」（新人物往来社）　「別冊歴史読本　作戦研究・戦国の攻城戦」（新人物往来社）　「歴史読本　二〇〇七年八月号　書き換えられた戦国合戦の謎」（新人物往来社）　「歴史群像シリーズ35　文禄・慶長の役」（学研）　『クロニック　戦国全史』（講談社）　『クロニック日本全史』（講談社）　『日本の合戦　三～七』（新人物往来社）　『図解名称を支えた軍師たち』（綜合図書）　『日本の歴史』（朝日新聞社）　『日本史小辞典　戦乱』（近藤出版社）『日本歴史大事典』（小学館）

切りとり線

★読者のみなさまにお願い

この本をお読みになって、どんな感想をお持ちでしょうか。祥伝社のホームページから書評をお送りいただけたら、ありがたく存じます。今後の企画の参考にさせていただきます。また、次ページの原稿用紙を切り取り、左記まで郵送していただいても結構です。

お寄せいただいた書評は、ご了解のうえ新聞・雑誌などを通じて紹介させていただくこともあります。採用の場合は、特製図書カードを差しあげます。

なお、ご記入いただいたお名前、ご住所、ご連絡先等は、書評紹介の事前了解、謝礼のお届け以外の目的で利用することはありません。また、それらの情報を6カ月を超えて保管することもありません。

〒101―8701（お手紙は郵便番号だけで届きます）
祥伝社新書編集部
電話03（3265）2310
祥伝社ホームページ　http://www.shodensha.co.jp/bookreview/

★本書の購買動機（新聞名か雑誌名、あるいは○をつけてください）

＿＿＿＿新聞の広告を見て	＿＿＿＿誌の広告を見て	＿＿＿＿新聞の書評を見て	＿＿＿＿誌の書評を見て	書店で見かけて	知人のすすめで

★100字書評……戦国の古戦場を歩く

名前

住所

年齢

職業

井沢元彦　いざわ・もとひこ

1954年、愛知県生まれ。早稲田大学卒業後TBSに入社、報道局に勤務する。80年『猿丸幻視行』で江戸川乱歩賞受賞。以後、歴史推理小説の分野で活躍する一方、日本史と日本人の謎に迫る評論活動を精力的に展開している。歴史についての鋭い考察は「井沢史観」とも称され、代表作『逆説の日本史』は、現在も連載中。主な著書には『井沢元彦の戦乱の日本史』『言霊』『穢れと茶碗』『日本史集中講義』などの他、『人類を幸せにする国・日本』（祥伝社新書）がある。

戦国《せんごく》の古《こ》戦場《せんじょう》を歩《ある》く

井《い》沢元彦《ざわもとひこ》・監修《かんしゅう》

2011年3月10日　初版第1刷発行

発行者……………竹内和芳
発行所……………祥伝社しょうでんしゃ
〒101-8701　東京都千代田区神田神保町3-6-5
電話　03(3265)2081(販売部)
電話　03(3265)2310(編集部)
電話　03(3265)3622(業務部)
ホームページ　http://www.shodensha.co.jp/

装丁者……………盛川和洋
印刷所……………萩原印刷
製本所……………ナショナル製本

Printed in Japan　ISBN978-4-396-11232-5　C0221